# 階層構造の変動と「周辺労働」の動向

日本労働社会学会年報

第⑭号

2003

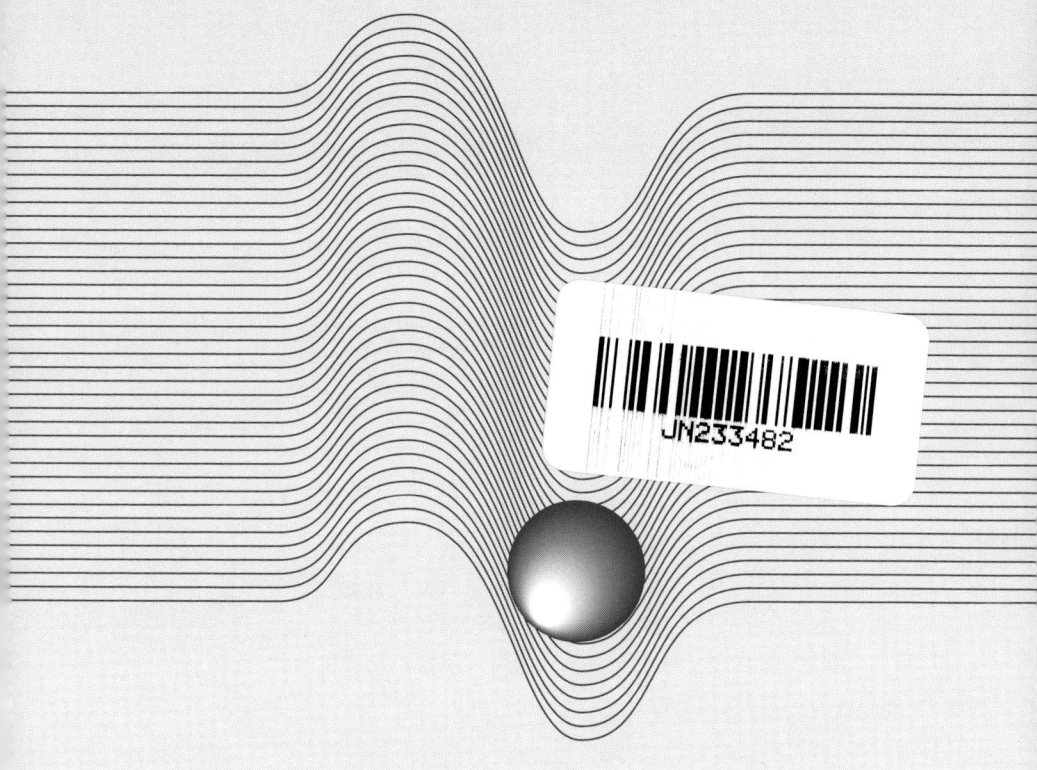

日本労働社会学会
The Japanese Association of Labor Sociology

## 目次

### 特集　階層構造の変動と「周辺労働」の動向 —— 1

1. 契約の時代と日系人労働者 …………………………丹野　清人… 3
   ——外国人労働と周辺部労働市場の再編——
2. 雇用の階層構造と労働組合 …………………………龍井　葉二… 25
   ——パートタイム労働を中心に——
3. ジェンダー視点からみる周辺労働問題 ……………久場　嬉子… 45
   ——ホームヘルプ労働をめぐって——

### 投稿論文 —— 67

1. 労働市場と政策の相互作用 …………………………西野　史子… 69
   ——派遣法制定を事例として——
2. 出稼ぎから通勤へ ……………………………………伊賀　光屋…103
   ——新潟県越路町の酒造出稼ぎの変化——
3. 出稼ぎブラジル人と日本人の労働と ………浅野慎一・今井　博…127
   文化変容——過疎地における自動車用ワイヤー
   ハーネス製造職場を事例として——
4. 明治中期「鉄工社会」における「労働」と
   「相互行為」……………………………………………勝俣　達也…155

### 書評 —— 179

1. 〈extended review〉若者と労働世界の再編成 ………村尾祐美子…181
2. 高橋伸一編著『移動社会と生活ネットワーク
   ——元炭鉱労働者の生活史研究——』 ………田中　直樹…191
3. 村尾祐美子著『労働市場とジェンダー——雇用労働に
   おける男女不平等の解消に向けて——』 ……橋本　健二…199
4. 石原邦雄編『家族と職業：競合と調整』 ……………笹原　恵…208
5. 櫻井純理著『何がサラリーマンを駆りたてるのか』…榎本　環…216

6 伊原亮司著『トヨタの現場労働——ダイナミズム
　　　　　とコンテクスト——』……………………土田　俊幸…224

7 森田洋司編著『落層——野宿に生きる——』………………平川　茂…232

**日本労働社会学会会則**(240)　**編集委員会規定**(243)　**編集規定**(244)
**年報投稿規定**(244)　**役員名簿**(245)　**編集後記**(247)

# ANNUAL REVIEW OF LABOR SOCIOLOGY
November 2003, No.14

Contents

**Special Issue   Changing Class Structure and Peripheral Labor**

1. Foreign Workers of Japanese Ancestry in an Age of Agreement       Kiyoto Tanno
2. Labor Unions' Responses to Structual Changes in Labor Markets: Organizing Part-time Workers and Seeking Their Equal Employment Treatment       Yoji Tatsui
3. Problems of Peripheral Labor from the Gender Perspective       Yoshiko Kuba

**Articles**

1. The Interaction between Labor Market and Labour Policy
   —— The Case of Temporary Work Law ——       Fumiko Nishino
2. From Migrant Worker to Commuter —— The Changing Situation of Migrant Worker of Sake Brewing at Koshiji-cho, Niigata ——       Mitsuya Iga
3. Labor and Acculturation of "*Dekasegi*"-Brazilians and Japanese Workers
   —— A Case-study of an Automobile Wire Harness Manufacturer in a Low Population District ——       Shinichi Asano and Hiroshi Imai
4. 'Labor' and 'Interaction' in 'Ironworkers Society' in the Middle of Meiji Era       Tatsuya Katsumata

**Book Reviews**

1. ⟨extended review⟩ Youth and Restructuring of World of Work       Yumiko Murao
2. Shinichi Takahasi, *Mobile Society and Life Networks*       Naoki Tanaka
3. Yumiko Murao, *Labor Market and Gender*       Kenji Hashimoto
4. Kunio Ishihara (ed.), *Family and Occupation*       Megumi Sasahara
5. Junri Sakurai, *What Does Stir up Salaried Workers to Overwork?*       Tamaki Enomoto
6. Ryoji Ihara, *Work Site of Toyota*       Toshiyuki Tsuchida
7. Yoji Morita (ed.), *Downward Social Mobility*       Shigeru Hirakawa

The Japanese Association of Labor Sociology

## 特集　階層構造の変動と「周辺労働」の動向

1　契約の時代と日系人労働者　　　　　　　　　　丹野　清人
　　——外国人労働と周辺部労働市場の再編——

2　雇用の階層構造と労働組合　　　　　　　　　　龍井　葉二
　　——パートタイム労働を中心に——

3　ジェンダー視点からみる周辺労働問題　　　　　久場　嬉子
　　——ホームヘルプサービスをめぐって——

# 契約の時代と日系人労働者

――外国人労働と周辺部労働市場の再編(1)――

丹野　清人
(東京都立大学)

## はじめに

　日本の外国人労働者研究は、不幸な股裂き状態にある。エスニシティ研究者は労働の現場に興味を持たず、労働研究者はエスニックな差異に関心を示さない。その結果、日本の外国人労働者研究は労働現場なき外国人研究か、エスニックな差異を欠いた周辺労働研究の両極の論文が発表される。近年の『労働社会学年報』における外国人労働研究としては、筒井[2002]と大久保[2002]があるが、前者にはマクロなデータにつなげる個別のケーススタディの解釈に関して、後者には理論に引き付けて整理する姿勢に関して、筆者は疑問を持っている。筆者からすると、綿密な現場調査(地味な聞き取りの積み重ね)こそ、労働社会学研究の真骨頂であったはずだと理解しているが、外国人労働者研究に関する限りこのよき伝統が伝わっていないように思われる。

　また学問動向・関心の背景には、学問が持つ国民イデオロギーとの親和性も少なからず関係している。ナショナルなバウンダリーを自明の分析単位とするかどうかが問われなくてはならない。労働研究で言えば、労働者の福祉およびその向上のための組織化を主たる研究課題におくときに、既存の組織構成者を越えた社会形成に関心を向けられるかどうかが問われている。(2)現実の労働市場は閉じた地域内で成立するものではなく、地域と地域が国境を越える形で結ばれる「地域労働市場 (local labor market)」として確立している [Sassen, 1995=2003]。国民概念を超えた労働者という観点を再び導入しないことには、既に時代は、既得権を持った国民である労働者の福祉の低下をとどめることもできない。そこで、外国人労働者の存在を視野に入れた周辺部労働市場の問題設定を論じる枠組みの検討

を、本稿は行うことにする。<sup>(3)</sup>

## 1. デカセギ現象の歴史的概観

　日本の外国人労働者研究の多くは、外国人労働者の問題を受入国日本の国内問題として捉えている。だが筆者は、二国間の異なる地域が結ばれることで外国人労働市場が成立する、という視点が必要と考えている。そこで、本稿は、国民経済のなかではなく、国境を越えた二地点がいかなるコンテキストにおいて労働市場を形成するようになったのかということから検討を始める。労働市場は具体的な組織的制度が実体化してから機能し始めるから、この具体的制度ができるまでの歴史的経過を掴んでおこう。

　図1は、1990年の入管法改正以後に日本で就労する外国人の推移である。就労目的外国人とは、入管法において就労可能な14種のビザステータスを持つ外国人であり、日系人等の労働者とは、「定住者」、「日本人の配偶者等」および「永住者の配偶者等」の在留資格で日本に在留し、なおかつ日本で就労していると推定される外国人である。定義からも分かるように後者「日系人等の労働者」は必ずしも日系人のみを含むものではないが、実質的にはラテンアメリカからの日系人労働者がその多くを占めている。1990年の入管法の改正により、日系人等の労働者があらゆる仕事に就くことが可能になったため、入管法改正はもっぱら単純労働者の

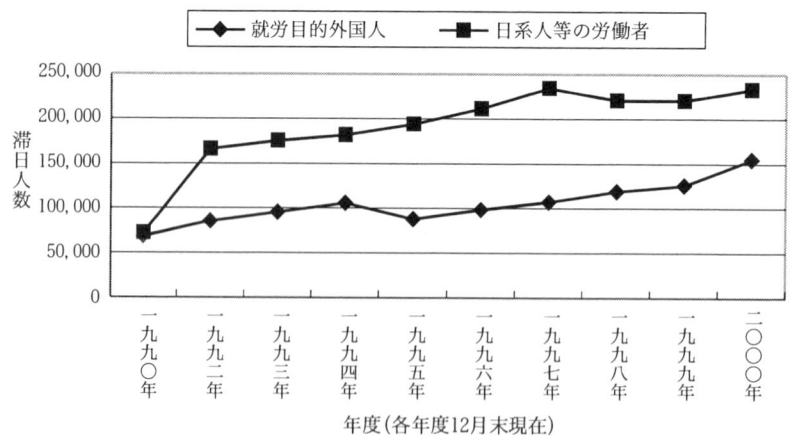

図1　入管法改正以後の外国人の就労状況

増加とリンクして論じられることが多い。しかしながら、図1が示すように、入管法改正以後は高度な専門性が要求される就労目的外国人労働者もまた確実に増えている。

ところで、日系人等の労働者の大半を占めるラテンアメリカからの就労者、とりわけデカセギ労働者と呼ばれるものは、一般的に1980年代半ばから起きたと解釈されている［森，1992］。だが、ラテンアメリカから日本への移動は、それ以前から存在していた。もともと日本からラテンアメリカに移住したすべてが移民として定着したわけではない。むしろ、移住先を一生の住処とした人々のほうが少数者である。「故郷に錦を飾る」ことを夢見た移住者であるから、直ぐに帰還する人々は少なかった。だが、ラテンアメリカ到着後も移住を繰り返しつつ、5年、10年という単位では、移住に見切りをつけ日本に戻ることを決意した人は珍しくはなかった［半田，1966；半田，1970；前山，1981；在伯沖縄県人会，1987；コロニア・オキナワ入植四十周年記念誌刊行委員会，1995；具志堅，1998］。

また、移住地ラテンアメリカから引き揚げてしまう人々だけでなく、農業経営や事業の失敗のため一時的に日本に帰国し就労する、「プロト・デカセギ」は常に存在していた。プロト・デカセギは1980年代の中葉に、急速に新しい形態のデカセギに転換する。この転換は、行為主体たるデカセギ者の属性変化にもよっているが、軍政から民政に移行する移行期に起こっていた経済的混乱と、日本との直行便の開始による新しい交通経路の開設という外生的要因（＝外在的条件）にも大きく関係している。

図2はサンパウロ総領事館におけるビザ発給件数の推移である。この図から1990年の入管法改正期にデカセギブームが起きていたが、1992年にバブル経済がはじけると、一気にこのブームがしぼんだことが読み取れるであろう。ここで注意をしなくてはならない事柄がある。第一に、入管法改正後も、日系人の多くは短期滞在ビザで入国し、就労し始めてから特定ビザへの資格変更を行っていた。これに対して、入管当局は、あらかじめ就労することが分かっている日系人に対して、制度の運用を実態に合わせた。1996年から1997年のビザ発給の変化はこのことを表している。第二に、1997年以降、2000年は大きく盛り返したが、この年を例外とすると、ビザの発給件数の減少＝日本・ブラジル間の移動者の減少が生じているかのように見える。だが、これにも制度の運用上の問題が関係している。

特集　階層構造の変動と「周辺労働」の動向

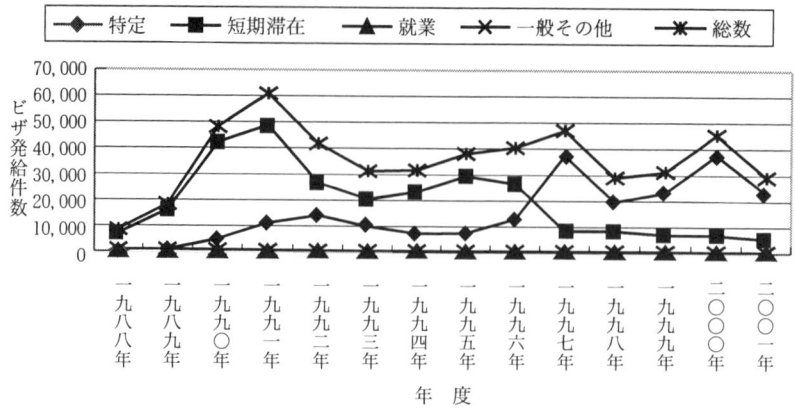

図2　サンパウロ領事館におけるビザ発給件数の推移

出所）サンパウロ日本国領事館。

　特定ビザは1年または3年を期間として発給されるが、近年、期間の長い3年のビザが多く発給されるようになっている。かつまた、定住ビザを持っている者の永住ビザへの資格変更が増えている。(10)このため日本とブラジルの間を移動する際に、いちいちビザを取って移動する者が減っているのだ。その結果、ビザ発給件数からすると、日本とラテンアメリカの間の移動が減少しているかのように映るのである。(11)だが、図1に示したように、日本に滞在する日系人等の労働者の存在は横ばいであり、常に国境を移動する者を持ちつつ、労働力として定着している。

## 2．デカセギの誕生

　プロト・デカセギからデカセギへの転換とはいったい何であったのであろうか。ここではデカセギを一つの制度として考えたときに、この制度に人々がどのようなことを期待し、それに対して制度がどのような帰結をもたらしているのかということから考察を始める。図3のような関係のなかで、本稿はデカセギを考えるということである。つまり、行為主体たるデカセギ者が、デカセギという制度に対してどのような期待を持ってかかわり、この制度にかかわることによって、当初の期待が帰結として得られているのかどうかということである。期待(希望)が帰結(顕在的結果)に結びついていれば、行為主体たる人間は、期待が裏切られるまでこの制度を利用するだろう。(12)また、特定の行為主体がこの制度を利用して結

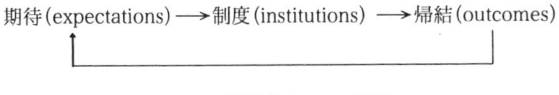

**図3 関数としての制度**

果を得ていることは、同じ期待を持っている他の行為主体に対しても、期待が実現するモデルを提示することになり、他の行為主体をもこの制度に引き込むことになる。ヴェブレンも言うように「制度は、本質的に、個人と社会との特定の関係および特定の機能に関する支配的な習慣」となるからだ［Veblen, 1998：190=1961：183-184］。

　以上のようにデカセギを制度として考えると、1980年代半ばにおいてデカセギが変化していることを理解できる。1980年代半ばまでのプロト・デカセギは「負け犬の出稼ぎ」とも呼ばれたように、行為主体の期待はラテンアメリカにおける農業経営の失敗、あるいは事業の失敗を取り返すためのものであったし、帰結も日本就労によって得た収入で借金を返して、ラテンアメリカにおける生活をリスタートさせるためのものであった。ところが1980年代半ばに始まったデカセギは、プロト・デカセギとは明らかに制度にかかわってくる行為主体の期待と帰結が異なっている。デカセギは蓄財や少しでもよい生活をしたいという「期待」によって導かれ、帰結として「不動産・自動車の所有」「起業のための資金稼ぎ」が求められた。失敗者の生活基盤再生のための出稼ぎ（プロト・デカセギ）と、蓄財とよりよき生活を求めるデカセギとでは、制度に参入してくるアクターの数に大きな違いをもたらす。つまり、失敗者しか参入してこなかったものが、日系コミュニティのあらゆる人々が制度の潜在的利用者になったのである。

　より多くの潜在的な利用者を抱えることになった制度としてのデカセギとは、いかなる社会的な意味があるのだろうか。筆者はこの点を青木の「要約表現」という概念からアプローチする。「要約表現」とは、経済的行為を行う行為主体が、その制度を利用することによって、自らの予想（期待）を帰結（結果）においてほぼ実現できると考えることで、制度が行為主体の予想と行動選択をコーディネートすることである［青木, 2002, 第5章］。このことは必ずしもデカセギに出れば確実に資産形成（貯蓄や不動産の所有）が可能になることを意味しない。要約表現は、多くの者がその制度を利用すれば特定の結果がもたらされるであろうと想定し、そ

特集　階層構造の変動と「周辺労働」の動向

のことによってより多くの者が制度に加わってきて、そのなかには想定していたのと同じ結果を得る者が現われる、というに過ぎない。だからこそ、制度が要約表現たりうるため（デカセギが「要約表現」として社会的認知を得るため）には、それ（デカセギ）が人々にとってモデルとして受け入れられなくてはならないのである。

　筆者等は聞き取り調査から、デカセギのパイオニア達が、どのようにデカセギ斡旋をビジネスにまで育てたのかを聞き取ってきた［梶田, 1998；樋口, 2002；丹野, 2003］。1985年前後から日本就労斡旋を行っていた者が異口同音に語ることは、「1984、1985年ごろから日本に就労に行った者が、2年間就労して1986年、1987年ごろに帰国してきた。この者達が日本でためたお金で家を買うようになって、デカセギは一気にブームになった」というものである。目の前にデカセギの果実が不動産資産形成として可視化されたとき、デカセギは成功への要約表現になったのである。

## 3．変わる受け入れ企業にとってのデカセギ

　バブル経済期にブームの最高潮を迎えるデカセギは、その当時の外国人労働者をめぐる開国・鎖国の論争に見られるように、仕事はあるにもかかわらず働き手を見いだせない絶対的な人手不足に陥っている職場に迎えられた。デカセギ労働者が多く就労した部門は、期間工・季節工といった直接雇用の有期雇用の職場か、業務請負業（構内請負業）の間接雇用の有期雇用の職場であった。このように有期雇用の職場が、彼・彼女達の就いた就労部門の特徴である。ところで、こうした有期雇用の就労部門とは、景気がよかったり、就労先企業に注文が集中していたりするときは連続性のある雇用となる。だが、ひとたび不景気になったり、就労先企業が不振に陥ったりすれば、たちまち解雇の危機に直面する職場である。現在の雇用が権利によって守られているのではなく、たまたま結果として連続した雇用になっているに過ぎないからだ。この意味で彼・彼女達は明らかに不安定就労者層を形成している。

　筆者は丹野［2002］に対して、山本潔氏から以下のようなコメントをいただいた。山本は、既存の不安定就労者層析出の議論を①農村の女子で世帯の家計を補助するための出稼ぎという形態とる出稼・家計補充型［山田, 1934；平野, 1934］、②農

表1 周辺部労働力の析出モデル

| 労働力析出タイプ | 周辺部の形成メカニズム |
| --- | --- |
| ①出稼・家計補充型 | 農村女子⇒工業部門 |
| ②都市雑業層型 | 農村⇒都市雑業層⇒工業部門 |
| ③縁辺労働力型 | 好況期⇒労働市場⇒不況期家庭の主婦 |
| ④デカセギ日系人型 | ラテンアメリカ⇒工場(工業部門)⇔都市雑業層 |

出所)山本[2002:1]を一部改訂して作成。

村からいったん都市の雑業層に吸収され、既に形成されていた都市雑業層と一体となって工業部門の不安定就労層を形成する都市雑業層型［平野, 1934；隅谷, 1964；隅谷, 1969］、③好況期は労働市場に参入し工業部門を支えるが、不況期には労働市場から退出して家庭の主婦になる縁辺労働力型［梅村, 1972］と整理する。その上で、筆者による日系人労働力の位置付けを④いったん工場で働くようになった日系人労働力が工場から排出されることで都市雑業層を形成している、と山本は評した［山本, 2002］。

ただし、表1に示した労働力析出のタイプによる周辺部労働力の把握の仕方は、それぞれの研究対象の時代的背景と産業が異なるから、それぞれは他のモデルに対して排他性を持つものではない。また、①出稼・家計補充型、②都市雑業層型および③縁辺労働力型が日本国内での資本蓄積の問題として扱えるのに対して、④デカセギ日系人型は労働力需要の論理は国内問題であるが、労働力供給の論理は日本国内の資本蓄積とは異なる次元で生じている。この点で、デカセギ日系人型は上記三類型とは決定的に異なっている。

山本の整理にあるように、筆者は日系人労働力が都市雑業層の一部を形成していると考えている。しかし、日系人が都市雑業層化する際には、ラテンアメリカから渡ってくる労働者の側にプロト・デカセギからデカセギへの転換があったように、使用者サイドにとっても、デカセギ労働者の持つ要約表現の転換があったことを指摘しておかなくてはならないだろう。

デカセギ労働者にとって、デカセギに行けば成功に近づくかもしれないという意味を持った(＝要約表現として確立)のと同じように、デカセギ労働者を受け入れた日本企業にとってもこの制度は一つの要約表現であった。既述のように雇用契約からみると、日系人労働力は、「短期の有期雇用」ということにその一貫した特徴がある。そしてこの「短期の有期雇用」という雇用契約に、使用者サイドに

とっての要約表現の核心が表現されている。つまり、日系人労働力とは、生産点から常に退出可能な労働力であるということだ。

しかし、同じ短期の有期雇用とはいえ、絶対的な人手不足の時代の終焉は、日系人雇用に企業が求める期待・帰結関数としての要約表現を決定的に変えた。日系人が他者に先んじて確保しなくてはならない労働力から、複数の周辺労働力資源との組み合わせのなかから最適な組み合わせをつくる（労働力ポートフォリオの構築）のに必要な労働力の一部となることへの変化である。この点を実証研究から明らかにしたのが表2である。バブルの崩壊を挟んで、定量的作業、変動的作業のいずれにおいても人事労務担当者の募集対象者が拡大している。企業が与えた日系人労働力に対する要約表現が、「フレキシブルな生産活動」から「フレキ

表2　バブル経済の前後に見る下請ハイラーキーの違いによる人事・労務担当者にとっての主要な現業職労働者の属性の変化

|  | 定量的作業 | 変動的作業 |
|---|---|---|
| 親企業 | 本工 | 事業所間要員移動、下請応援要員、期間工 |
| バブル期 | 高卒男子中心 | 男子のみ |
| バブル後 | 高卒男子＋再雇用者 | 男子＋女子 |
| 車体メーカー | 本工 | 事業所間要員移動、下請応援要員、期間工（業務請負） |
| バブル期 | 高卒男子中心 | 外国人期間工＋外国人請負労働者 |
| バブル後 | 高卒男子＋高卒女子＋再雇用 | 日本人請負労働者 |
| グループ企業 | 本工 | 事業所間要員移動、下請応援要員、期間工、業務請負 |
| バブル期 | 高卒男子中心 | 日本人期間工、外国人請負労働者 |
| バブル後 | 高卒男子＋高卒女子＋再雇用者 | 日本人＋外国人期間工、日本人請負労働者 |
| 協豊会一次下請 | 本工（請負・パート） | 業務請負業 |
| バブル期 | 高卒男女＋外国人 | 外国人請負労働者 |
| バブル後 | 高卒男女＋女子パート＋高齢者 | 外国人請負労働者＋日本人請負労働者 |
| 二次下請 | 本工（請負・パート） | 業務請負業　　　　パート・アルバイト雇用 |
| バブル期 | 高卒男子＋外国人 | 外国人請負労働者 |
| バブル後 | 高卒男子＋外国人＋女子パート | 外国人請負労働者＋日本人高齢者　女子労働力 |
| 三次・工作機械 | 本工 | 業務請負業 |
| バブル期 | 高卒男子＋外国人 | 外国人請負労働者 |
| バブル後 | 高卒男子＋日払い外国人 | 外国人請負労働者 |

注）事業所間要員移動および下請応援要員は、日本人労働者が前提とされているので属性の表示は省略した。協豊会一次下請における本工（業務請負業）、および二次下請における本工（請負・パート）は工場の定量的な作業が本工とかっこ内の労働力を用いて行われていることを意味する。同様に車体メーカーにおける期間工（業務請負）は期間工と業務請負が企業にとって同じ位置付けの労働力になっていることを意味する。
出所）丹野［2002:54］。

シブルな人事計画」へと変わったのである。

## 4. 労働市場の適応進化と労働者個人の不適応の拡大

さて、前節までにおいて労働者にとっての要約表現の変化と、企業の要約表現の変化とを考察してきた。両者の変化は労働力供給サイドの変化と労働力需要サイドの変化を表すものであるから、双方は相互作用しつつ変化していると考えるほうが無難であろう。そこで本節では、労働力の需要と供給の相互作用による変化が、どのようにしてデカセギという制度に対する期待（およびその帰結）を変えていくのかを検討する。

バブル経済期において、デカセギをめぐる期待は表3に示すものであった。注意しなくてはならないのは、労働力供給サイドと労働力需要サイドのそれぞれの期待と帰結を可能にしていた条件の存在である。労働者にとって期待と帰結がほぼ一致していたのは、出身国が高いインフレ経済のなかにあり自国通貨への信認が落ちていたために、外貨を持ち込めばインフレと為替相場の関係で自国通貨換算の貨幣保有額を大きくできたからである。他方、企業にとっても、作れば売れるという経済環境が慢性的な人手不足を起こしていた。

個々のアクターはバブル期と同じ期待を持っているかもしれないが、バブル経済の崩壊期に、帰結をもたらしていた条件が双方とも変化した。ブラジルでは通貨ヘアウと米ドルの交換比率を1対1にするペッグ制が採用されることにより、インフレは収まり為替は上昇した。外貨を持ち込んでも価値以上に増えることが

表3　バブル期のデカセギ制度に対する労働力供給サイド・需要サイドの期待、帰結、そして帰結をもたらした条件

|  | 期　待 | 帰　結 | 帰結をもたらした条件 |
|---|---|---|---|
| 労働力供給サイド | 資産形成 | 一部の人々の資産形成 | 本国のインフレと弱い自国通貨 |
| 労働力需要サイド | 人手不足解消 | 人手不足解消 | 作れば売れる経済環境 |

表4　バブル崩壊後のデカセギ制度に対する労働力供給サイド・労働力需要サイドの期待、帰結、そして帰結をもたらした条件

|  | 期　待 | 帰　結 | 帰結をもたらした条件 |
|---|---|---|---|
| 労働力供給サイド | 資産形成 | とりあえずの雇用の獲得 | 本国よりましな雇用環境 |
| 労働力需要サイド | 柔軟な工場運営 | 多様な外国人雇用 | グローバル競争の激化/少子高齢化進行 |

なくなったのである。日本の経済環境とは関係のないところで、成功へのデカセギという要約表現は衰退することになったのだ。他方、労働力需要サイドでも、バブル経済の崩壊は作れば売れるという経済環境を過去のものとし、勝ち組み企業と負け組み企業にはっきりと分かれる経済環境に変わった。その結果、勝ち組み企業は勝ち続けるためによりフレキシブルな生産活動を求め、負け組み企業は生産体制の再構築の必要性から非典型雇用を必要とするに至った。

　出身国側の経済環境が変わることによって、成功へのデカセギは困難になった。なぜデカセギはそれでも持続するのか。これは出身国におけるインフレ抑止政策により雇用環境が悪化したために、バブルが崩壊しても出身国よりは雇用環境がましな日本に来るというものである。その一方で、デカセギを取り巻く社会環境の変化にもかかわらず、成功へのデカセギが神話化することにより、個別のデカセギ労働者のデカセギに対する期待は依然として資産形成のままなのである[15]。

　バブル崩壊後も進展していくグローバル競争の激化によって、勝ち組み企業も組織のスリム化に余念がなく、いわゆる非正規雇用による正規雇用への代替が社会全体で進むことになる。しかしこのことは、外国人労働者全体の雇用先を不安定化するものでもない。少子高齢化が進行することによって、長期的に日本で生産活動を続けていくことを考えている企業による、日系人労働力の正規労働力化が一方で始まるからである[16]。その結果、全体として日系人雇用のより不安定な雇用へのシフトが進む一方で、一部における安定的な職場への進出が認められ、日系人雇用内部での分極化が生起し始めている[17]。

## 5. 労働力輸出機構の変化と市場と組織の間に働く論理

　日本の雇用環境が変化することによって、ラテンアメリカのリクルーティングシステムもまた影響を受けている。本節では、日本の変化がラテンアメリカにどのような影響を与えているのかを検討する。

　1980年代中葉に始まった、デカセギ労働力をラテンアメリカでリクルーティングする制度は、1980年代の後半には制度的に確立され、ほぼ現在のシステムと同じ分業関係が確立した。図4が日系人の労働市場の分業関係を実態的に明らかにしたものである。ブラジルと日本という地理的に遠く離れた二国が、分業関係を通して、一つの労働市場を形成していることがうかがえる。この分業関係を通し

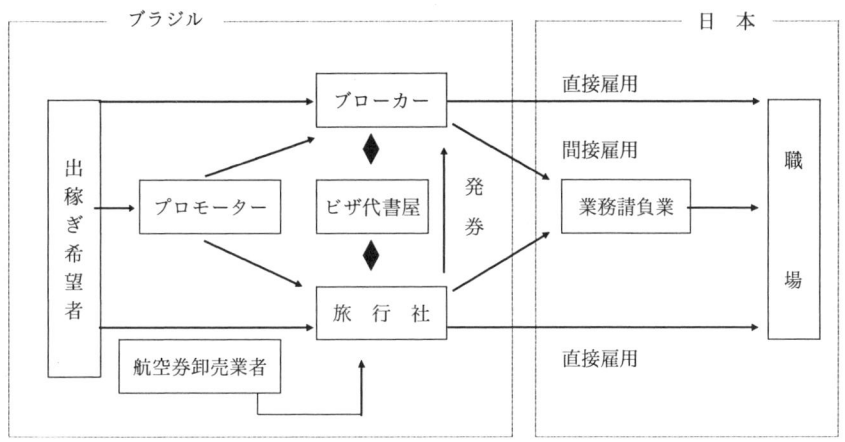

**図4　市場としての労働力輸出機構**

出所）樋口［2002：80］。

て成立している制度を、本稿では「労働力輸出機構」と呼ぶことにする。このような分業制度の成立の影には日系コミュニティの歪んだ支配構造が関係している。この典型として、人集めという性格を強く持つデカセギ旅行社には、日系コミュニティをこれまで支えてきた、県人会組織の幹部がかかわっていることが多いということを挙げることができる[18]。

　労働力輸出機構は絶えず変化している。1997-1998年調査では図4のような制度になっていたが、2002年の調査では、デカセギ旅行社間での分業関係はほとんど見られず、デカセギ旅行社はそれぞれの旅行社が単体として事業活動をしているだけであった。垂直的な統合は確認することができたが、水平的な統合関係を欠いたシステムになっているのである。ただしまったく水平的分業がなくなったということではない。ラテンアメリカにおける水平的分業は小さくなったが、日本の内部での水平的分業がむしろ拡大しているのである。日本国内での水平的分業とは、新たに影響力が増大した日本国内ブローカーの存在が大きく関係している[19]。日本国内ブローカーは自社で抱えている日系人労働者のリストを全国の業務請負業者にファックスで流す[20]。業務請負業者は、新規に労働力が必要になったとき、あるいは自社で労働力を募集していたのでは間に合わなくなったときに、ここから必要な労働力を送ってもらう。このことにより、ラテンアメリカの日系旅

特集　階層構造の変動と「周辺労働」の動向

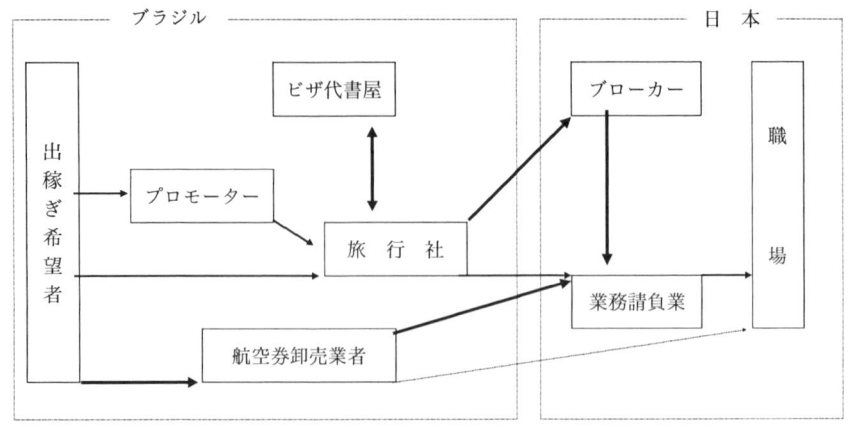

図5　ネットワークとしての労働力輸出機構

注）太線は頻繁に見られる移動の経路であり、細線は移動経路としては少なくなっているものを指す。航空券卸売業者から職へ引かれた点線の矢印は細線以上に少数だが存在する、日本での職を確保したまま一時帰国した労働者が航空券のみを購入し元職に戻る経路を示している。

行社は自社と取引のある日本の製造業や業務請負業からの労働力需要がなくても、自社を訪ねてきたデカセギ就労希望者を日本に送り出すことが可能になった。このことを示すのが図5である。

　こうした変化には、制度（労働力輸出機構）を利用していたアクター（労働者）の行為パターンが変わったことも関係している。ブラジル人だけで23万人の人口が常時日本に滞在することで、日系人労働力の募集をラテンアメリカ現地で行わなくてはならない必要性が大きく減ったし、デカセギ旅行社に頼らなくては来日できない者も少数派になっている[21]。そのため、日本の不況が増したことだけでなく、日系旅行社は業務提携をしている業務請負業や日本の製造業企業からの送り出し依頼を待っているだけでは、自社の存続ができなくなっている[22]。

　これまでも論じてきたように、日系人労働者の労働市場は日本側の労働力需要によって大きく規定されている。労働力需要が旺盛であれば、合法的に就労できる日系人はだれもが労働市場に参入できる。しかし、いったん不況になるやいなや、市場はネットワーク的要素を強く持ったものに変質する。ネットワーク的要素とは、特定のゲートキーパーとの個別的関係がないと市場への参入が困難になること、とここでは定義する。

14

契約の時代と日系人労働者

　長引く景気低迷と不況の深刻化、そしてグローバル競争の激化は労働力需要を一変させた。ラテンアメリカに届く求人が大きく減少したのである[23]。ただし求人の減少が日系旅行社への需要を減らし、このことが旅行社間の水平的統合を破壊したのではない。求人の減少は労働力需要側（日本の請負業や工場）の力を強め、労働者の選別方法に変化をもたらした。つまり、日系人であれば誰もが労働市場に参入できたときは、「日系」という属性があれば任意の者でよかった。しかし、日本語の会話・読み書きの能力やこれまでの日本就労の経験、性別や年齢といった条件、つまり特定の属性を持った労働者が求められると、旅行社は信頼できるつてのなかから属性条件に合う労働者を集めようとするようになった[24]。こうしてラテンアメリカの労働力輸出機構は、水平的統合より垂直的統合を特徴とするネットワーク的組織の装いが強まったのである。

　労働法は、制度的色彩の強い労使関係法から市場的色彩の強い労働市場法に至るまで、関連する諸法が異なる領域を規定している。諏訪は労働市場の法の論理を、具体的な制度化された組織レベルで働く法と、任意の市場を構成するすべてのアクターに関する法が、その時々の労働市場に求められる機能によって、強調

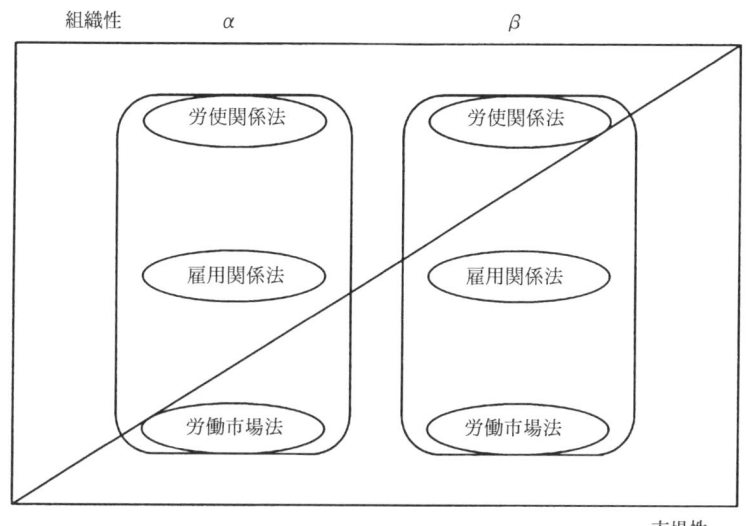

図6　労働市場に働く法の位置付け

出所）諏訪[2002:23]。

特集　階層構造の変動と「周辺労働」の動向

される論点が異なることを、図6を使って説明した。諏訪によると労働市場の自由化・規制緩和が叫ばれるようになって、現在、労働法はαからβの位置にシフトし、それぞれの法がより市場志向的性格を期待されているというのである［諏訪, 2002］。

　諏訪による労働法の整理と同じことが、日系人の労働市場にも見てとれるのである。労働力輸出機構の変化からも理解できるように、労働力需要が旺盛なときには、特定のカテゴリーを満たす者であれば誰もが参入できる、より市場的な要素の強い労働市場となる。反対に、労働力需要がタイトになると、特定の属性を持った労働者を集めることが求められる。誰もがアクセスできる市場的性格は消失し、必要とする属性を判断できる既存のつながりのなかから労働者が求められる。その結果、市場はネットワークに取って代わられるのである。(25)図7で示したβの労働市場がαの労働市場へとシフトしたと考えることができる。

## 6. 結語にかえて

　外国人雇用とはいったい企業にとってどのような意味があるのか。筆者に対し

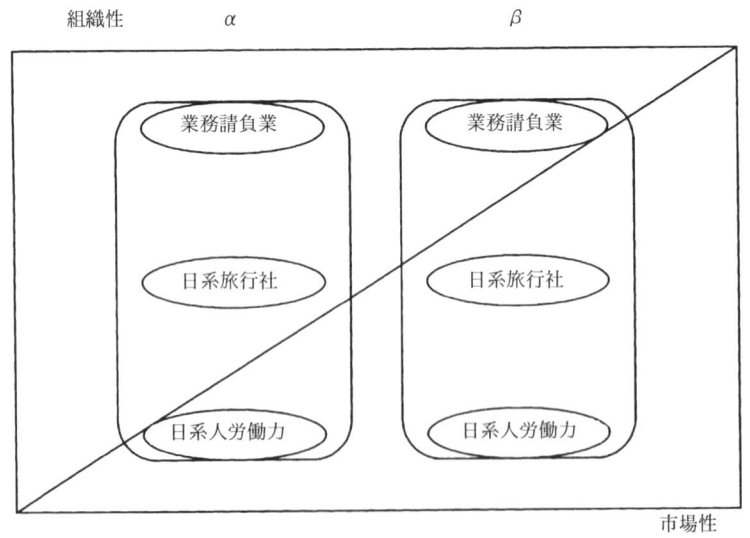

図7　日系人労働市場の組織と市場の関係

て、ある輸送用機械機具製造関連の労務担当者は、日系人雇用を「グレーゾーン」と称していた。資格外就労者を働かせてはないという点で違法行為ではないが、請負労働者である彼・彼女たちの職場での実態が適法な状態にはなっておらず、摘発を受けていないから許されているという認識である。

　日系人労働力は、必要だけれども正社員雇用を回避したいという企業の思惑から始まった。人件費を安価にするため、法定福利厚生費等の労働の対価部分以外に関する保障を回避することが目的の雇用なのである。(26) 請負契約を通して労働の対価の費用だけで労働力を確保することは、契約を基本とする法の範疇や企業会計上の問題としては矛盾がないことなのかもしれない。しかし、絶えざる有期雇用の繰り返しによって生きていく労働者が持たざるを得ない行動様式は、個別の行為が合成された結果において、著しく不合理な帰結を個人と社会にもたらす。例えば、地方自治体にとって外国人の居住問題で最も関心を集める外国人労働者の無保険の問題とか、社会保険に入るべき労働者が国民健康保険に入ってくるという問題は必然的に起こらざるを得ないのである。

　有期雇用の労働市場にしか入れないということは、労働者の行為に特異なパターンを生み出す。それが自己を雇用する職場や労働市場 (組織) との関係で、労働者には組織への意思表明が退出 (exit) しかないことである。ハーシュマンが想定したような、組織へ声をあげる (voice) とか、忠誠をもって応える (royalty) といった利他的関係性をはぐくむ選択肢がないのだ [Harshman, 1970]。ドリンジャー・ピオリの言う意味での第二次部門 (secondary sector) の労働力とは、退出戦略しか持たない労働者である [Doeringer and Piore, 1971]。(27) この声を挙げることのできない労働者が「外国人」という属性によって決定されている。

　ところで、外国人に限らず、近年の非正規雇用の伸びは先進社会に共通している。しかし、非正規雇用の増加が必ず悪となるのではない。スペインの事例が示すように、非正規雇用での就労経験が正規雇用に参入する際に労働者に有利になるよう勘案されるシステムがあれば、非正規雇用の増大は決してネガティブに作用しない [Marsden and Ryan, 1990; Marsden, 2003]。日本の外国人労働者にとって問題なのは、正規の労働市場 (期限の定めのない雇用) への移動が極めて困難なことだ。とりわけ日系人労働者の場合にはこれが顕著である。(28)

　内田は「国家の役割を縮小し、市場メカニズムを重視する政策が前面に出る時

特集　階層構造の変動と「周辺労働」の動向

代を迎え、これまで契約とは異質と思われていた活動が市場、すなわち契約にゆだねられつるある」状況を「契約の時代」と呼んでいる［内田，2000：1］。間接雇用にしか参入できない日系人労働力は、労働者の請負契約者への転換であるのだから、生産現場における「契約の時代」の先取りである[29]。

　日系人労働者の雇用セグメントは、契約の時代を先導しているという意味で新しい働き方である。だが日系人雇用は多様化しつつも、多くの者の雇用先が業務請負業に収斂することで、日系人の労働市場はかつて江口が「開放的労働市場」と呼んだものに極めて近い性格を示している［江口，1980］。江口が不安定就労層の労働市場を「開放的労働市場」と呼んだのは、氏原による年功序列と終身雇用を特徴とする大企業や公務員の「企業封鎖的労働市場」に対置させる意図があったからであろう［氏原，1966］。江口は不安定就労の特徴を主に労働市場の開放性に求めたが、現代の不安定就労層である日系人においては、その主たる特徴は生産点との契約のあり方に求められなくてはならない[30]。グローバル化時代の特徴である契約の時代だからこそ、国境の外から呼び込まれた日系人が契約の時代の先兵にされている。このような日系人労働者の存在は、我々に日本の労働現場を考察する思考が一国内で完結しないアプローチの仕方を要求しているのである。

〔注〕
(1)　本稿は2002年度労働社会学会シンポジウムにおいて、「労働力輸出機構のミクロ分析―労働力輸出機構の変容からアプローチする周辺部労働市場の変化」として発表したものを、討論者からのコメントおよびフロアーからの質問等を受けて、筆者が問題意識を再構成して書き直したものである。このため当日の報告内容と一部重ならない論点が含まれている。
(2)　残念ながら、既得権を持った集団の福祉の低下をいかに防ぐかということに多くの労働研究者の関心が向かっており、そのため筆者からすると、労働研究はいまだ国民である労働者および国民経済の枠内の研究が多い領域に思える。
(3)　シンポジウム発表内容が事例報告を中心に行ったが、本稿は外国人の労働市場に関する分析枠組みを主に論じる。ただし、外国人の労働市場といっても、本稿で扱うのは日本で合法的に就労できる日系人に限られている。
(4)　例えば、浅生［1994］は工場のなかでの日系人労働者の問題を実態調査のなかから指摘した。工場のなかでの日系人、あるいは労働現場での日系人という点では、浅生の指摘した問題に尽きるし、これが今でも続いていると筆者は考えている。このことは裏を返せば、工場のなかの問題をそこだけで捉えることの限界でもあり、現状についての何らかの改善を志向すればするほど国境を越えて成立する労働市場という観点

⑸　就労目的外国人の人数に関する出所は各年度版の『出入国管理統計』から、日系人等の労働者数は法務省入国管理局発表資料から厚生労働省が推計した値を載せている。
⑹　14種の就労資格は、教授、芸術、宗教、報道、投資・経営、法律・会計業務、医療、研究、教育、技術、人文知識・国際業務、企業内転勤、興行、技能である。
⑺　プロト・デカセギというタームは一般的には存在しない。1980年代半ば以降のデカセギと対比するために、筆者はこれ以前のデカセギをプロト・デカセギと呼ぶことにする。
⑻　この間の経過については丹野［2003］において既に論じてあるので、ここでは割愛する。
⑼　日系人が日本渡航する際には、短期滞在ビザ（観光ビザ）ではなく特定ビザ（定住ビザ）の取得を求められるようになった、ということである。
⑽　定住ビザから永住ビザへの変化には、入管当局の外国人政策の変更が関係している。
⑾　このことは航空券の発行件数を見ると分かりやすい。日系旅行社で最大の規模を誇るT社は、航空券を求めてきた個人に対してチケットを売るばかりか、職業紹介込みでチケットを売る日系旅行者に対する航空券の卸売りも行っている。この旅行社は、日本とブラジルの間を往復する人のチケットの6割から7割を発券している。東京と名古屋にも支店を構えているが、97年以降、チケットの総発券枚数にはあまり変化がないにもかかわらず、往復チケットの発券地に大きな変化がみられる。つまり、ブラジル発の往復チケットから、日本発の往復チケットへの転換である。これに伴いブラジル側の業務は大きく変化し、従来の発券業務中心から、日本支店で買ったチケットで帰る際のリコンファーム等の日本便確認業務が増えることになった。このためサンパウロ市内に複数あった支店を閉鎖して、1997年以降は本店一店舗体制に変えた。
⑿　このような状態として成立している制度は、ハイエクの言う「均衡は一度到達されると、外的与件がこの社会の成員が共通にして持つ諸期待と一致し続ける限り、継続する」という状態であり、一つの均衡状態としても捉えられる［Hayek,1949:41=1990:57］。
⒀　平野［1934］は本稿では①出稼型・家計補充型と②都市雑業層型の双方に分類されている。これは平野が上編第一編第四節「工業プロレタリアートの成立とその階級分化過程に対応する隷役形態」第一項「遂斥された直接的生産者とくに貧農およびその子女の工場制工業・マニュファクチュアへのプロレタリア化、その四大基本的形態」において、「⑴生産手段の生産に関する機械工業、⑵消費資料、就中、衣料を生産する綿糸紡績工業ならびに零細マニュファクチュアの製糸業、⑶鉱山・鐵道敷設その他土木建築場、⑷スウェッチング・システムの近世家内工業における労働者」を基本形態とし［平野，1934：93-94］、⑵および⑶が農村からの新規流入者が担うのに対し、⑴と⑷を農村の分解から直接導き出されるものよりも、それがいったん都市の特定の階層を担うことを分けて論じていることによる。
⒁　社会環境の変化によって、企業における外国人雇用が大きく変化したことは愛知県岡崎市にあった岡崎地区外国人雇用管理推進協議会（以下、協議会と表記）の例を挙げることができる。この協議会は日系労働力を必要な労働力と認識し、直接雇用を

特集　階層構造の変動と「周辺労働」の動向

進めていこうとした。だが、経済環境の変化にともなって非正規雇用の日本人が集まり始めるようになると、日系人労働者を直接雇用で雇用する企業数が減少し、2002年をもって協議会としての活動を停止した。

⒂　ところが日本で得たお金で財産を築く社会環境は崩壊しているから、期待は実現されず帰結はとりあえずの雇用先の確保にとどまる。

⒃　ただしこの場合でも、正規雇用とは労働保険・社会保険に入った直接雇用という意味にとどまり、期間の定めのない雇用に新たな市場が開けてきたという意味ではない。

⒄　これらの結果、日系人の労働市場は雇用状況に適応的に進化するが、労働者個人のデカセギへのモチベーションが資産形成のまま残ることにより、労働者サイドの期待と帰結の間の乖離は拡大し、期待と帰結が一致する蓋然性も低くなるのである。

⒅　これは人集めという性格がそうさせたというよりも、ラテンアメリカの旅行社はデカセギ現象が起きる前までは、各県人会の慰安旅行を組織し、国内旅行を主な事業としていたという日系旅行業の歴史的経緯に由来する。このため日系旅行社はこれまでも海外旅行を若干行っていたが、それもまた各県人会を単位とした母県への里帰り旅行を中心としたものであり、実質的に県人会組織の慰安部門という性格を帯びていたことに強く関係している。

⒆　日本国内のブローカーとは、ラテンアメリカの日系旅行社がとりあえずデカセギ就労希望者を送り出すところでもある。

⒇　静岡県浜松市に所在するブローカーの場合、ファックスを送付している業務請負業は日本全国におよそ600社あると言う。そのため自社の抱えるラテンアメリカから送られてきて日本で職探しをしている者のリストを作成すると、そのリストのファックス送付だけで2日から3日がかりの仕事になるという（2001年10月の聞き取り調査から）。筆者の知る限りにおいて、このようなブローカー組織は筆者が聞き取りを行った浜松の組織のほかに、名古屋において活動をしている組織がある。浜松の組織は旅行業を行っていた日系人の手で運営されているが、名古屋の組織は本業として業務請負業を経営している経営者（日本人）がサイドビジネス的に行っている。

(21)　日本での就労経験があったり家族や知人が先行して日本に滞在しており、それら先行者を頼って日本に渡ったりする者が国境を越えてくる労働力の主流になっている。

(22)　バブル経済がはじけた後に成功へのデカセギはなくなったことは1990年代に発行されたラテンアメリカでの移住史誌において、デカセギの具体的な結果に関する体験談に見てとれる［汎アマゾニア日伯協会，1994；南米産業開発青年隊40年史刊行委員会，1997］。だがしかし、ラテンアメリカのより悪い経済から見た日本経済の良好性は明らかであり、アルゼンチンの通貨危機以後、ブラジルも2002年の大統領選の時期には通貨ヘアウがペッグ制の時期に比較し約3分の1にまで下落した。このように外貨を国内に持ち込むインセンティブは、通貨危機以後急速に高まっている。

(23)　ラテンアメリカにおける募集の一形態として、日本の業務請負業や製造業企業と労働力募集について業務提携している日系旅行社が地元の新聞等に載せられる求人広告がある。このとき日系旅行社は自社と取引のある図4、図5におけるプロモーターにも人集めの要請を出すので、プロモーターもまた求人広告を新聞等に載せる。大手の

⑳　日系旅行社だと200人以上のプロモーターと取引があるので、現地の新聞には現実には同じ就労先が複数の広告として掲載されることになる。そのため日本からの求人の減少は、メディアの上ではより増幅されて減ったかのように見える。

㉔　いかなる属性が求められるのかについては、丹野［2000a］および丹野［2000b］を見ていただきたい。前者は業務請負業で、後者はサンパウロの日系旅行社で、筆者が参与観察をした際の記録であり、請負業者の募集に応募してきた者に対する面接で作成される調書の項目、日系旅行社がデカセギ希望者に対する面接で作成される調書の項目を載せているので、これらを参照のこと。

㉕　だが、このことは労働力需要の減少がただちに市場からネットワークへの移行を意味するものとはならない。

㉖　実態としては以前と同じ職場で働く労働者が、出向・転籍させられたことで請負作業員に代わるのと同じ論理で進行している。

㉗　日本のデュアリズムをめぐっては野村［2003］によって刺激的な議論がなされている。しかし、本稿で取り扱った日系人労働力は賃金額という点では疑問符がつくが、定義的にはドリンジャー・ピオリの第二次部門［Doeringer and Piore, 1971］に完全に当てはまると筆者は考えている

㉘　雇用・能力開発機構［2001］にもあるように、中国等のアジアからの労働者の場合、ブルーカラー労働力だけではなく、エンジニアや専門技能職のホワイトカラー部門(正規雇用)で働く者が少なからず存在する。もちろん多数を占めるということはないが、日系人労働力の場合、こうした例が極めて少ないことが一つの特徴になっている。

㉙　契約の時代の働き方がもたらす矛盾は研究者だけでなく、弁護士や労働組合の活動家からも指摘されている［森，2003；中野，2003］。

㉚　この点はDoeringer and Piore も同じである。

〔参考文献〕

青木昌彦，2002，『比較制度分析へ向けて』東京：NTT出版。

浅生卯一，1994，「自動車部品メーカーにおける労務管理と日系人労働者」『日本における外国人労働者問題［社会政策学会年報 No.38］』東京：御茶の水書房，47-66頁。

コロニア・オキナワ入植四十周年記念誌編纂委員会，1995，『うるまからの出発（たびだち）―コロニア・オキナワ入植40周年記念誌』サンタクルス：オキナワ日本ボリビア協会。

Doeringer, Peter. B. and Michael Piore, 1971, *Internal Labor Market and Manpower Analysis,* Lexington, Mass.: Heath Lexington Books.

江口英一，1980，『現代の「低所得層」(中)―「貧困」研究の方法』東京：未来社。

具志堅興貞，1998，照井裕編『沖縄移住地―ボリビアの大地とともに』那覇：沖縄タイムス社。

半田知雄，1966，『今なお旅路にあり―日系移民の歩んだ道』サンパウロ：サンパウロ人文科学研究所。

―――，1970，『移民の生活の歴史―ブラジル日系人の歩んだ道』サンパウロ：サンパ

ウロ人文科学研究所。
汎アマゾニア日伯協会, 1994,『アマゾン―日本人による60年の移住史』パラ州ベレン：汎アマゾニア日伯協会。
Harshman, Albert, 1970, *Exit, Voice, and Royalty—Responses to Decline in Firms, Organizations, and States*, Cambridge, Mass.: Harvard University Press.
Hayek, Frederic A., 1949, *Individualism and Economic Order*, London: Routledge & Kegan Paul. 嘉治元郎・嘉治佐代訳, 1990『個人主義と経済秩序』ハイエク全集Vol.3, 東京：春秋社。
樋口直人, 2002,「国際移民におけるメゾレベルの位置付け―マクロ―ミクロモデルをこえて」『社会学評論』Vol.52, No.4, 76-90頁。
平野義太郎, 1934,『日本資本主義社会の機構』東京：岩波書店。
梶田孝道, 1998,「凝縮された移住サイクル―日系人にみる『デカセギ』の変容」『比較文明』No.14, 51-65頁。
雇用・能力開発機構, 2001,『いわゆる人手不足の観点からみた外国人労働者雇用問題の実態について』東京：財団法人雇用開発センター。
前山隆, 1981,『非相続者の精神史―或る日系ブラジル人の遍歴』東京：御茶の水書房。
Marsden, David, 2003, "Can Reform of the Employment Relationship Help Create Jobs?" Argandona, Antonio and Jordi Gual (eds.), *The Social Dimensions of Employment—Institutional Reforms in Labour Markets*, London: Edward Elgar.
Marsden, David and Ryan, P., 1990, "Institutional Aspects of Youth Employment and Training Policy in Britain", *British Journal of Industrial Relations*, Vol.28, No.3, pp.351-370.
森幸一, 1992,「ブラジルからの日系人『出稼ぎ』の推移」『移住研究』No. 29, 144-164頁。
森建資, 2003,「雇用関係の変化をどのように捉えるか」社会政策学会編『雇用関係の変貌［社会政策学会誌第9号］』3-25頁。
南米産業開発青年隊40年史刊行委員会, 1997,『青年隊―1956-1996』サンパウロ：南米産業開発青年隊40年史刊行委員会。
中野麻美, 2003,「労働者派遣の拡大と労働法」社会政策学会編『雇用関係の変貌［社会政策学会誌第9号］』44-57頁。
野村正實, 2003,『日本の労働研究』京都：ミネルヴァ書房。
大久保武, 2001,「日系人労働者における労働市場の構造」『ゆらぎのなかの日本型経営・労使関係［日本労働社会学会年報No. 12］』205-217頁。
Sassen, Saskia, 1995, "Immigration and Local Labor Market", Portes, Alejandro (ed.), *The Economic Sociology of Immigration: Essays on Networks, Ethnicity, and Entrepreneurship*, New York: Russell Sage Foundation. 小ヶ谷千穂訳, 2003,「移民とローカル労働市場」『現代思想』Vol.31, No.6, 104-128頁。
隅谷三喜男, 1964,『日本の労働問題』東京：東京大学出版会。
――――, 1969,『労働経済論』東京：筑摩書房。
諏訪康夫, 2002,「労働をめぐる『法と経済学』―組織と市場の交錯」『日本労働研究雑

誌』No.500, 15-26頁.
丹野清人, 2000a, 「日系人労働市場のミクロ分析―日系人雇用と地域コミュニティ」『大原社会問題研究所雑誌』No.499, 18-36頁.
―――, 2000b, 「日系人労働者の雇用と都市間移住」『都市問題』Vol.91, No.9, 75-86頁.
―――, 2002, 「グローバリゼーション下の産業再編と地域労働市場―自動車産業にみる周辺部労働力間競争」『大原社会問題研究所雑誌』No.528, 43-64頁.
―――, 2003, 「ブローカーの社会学―『ピンポイント移住』と地域労働市場」『現代思想』Vol.31, No.6, 206-219頁.
筒井美紀, 2001, 「外国人労働者と高卒就職者の雇用代替―『間接雇用によるマス代替』のプロセスとインパクト」『ゆらぎのなかの日本型経営・労使関係［日本労働社会学会年報No.12］』179-200頁.
内田貴, 2000, 『契約の時代―日本社会と契約法』東京：岩波書店.
氏原正治郎, 1966, 『日本労働問題研究』東京：東京大学出版会.
梅村又次, 1972, 「産業部門別の雇用変動と縁辺労働力」統計研究会労働市場研究委員会編『労働市場構造の研究』Vol.4, 55-76頁.
Veblen, Thorstein, 1998, *The Theory of the Leisure Class*, New York: Prometheus Books. 小原敬士訳, 1961, 『有閑階級の理論』岩波文庫.
山田盛太郎, 1934, 『日本資本主義分析』東京：岩波書店.
山本潔, 2002, 「丹野清人『グローバリゼーション下の産業再編と地域労働市場―親企業の経営戦略が引き起こす周辺部労働間競争』(2002年1月、報告用ペーパー)に対するコメント」国際労働センター.
在伯沖縄県人会, 1987, 『ブラジル沖縄移民史』サンパウロ：在伯沖縄県人会.

# 雇用の階層構造と労働組合

―― パートタイム労働を中心に ――

龍井　葉二
(連合・総合政策局長)

**はじめに――1997年頃を境に非正社員がドラスティックに増えているなかで、
日本の雇用システムのあり方が問われている――**

　日本の雇用システムは、これまでにも何回となく大きな変化の波をくぐり抜けてきた。いま直面している変化の波が、これまでのものと比べて特別のものなのか、これまで経験してきた波の一つにすぎないのか、にわかに見定めることは難しい。

　いわゆる「年功賃金崩壊論」にしても、経済変動のたびに繰り返し主張されてきたものであって、それ自体が目新しいわけではない。経済が回復すれば、あるいは「団塊の世代」が引退して人手不足時代になれば、また日本型の雇用システムが復活するという見方があっても不思議ではない。

　他方で、グローバル化やIT革命、金融革命は、これまでの日本型システムの根本的な転換を促すものであり、雇用についても「構造的」な変化が起きているのだ、という主張にも説得力があるように思える。

　事実、いま起きている雇用の変動は、「構造的」な変化を予兆させるに足るものである。一つは、いわゆる正社員の絶対数の減少、もう一つは、それを反映した非正社員比率の急増である[1]。

　具体的な数字で示そう。正社員数は1997年をピークにそれ以降減少に転じ、2002年には3,425万人にまで減っている。同じ時期に、非正規労働者は1,152万人から1,483万人に増えており、5年間で、正規労働者は387万人減少し、非正規労働者は、331万人増えていることになる。

　また、非正社員比率は、1990年代の前半は20％前後で推移していたのが、1995

特集　階層構造の変動と「周辺労働」の動向

年から上昇一方に転じ、1997年の23.2%から2002年には30.4%にまで拡大している。

　これらの変化の分岐点は97年前後であり、それ以降、何かしらドラスティックな事態が生じていることは間違いない。それは、日本の雇用階層構造の地殻変動を意味するのか。そのなかで、労働組合にはどんな課題が課せられているのか。本稿は、パート労働問題を切り口にそうした問いかけに迫ろうとする極めてラフなスケッチである。

## 1. 日本型雇用システム

### (1) 日本における正社員とパートタイム労働者の区分けは、単なる労働時間の長短ではない。

　非正規労働者の多数派は、いうまでもなくパートタイム労働者である。ところが、いまの日本の状況で特徴的なのは、改めてパート労働者の定義をしなければならないということである。疑似パート・フルタイムパート・呼称パートといった例をあげるまでもなく、字義通りの「短時間労働者」ではカバーできないのである。

　同時に、「日本のパートとオランダのパートは違う」ということは、実は「日本の正社員とオランダの正社員は違う」ということも意味している。つまり、日本におけるパート労働問題は、日本型の正社員との対比で、あるいはそれとのセットで考える必要があるということになる。

　パート労働問題を通じて問われているのは、実は正社員の働き方なのかも知れないのである。

### (2) 日本の正社員の多くはフルタイム労働者というよりは、オーバータイム労働者であり、企業組織へのオーバーコミットメントが常態化している。

　パートタイム労働者が「短時間労働者」で括りきれないのと同様に、正社員の方も「フルタイム労働者」の概念では括りきれない。

　よく指摘されるように、いわゆる「就職」ではなく「就社」というワーク=ライフスタイルのなかで、フルタイムというよりはオーバータイム=オーバーコミットメントが常態化しているといっていい。

　いまの正社員は、雇用期間の定めがないだけでなく、労働時間の定めもないに

等しいというのが実態であり、職務の定め、職場の定めも明確でないまま企業組織に帰属しているといっても過言ではない。つまり、特定の職務に関する契約関係というよりは、共同態（ゲマインシャフト）的帰属関係にあるという面が強く、それこそが企業組織の「正規の」メンバーであることに他ならない。

それとの対比でいえば、パート労働者というのは、雇用期間についても労働時間についても、明確に定められている労働者ということになるが、それは企業組織の「正規の」メンバーではないことと表裏の関係にある。

### (3) 日本の正社員のワークスタイルは、戦時総動員体制のもとで全面化した。

いま述べた正社員のイメージは、主要には男性正社員が主流を占めているわけだが、この日本型の「企業中心システム」は、必ずしも日本人の文化や勤労観に根ざすものではなく、歴史的に形成されたものにすぎない。

そのルーツは日本型のイエ制度に求めることができると思われるが、こと企業内の雇用システムということでいえば、「戦時総動員体制」のもとで全面化したということができよう。というのは、確かに長期雇用インセンティヴ制度は、雇用の「流動化」が常態であったなかでの人材引き留め策として、すでに1920年代から大企業を中心に導入されていたが、それが全国的に拡大するのは、国家による強制を通じてであったからである[2]。

そこでの「正社員」は、企業間の移動を禁止され、賃金も国家によって統制されるかわりに、年1回の昇給を保障されるというものであった。そういう意味では、個別企業の社員というよりは、国家に奉仕する「勤労国民」という色彩の方が強かったといえる。つまり、何らかの価値をもった職務を遂行するというよりは、組織の一員として忠実に役割を全うするという「勤労観」の形成である。

したがって、成員（メンバー）に対する評価は、組織（国家や企業）に対する忠誠度や貢献度が最重視され、単なるアウトプットにとどまらず、精神性や協調性にも重きが置かれる。言い換えれば、「対等な契約関係」とは異質なものといっていいだろう。

敗戦によって「戦時動員体制」はいったん解体を余儀なくされるが、「経営民主化」と「経営権確立」の確執のなかから、経営側の主導による新たな統治形態が再編・強化されていく。いわば、企業統治をベースとした国家統治であり、企業とい

う枠組みは、以前にも増して確固たるものとなっていくのである。

かつての「戦時体制」が国家間のものであったのに対して、新たに再編された「戦時体制」は企業間戦争（シェア争い）を支えるものであり、そこでの成員（メンバー）は、「勤労国民」に替わって、「企業戦士」として自らを鍛えあげていくことになる。

再編された企業中心システムは、前述のようにすべての領域をカバーしたわけではなく、大手企業に限定的であったかも知れない。しかし、「終身雇用」「年功賃金」「企業別組合」に特徴づけられる「日本的雇用慣行」は、敗戦の焦土のなかからまったく新たに形成されたものというよりは、いわば「戦時システム」の再編成として形作られたといっていいであろう。

(4) 企業自己完結システムとしての日本型雇用システムは、企業内の長期育成システムでもある。

そもそも雇用システムというものは、採用・配置・育成・処遇の全体にまたがるトータルのものであり、たとえば賃金制度だけを取り出して云々することはできない。そうしたトータルシステムとして各地域の歴史や文化の土壌のなかで生まれてきたものであって、それぞれに必然性と合理性がある。どれが普遍的というわけでもない。欧米流のジョブ採用＝ジョブ処遇だけが唯一のモデルというわけでもないし、一口に欧米型といっても様々なタイプがある。[3]

日本型雇用システムは、学卒一括採用・企業内訓練・多能工・年功賃金を特徴としており、スキルの面でも生計費の面でも半人前の賃金水準からスタートし、長期雇用を前提にトータルで支払うというシステムである。これは、スタート時点から世帯賃金であり、企業横断的な仕事給が形成されている欧米のシステムとは大きく異なる。

「労働市場」に即していえば、「内部市場」にあまりにも偏ることによって「外部市場」が成熟していない、ということにつながっている。ここでいう「内部市場」というのは、いうまでもなく企業の「正社員」に限定されており、したがって「外部市場」には、転職者のみならず非正社員も含まれる。つまり、「外部市場の未成熟」は、企業のカベを超えた賃金・処遇ルールが確立していないことと、就労形態の違いを超えた賃金・処遇ルールが確立していないことを同時に意味することになる。

もちろん、「日本型」というのは何も宿命的だということではない。前節で強調したように「歴史的」ということは可変的だということなのだ。ただし、どこかに普遍的なモデルがあるわけではないということを踏まえる必要があるということなのである。


## 2. 雇用の階層構造の変化

### (1) 雇用の階層構造は、資本制生産システムにとって不可欠の基盤である。

「雇用の階層構造」というテーマ自体は、前回の本学会報告で与えられたものなので、このタームに共通理解があるのかどうか不案内なのだが、企業が雇用量と労働条件のフレキシビリティを確保するための垂直的・差別的な雇用システムと解するならば、当然のことながら日本だけに特徴的なわけではない。

というよりも、そもそも資本制生産は雇用の階層構造なしには成り立たない。これには二つの側面があって、一つは、超過利潤を産み出すために飽くことなく「外部」に低賃金労働を求める衝動。もう一つは、生産の質的・量的変動に対応するために、フレキシブル（いつでも調達可能・使い捨て可能）な労働力を、たえず「外部」に確保しておく必要性である。

この「外部」は、これまでの資本主義の歴史ではまずは国内の農村に求められ、やがて国外の植民地、さらには対外投資、多国籍企業の海外立地というように姿を変えてきたといえる。


### (2) 製造業中心であった時期の雇用の階層構造は、サービス化・情報化に伴って、再生産領域にまたがる階層構造に変質していった。

製造業が中心であった時期の階層構造は、大企業本工をコアとして、その周辺に臨時工・社外工・日雇労働者がおり、さらに、その底辺に膨大な下請中小・零細企業の労働者が群がるという構図であった。

経済のサービス化・情報化のもとで、この構図も大きく変化し、男女の正社員の周辺に女性パート労働者が配置されていくようになる。

この新たな構図の特徴は、それが労働の階層構造の変化にとどまらず、生産と再生産の領域にまたがり、男女という性別の階層構造でもあるという点である

(非正規雇用労働者の70.3％は女性が占め、女性労働者全体のなかで非正規雇用労働者の占める割合は50.6％に達している)。

つまり、生産領域＝職場における男性中心・女性補助という分業関係は、再生産領域＝家庭における女性中心・男性不在という分業関係と表裏の関係にあり、男性の長時間労働・家庭不在というワーク=ライフスタイルが確固たるものである限り、女性の働き方は必然的に補助的パート労働であることを余儀なくされる。パート問題は、男性正社員のワーク=ライフスタイルのネガの問題として捉える必要があるということになる。

そういう意味で、自発的パート・非自発的パートといった区分けはほとんど意味をなさず、「自分の働きたいときに自由に」というニーズは、実は家庭内の固定的役割分業による強いられた選択かも知れないし、「正社員にはなりたくない」というのも単に長時間残業は無理という意味なのかも知れないのである。

### (3) 正社員のパート代替に伴い、「周辺」の「コア」化が進む一方で、雇用階層構造の多重化・多極化・国際化が進んでいる。

最近になって、前述の構図にもう一段の変化が起きつつある。大量失業(un)と超長時間労働(over)と非正規雇用(part)の急増が同時進行しているなかで、コアであったはずの男性正社員の雇用安定神話が大きく揺らぎ、これまで周辺に位置づけられてきたパート労働者をはじめとする非正規雇用労働者が基幹的業務に配置されつつある。

冒頭で触れた非正規労働者の比率も、小売業では45.6％、スーパーマーケットやコンビニエンスストアでは7～8割に達しており、そうした働き方の方がはるかに「典型的」なのである。

これはまさに「周辺」の「コア」への転化であり、これまでの中核・周辺モデルが通用しなくなっていることを意味している。

これと併行して、専門職パート、管理職・役職パート、常用パート、フルパートなど、パート労働者自体の「多様化」も進みつつあり、一括りでは捉えられなくなっている。しかも、派遣労働者や外国人労働者を含む請負など間接雇用の拡大、外注化の促進、偽装請負や個人委託などあいまいな雇用形態の増加が同時進行しており、かつてのような中心/周辺、正規/非正規という単純な二分法も通用し

なくなっている。階層構造の多重化・多極化・国際化が進んでいるといっていいだろう。

### (4) 非正規労働者の多くは、不安定雇用、低賃金だけでなく、人材育成の機会から排除されている

パート労働者や派遣労働者などの非正規労働者は、正社員と比べて労働条件が低く、雇用も不安定（いつでも切り捨て可能）であることが指摘されている。派遣労働者のなかには、高いスキルをもち、正社員の平均的な所得水準より高い収入を得ている人もいるが、それをもって派遣労働者の平均像とするわけにはいかない。派遣業務がこれだけ拡大しているなかでは、むしろ少数派と見る方が実態にかなっている。

同時に無視できないのは、非正規労働者は、有期契約であるが故に、その多くが人材育成・能力開発の機会からほぼ全面的に排除されていることである。

なかには、常用パートから能力開発を経て基幹パート、管理職パートへと昇格していくこともないわけではない。パート労働者が典型労働となっている職場で、そうした傾向が多いのは事実だが、全体から見ればごく少数にとどまっている。

非正規労働者の割合が3割を超えるということは、能力開発の機会から排除されている労働者が3割を超えるということを意味している。

とくに、最近の若年未就業者あるいはフリーターをはじめとする若年労働者の実態は、もっとも能力開発が求められる年代が、未熟練のまま放置されていることを示している。

つまり、非正規労働者の急増は、将来の産業・企業を担う人材の持続可能性という面からいっても、極めて深刻な事態を招いており、まともな経営者であれば決して無視することができないはずの問題なのである。

### (5) 均等待遇や対等交渉のルールが確立していなければ「労働市場」とはいえない。

日本の非正規労働者にとってとくに深刻なのは、ヨーロッパのような職種別賃金が成立していないために、同じ仕事をしていても就労形態の違いによって大きな労働条件格差が存在することである。

いま雇用・人材分野の規制改革を主張している論者は、市場中心主義のスタンスに立っているのだが、そもそも市場が成立するには前提条件がなければならない。

いうまでもないことだが、雇用関係というのは、事業主間の商取引とは性格を異にする。「労働力」という商品は、その人格と切り離すことができないため、条件が合わないからといって在庫にまわすこともできず、生活できる水準以下に買い叩かれる危険性が絶えずつきまとう。

市場における商取引のような「対等取引」は、一人ひとりの労働者にとってほとんど不可能に近く、ごく一握りの専門的な能力やノウハウを身につけた人に限られている。

そこで、各国ともに法定最低賃金の制度と並んで、コレクティヴ・バーゲニング（集団取引＝団体交渉）の権利を法律で認めるようになる。つまり、集団取引によって初めて対等取引が保障されるのである。

そもそも、「労働市場」という言葉自体に懐疑を抱く立場もあり、ILOも「労働力は商品にあらず」ということを原則にしているのだが、仮に「労働市場」なるものを想定するとしても、労働者と雇用主の対等取引＝集団取引の保障が大前提となるわけだ。

それと同時に、「労働市場」というからには、「一物一価」の法則が働くことが不可欠となる。労働力の価値が同じであれば同じ賃金が支払われるべきだという、いってみればごく当たり前のルールである。

「労働市場」は、個別の労使関係を超えた社会的なインフラであり、それは政策的に整備される以外にない。その自明のことを欠いた「市場万能主義」は、形容矛盾以外の何者でもない。

## 3. グローバル競争と雇用システム

### (1) いまの非典型雇用の急増の背景にあるのは、単なるコスト削減策ではなく、金融主導の短期利益再優先の経営方針である。

いま進められている非正規社員への代替や外注化は、「とにかく非正規・外注に任せられるものは、すべて非正規・外注に」といわんばかりの、なりふり構わぬものとなっており、そこでもっぱら重視されているのは、グローバル競争を理由と

した固定費削減である(とくに、派遣やパートの一部は、物件費として計上されるため、当座の固定費削減策の重要な手法として位置づけられている)。

コスト削減は企業経営の常であるが、ここ数年の傾向として特徴的なのは、長期的視点から短期的視点への転換であり、金融主導のもとでの短期利益重視へのシフトである。つい最近まで礼賛の対象であった日本的経営も今では「障害」とされ、人材投資から即戦力人事にシフトするなかで、賃金制度も成果や業績重視(その都度払い)の試行錯誤の動きが目立つようになった。それも、外部のコンサルタント任せという例が少なくない。

別の言い方をすれば、企業経営が人事・労務主導から財務主導に移行し、短期のバランスシートの帳尻合わせが前面に出てきているのである。

1995年に当時の日経連は『新時代の日本的経営』のなかで、「専門能力活用型」「長期蓄積能力活用型」「雇用柔軟型」の三類型の組み合わせ(ポートフォリオ)を提起していたが、すでに指摘したように、いま起きているのは「長期蓄積能力活用型」の減少と「雇用柔軟型」への際限なき置き換えである。

いま進められている雇用システムの変化は、当時の経営者の予測を上回るものであり、彼らのいう「労使安定帯」の基盤をすら脅かすまでになっているといえる。つまり、単なる「周辺」の拡大ではなく、「中心」そのものの軸が動揺し、システム全体の液状化現象が起きていると見るべきなのである。

## (2) 政府が進める「構造改革」は、日本型雇用システムを壊せば労働移動が可能になるという誤った前提に立っている。

非正規雇用急増のもう一つの背景は、政府の政策である。政府の「構造改革」に関する基本認識は、次のように要約されている。

「我が国は、1980年代以降、長期経済停滞に陥っており、雇用状況は傾向的に悪化しているが、他方で、財政・金融政策の余地は極めて小さいという深刻な状況にある。この背後には、1980年代までの高い経済成長の時代に確立した様々な社会制度・慣行が、その後大きく変化した経済社会環境に、もはや対応でき難いものとなっていることが大きな要因となっている。」(総合規制改革会議「中間とりまとめ」)

つまり、日本社会の閉塞状況や長期不況の原因が、もっぱら「様々な社会制度・

特集　階層構造の変動と「周辺労働」の動向

慣行」にあるという認識である。個々の論点を検討する前に、まず規制改革ありきなのだ。

とりわけ雇用システムについては、経済産業省のもとに設置されている産業構造審議会のなかの小委員会が、米国との比較を踏まえて次のような見解を示している。

「我が国の場合、長期雇用を前提とした賃金・人事システムや、年金・退職金制度、社会保障制度、税制の存在が障害となって、間接部門の合理化や不採算部門からの撤退、コア業務への集中が進まない状況を創り出している面もあると考えられる。」(サービス経済化・雇用政策小委員会とりまとめ)

日本の「雇用システム」こそが「障害」だとする考え方は、すでに99年版『労働白書』でも示されていたし、当時の産業競争力会議を中心に、「三つの過剰」論（設備・雇用・債務）によるサプライサイドの調整策が声高に叫ばれていた。

しかし、いまの雇用をめぐる最大の問題は、デフレ経済のなかで雇用創出力が落ち込んでいることである。「障害」を取り除いたからといって労働移動が起こるわけではない（その点で、2002年の『労働経済白書』は若干の軌道修正を行っている）。

需要不足から生じている長期不況を、あたかも構造要因から生じているかのように強調するのは、経済学の初歩的な誤りだといわざるを得ない。ところが、小泉内閣＝総合規制改革会議が音頭をとる雇用・人材分野の規制撤廃策は、この誤った前提のもとで進められているのである。

### (3) 経済のグローバル化による階層構造再編のなかで、パート労働は新たな位置づけを与えられつつある。

非正規労働やインフォーマルセクターの拡大は、先進国共通の課題になっている。

すでに2の(1)で触れたように、資本制生産は、長期利潤とフレキシブルな労働力の源泉をたえず「外部」に求めてきたわけだが、いままで国外に求めてきた「外部」を、国内にも求めざるを得なくなったことを意味する。

日本企業にとっての「外部」としての中国を考えた場合、いま再編されつつある雇用の階層構造は、単に日本－中国という二国間の関係にとどまらない。実は、

中国の国内でも、都市部と農村部にまたがる階層構造が作られつつある。

周知のように、日本でも農村部が人材供給と剰余価値の源泉であった。農村部が都市化されていくのに伴い、企業はアジア地域をはじめとする海外に新たな基盤を求めてきた。そして、いわゆるグローバル化の進展によって、この外延的拡大が世界規模で臨界点に達したことにより、各国はさらに新たな基盤を求めざるを得なくなったのである。それが、パート労働をはじめとする非正規労働の拡大に他ならない。

いわば、新たな「国内植民地」が形成されつつあるのであり、パート労働も派遣労働も外国人労働も、新たな位置づけが与えられていることになる。

非正規の世界は、大企業の周辺ではなくその内部に広がりつつあり、それは、中心・周辺モデルで捉えられてきた先進国と途上国の関係の変貌、先進国・先進地域の内部におけるインフォーマルセクターの広がりと軌を一にしているといえる。

このように、パート労働をはじめとする非正規労働が「国内植民地」として強化されているとすれば、2の(4)で指摘した様々な「適用除外」がさらに徹底され、「持続可能性」が不問に付された文字通りの「使い捨て」資源として位置づけられているといっていいだろう。

そうだとすると、いま「途上国」で課題となっているディーセント・ワーク（権利や労働条件が保障された働きがいのある仕事）が、この「先進国」のまっただ中でも重要な課題となっているといわねばならない。まさに人権の問題として、ケン・ローチの映画に倣っていえば"Bread and Roses"（パンだけでなくバラに象徴される誇りも）が、新たな国際連帯の課題として浮かび上がっているのである。

### (4) グローバル競争のなかで改めて求められるのは、企業内外における安定雇用と人材育成の再構築である。

いま多くの日本企業がとっている行動は、極めて矛盾した行動パターンである。企業生き残り・競争力強化の名のもとに、当面のコスト削減だけに奔走する結果、本来的な競争力を削ぐという結果をもたらしているのである。

すでに1の(4)で指摘したように、日本型の雇用システムは独自の人材育成システムでもあった。ここでいう育成には、企業独自スキルと汎用スキルがあり、企業内教育では当然のことながら前者が重視されることになる。

特集　階層構造の変動と「周辺労働」の動向

　問題は、これまで培われてきたスキルが、生産システムの変化のなかで、果たして通用するかどうかである。

　冒頭でも紹介したように、「グローバル化・IT革命・金融革命」は根本的な転換をもたらすという主張もあり、「モジュール生産」は従来の雇用・育成システムを陳腐化させるという指摘もある。その根拠としては、とくにIT革命による技術革新のテンポの速さは、これまでのスキル形成の時間的猶予を許さないこと、また、モジュール生産におけるアドホックな生産ユニットの組み合わせは、企業内育成を通じたスキル形成をほぼ不可能にすること、などが考えられる。確かに、そうした事実がまったく根拠をもたないわけではないだろう。

　しかし、忘れてならないのは、グローバル競争が熾烈になればなるほど、そこで求められるのは企業独自のノウハウ・技術であることに変わりはないという自明の事実である。

　その担い手は、企業独自の人材をおいて他にない。どんなに優秀な即戦力人材がいつでも調達可能だからといっても、その人材に将来的に働き続けてもらわなければ経営が成り立たないというわけだ。つまりは、日本型の長期的な視点に立った雇用=育成システムの再構築（ただし従来通り一社完結型ではなく社会的なシステムとして）が自ずと問われてくるのである。

　したがって、「グローバル化・IT革命・金融革命」により、雇用システム全体の「液状化」と非正規雇用の増加が必然的だとする論議は、極めて一面的であると同時に、ミスリードする危険性があるといわざるを得ない。

## 4. 労働組合に求められるもの

### (1) 日本の労働組合の構造は、労働者全体を代表する姿にはなっていなかった。

　集団取引を行う労働組合の組織形態は、労働市場の構造と裏腹の関係にある。内部労働市場を中心とする日本の基本型が企業別組合であったことは、何ら不思議ではない。問題は、それが労働者全体をカバーし得ていたかどうかである。

　企業別組合の成員は、周知のように正社員・本工が基本であった。工職一括加盟というプラス面も併せもっていたことは事実だが、労働市場を異にする非正社員・臨時工・社外工は企業別組合のメンバーになれなかった／ならなかっただけでなく、その大多数は職種別組合に組織されることもなく「未組織」として放置され

てきた。日本の労働組合は、日本の雇用階層構造を素直に反映する組織だったのである。

　そのことは、企業規模別の組織率や、就業形態別の組織率を見れば、すぐに明らかになる。たとえば、大企業を一番上に、小企業・零細企業、そして非正規労働者を一番下に置いたピラミッドとして雇用の階層構造を描いた場合、労働組合の組織率は下に行くほど低くなる。つまり、雇用の階層構造が上向きの三角形であるのに対して、労働組合の組織構造は逆三角形になっている。

　また、この間の構造変動に着目した場合、大企業・男・製造業・正社員に軸足を置いてきた労働組合組織は、この間増え続けている、小企業・女・非製造業・非正社員の労働者層に、十分対応し切れてこれなかったといえる。

　それは、低賃金層の形成に対して、労働組合がその組織力を通じた規制力を発揮できず、事実上、最低賃金を通じた法規制とその間接的効果（最賃＋αの労働者層に対しても波及）に委ねてきたことを意味している。逆にいえば、正社員・本工組合は、そのことに危機感を感じなくてもよい環境に置かれ続けてきたといえよう。

### (2) パート労働の「コア化」や地域での労働相談活動などにより、労働組合の構造変化が求められるようになった。

　しかし、パート労働者の増加は、企業別組合にどっぷりと漬かっていた状況にある種の亀裂を持ち込んだ。パート労働者の正社員代替の進行に伴って、組合のない職場の比率が増えていることもさることながら、もともと組合が組織されていた職場の正社員比率が低下し、職場における時間外協定締結にも支障が生まれるという事態が生まれたのである。

　こうして、常用パート・基幹パートが多く働く職場では、パート労働者の組織化が積極的に進められていくようになり、商業、流通、外食、情報などの分野を中心に、産別による取り組みが徐々に成果をあげていった。

　それと同時に、パート労働者の「コア化」は、量的な変化だけではなく質的な変化をもたらす。つまり、同じ職務を担っているのに、なぜこれだけの労働条件格差があるのかという疑問が、正社員・本工の側からも沸き起こってきたのである。

　他方で、地方連合会などが実施している労働相談活動などを通じて、地域ユニ

特集　階層構造の変動と「周辺労働」の動向

オン型の個人加盟組織が徐々に作られるようになったのも、この間の特徴である。

　有期雇用契約で働く労働者を、職場の企業別組合に組織することは極めて困難であり、労働相談を通じて組合との接点が生まれたパート労働者も、問題が解決したら組合から離れていくという例はそれこそ枚挙にいとまがない。パート問題の解決は、パート労働者自らの手による労働組合結成が不可欠なのはいうまでもないが、これまでの経験はそれが並大抵の努力では難しいことを物語っている。

　5月末現在で、連合加盟の地域ユニオンは37地方連合会で組織され、242組合、約1万人が加入している（その後、6月の中央委員会で、全国コミュニティ・ユニオン連合会[8組合、3,000人]が連合に加盟）。それでも、非正規労働者全体から見れば、ほんの一握りにとどまっていることはいうまでもない。

### (3) 外部労働市場の整備と、それに対応した労使関係、労働組合の再構築が求められている。

　非正規労働者が、内部労働市場と企業別組合だけではカバーし切れないとすれば、外部労働市場の整備とそれに対応した労働組合のあり方が問われてくる。考えられるのは、①個人加盟の職能別・産業別組合や、②個人加盟の地域別組合などであり、すでに見たようにその芽は確実に芽生えつつあるといってよい。

　問題は、そうした組合の結成によって、新たな労使関係を構築しうるかどうかである。具体的には、新たな組合の形態に対応する経営者（団体）が存在するのか、労働協約の締結や労働条件の規制ができるかということである。

　たとえば、地方連合会に対応する地方経営者団体は確かに存在するが、そこで労働協約を締結できるわけではない。地域協議会や地域ユニオンは、単組や個人の集まりだが、そこで実際に行われている労使交渉は、当該組合員が所属する企業レベルの交渉である。組合員の結集の仕方や、共催活動・世話役活動などが地域に根ざしているとはいっても、そこで求められるのは、企業レベルの労使関係の再構築なのである。

　つまり、問題がますます個人化・個別化するなかで、問われてくるのは、やはり新たな集団的労使関係の構築であり、それが可能かどうかは、産業別組織が非正規労働者も含めて文字通り産別全体をカバーする規制力をもてるかどうか、同時に、地域レベルの世話役や活動家が持続的に再生産されるかどうかにかかってい

るといえる。

　その意味で、企業別組合の限界から脱皮していくためには、企業別組合に偏在している組合財政の再配分も視野に入れつつ、労働組合全体としての組織的脱皮が求められることになろう。

　われわれは、非正規労働者を労働組合の仲間に組み入れていくべく、産別や職場での取り組みと同時に、地方や地域における抜本的な態勢強化を図っていきたいと考えている。

### (4) 日本での均等待遇原則の確立は、企業外ルールと企業内ルールの両面から実現していく必要がある。

　すでに2の(5)で示した「対等交渉」の課題が前節の組織化であるとすると、もう一つの「一物一価」の原則の確保は、均等待遇のルール化ということになる。

　日本の賃金で特徴的なのは、育成・処遇制度が企業ごとに異なり、いわゆる正社員についてさえ、企業の枠を超えた尺度がないことである。同時に、企業内における尺度も、職務に準拠するよりは人に準拠していることもあって、同じ仕事をしている正社員と非正規労働者の間でも、大きな格差が存在することである。

　つまり、1の(4)でも触れたように、多くの非正規労働者にとっては、外部労働市場が存在しない上に、内部労働市場からは除外されているという意味で、何の規制の網もかからない状態におかれているのである（強いていうなら、法定最低賃金という、本当に最低限の規制が直接、間接に働いているにすぎない）。

　したがって、日本における均等待遇原則の確立は、企業外ルールと企業内ルールの両面から行っていく必要がある。

　まず企業外ルールについては、二つの方向からの取り組みが必要だと考えている。一つは労働協約レベルの取り組みで、企業横断的な賃金水準を確立していくことである。具体的には、①大括りの職種別賃金の設定（純粋な仕事給ではないが、仕事面でも生活面でも「一人前」の銘柄を産業別に設定し、その社会化をめざす）や、②年齢別最低賃金の保障（30歳とか35歳の労働者のミニマム規制）などの運動を進めている。まだ、考え方や指標の提示にとどまっている段階だが、とくに前者については、業界労使による訓練を通じた共通の評価システム作りなどに挑戦していきたいと考えている。

特集　階層構造の変動と「周辺労働」の動向

　もう一つは、均等待遇ルールの法制化である。労働協約の拡張適用が保障されていない日本において、労働組合の規制力だけで均等待遇ルールを実現するのはほとんど不可能に近い。市場ルールは、どうしても社会的ルール・インフラとして政策的に整備される必要がある。連合はすでに、パート・有期労働契約法の独自案を示し、均等待遇ルールの法制化を提起しており、野党などを通じた国会対策を進めているところである。

　また、企業内ルールについては、春季生活闘争などを通じて、①パート労働者などを含めた企業内最低賃金協定の締結（高卒初任給の時間給換算に見合う最低規制）と、②同じ仕事を担うパート労働者の待遇改善（職務分析などを一つの手段とした格差是正）などの取り組みを進めている。

### (5) 均等待遇の確立に向けた賃金制度のあり方論は、これまでの歴史的な蓄積を踏まえた上で提起する必要がある。

　賃金の均等待遇を実現するためには、どういう賃金制度が望ましいか？ なかには、「年功賃金から職務給に」変えてしまうべきだとする主張もあるようだが、そう簡単に片づく話ではない。

　すでに指定したように、いわゆる「年功賃金」は、生計費も熟練度も「未熟練・単身」の労働者を、職務限定することなく企業内教育を通じて「一人前」の賃金と熟練に導いていくシステムである。これを職務給型に切り替えるとすれば、単なる賃金制度の改定にとどまらず、雇用システムの「総とっかえ」にならざるを得ない。その場合に、①職務採用・職務評価という雇用契約が多数派となりうるのか、②賃金が採用時から「一人前」賃金の水準として保障されうるのか、③採用時における一定の職務遂行能力は（企業内教育に代わって）どこで、だれのコストで育成されるのか、といった問題が生じてくる。

　実は、年功賃金と同一労働同一賃金の整合性をめぐっては、すでに日本でも長い経験の蓄積がある。古くは経営側の職務給導入の挫折に始まり、仕事別賃金や横断賃率論などの提起、さらには職能資格給の年功的運用という問題もある。少なくとも、単なる「あるべき論」としてではなく、こうした歴史や賃金論の蓄積を踏まえた上での検討が必要だと思われる。

(6) 非正規労働者にとっての均等待遇とは、必ずしも「正社員並み」を意味せず、相互の関係そのものを変えることでなければならない。

　均等待遇実現の取り組みで忘れてはならないのは、それが必ずしも「正社員並み」を意味しないことである。

　かつて、男女雇用機会均等法制定の際の重要な論点の一つに、「男並み」をめざすのかどうかという議論があった。つまり、いまの男性の働き方をスタンダードとして認めた上で、女性の職場進出を広げていくことではないだろう、ということが共通認識としてあったと思う。ところが、それから15年以上を経過して、男性の働き方が大きく変わったかといえば、まったくそうではない。女性の働き方も、短時間労働が増える一方で、超長時間労働も増えており、二極化するという結果になっている。

　いま求められているのは、（男性）正社員の働き方＝暮らし方を基準とした均等待遇ではなく、そうした働き方＝暮らし方そのものの見直しを通じて公正労働基準を実現していくことでなければならない。

　その意味で、厚生労働省のもとに設置されたパートタイム労働研究会報告（2002年）が、残業や転勤が当たり前とされているいまの正社員の働きぶりを「拘束性」という言葉で括り、それを前提に均等待遇のあり方を考えているのは、大いに問題ありといわざるを得ない。「拘束性」は、解除されるべき対象なのである。

## 5. 新たな働き方をめざして

(1) 雇用の「多様化」が働く側にとっての選択肢となるためのキーワードは、「労働時間の選択権」である。

　パートタイム労働のあり方を考える際によく引き合いに出されるオランダの場合、正社員とパートタイム労働者の区別は、文字通りフルタイムとパートタイムの違いにすぎないといわれる。

　翻っていま日本で進められている「多様化」は、すでに指摘したように、もっぱら雇う側にとっての選択肢にすぎず、働く側にとっては、いわば「長時間正社員か低賃金・不安定雇用のパート労働化か」といった負の選択を強いられているのが実態である。これが働く側にとっての選択肢となるためには、正規と非正規という区分けそのものをなくすこと、つまり、1) 雇用・就労形態による労働条件の差別を

なくすこと、2) 有期契約労働を臨時的・一時的業務に限定すること、3) フルタイムとパートタイムの行き来の自由を保障することなどが不可欠の前提となる。

一言でいえば、これからの働き方でめざすべきなのは、「労働時間の選択権」である。そのためには、すでに指摘した均等待遇ルールの法制化が不可欠の課題となるが、同時に、育児・保育・介護などに限って法的に認められている「短時間勤務」を、理由の如何を問わずそれぞれのライフステージにおいて認めていくことも極めて重要な取り組みである。

### (2) これからの中期的な労使交渉の焦点は、生活時間・自由時間の拡大の視点から職場に迫っていく時間配分闘争である。

労働時間短縮は、われわれ労働組合にとって一貫して重要課題であり続けてきた。週40時間労働制は、長きにわたる労働運動の歴史の成果といっていいだろう。

しかしながら、他方でせっかくの労働基準法も遵守されず、不払い残業が堂々とまかりとっていることも事実である。

その背景に日本の企業社会の特殊性があることは、すでに指摘した。

日本で最初のメーデーで掲げられた8時間労働制のスローガンも、その内実は残業代支払いの要求であったといわれるように、国際メーデーのスローガン、つまり「8時間の自由時間、8時間の休息時間、8時間の労働時間」という要求とは当初からギャップがあったという面は否定できない。つまり、労使の配分交渉における焦点は、賃金に大きくシフトし、労働時間配分は二の次にされてきたというのが偽らざる実態だといわざるを得ない。

しかし、豊かさの指標が賃金だけである時代は、終わりを告げつつあるのではないか？　もちろん、いま存在する不当な賃金格差は放置するわけにはいかないし、賃金が労使交渉の項目から消えることは絶対にあり得ないだろう。しかし、それと同じくらいに、場合によってはそれ以上に、働き方と暮らし方に人間らしさを取り戻すことが問われている。

それには、労働時間短縮の取り組みを職場の問題に限定せず、地域や家庭の生活者もまた、時間配分の当事者であるという立場から、生活時間・自由時間の拡大を求めていく運動を作っていくことである。

生活の場からの切実な要求の結果から、職場の労働時間の外延が定められてい

くような運動の組み立てである。

その意味で、100年以上も前の国際メーデー・スローガンは誠に示唆に富むものといえるであろう。

### (3) いまの仕事と暮らしの歪みを是正する社会的取り組みがワークシェアリングである。

いまの仕事と暮らしの状況をもっとも端的に示すのは、未曾有の失業率の高さ、超長時間労働の横行による生活破壊、そして非正規労働の急増である。

確かに、それぞれの課題を取り出せば、労働組合もまったく手をこまねいてきたわけではない。ただ、それらを一つながりの問題としては捉えてこなかったし、正社員中心の組合にとっては、失業も生活も非正規労働者も、いわば外側の問題として捉えてきた。

いま直面している課題は、それでは解決できない。それらは相互に連関しあっているとともに、正社員の働き方・暮らし方そのものに関わっているといえる。

ここ数年取り組まれているワークシェリングは、前述した三つのアンバランスの克服に向け、雇用と労働時間を社会的に組み換えていこうとするものであり、生活シェアリングとセットで進められるべき課題なのである。

この組み換えは、当然のことながら単に量的なものであってはならず、質的な要素、つまりは繰り返し強調してきた労働条件の均等待遇が前提になければならない。逆にいえば、パート労働者の均等待遇実現の取り組みもまたトータルなアンバランス克服の取り組みの一環として進められる必要があるということになる。

### (4) いま求められているのは労働運動の自己改革であり、パート労働問題はその最大の試金石である。

いま求められているのが、企業自己完結型のシステムの改革だとすれば、正社員中心の企業別組織をベースとしてきた労働組合のあり方もまた問われることになる。

労働組合運動の社会的役割の一つは、春季生活闘争を通じた労働条件の社会的規制であった。具体的には、主要組合の交渉結果が一定の社会的相場を形成し、それが、中小企業や労働組合のない職場にまで何らかの形で社会的に波及してい

くというメカニズムである。

 いまのデフレ経済下で、賃上げを中心とした相場・形成波及メカニズムが大きなカベにぶち当たっており、新たなメカニズムの再構築が求められている。

 連合がここ数年、進めてきた春季生活闘争では、1) 不払い残業撲滅の職場の取り組みと社会的キャンペーン、2) パート労働者の賃金引き上げや全従業員対象の企業内最賃協定化を含む賃金の「底上げ」を大きな柱にとして改革にチャレンジを開始している。

 これらの取り組みは、単に労働組合運動の活性化をめざすものではない。グローバル化の進展に伴って、世の中全体が仁義なき競争を強いられつつあるなかで、公正なルール、グローバルな視点に立った連帯を対置していくこと、そのために労働組合がどんな役割を発揮しうるのかが問われているのだと思う。

 そのためには、まずは足下のパート労働者や非正規労働者の問題を、労働運動の中心課題に据えることから始める以外にはない。それこそは、労働運動が21世紀社会において生き続けられるかどうかの試金石だといえる。

〔注〕
(1) いわゆる正社員とそれ以外の人の区分けとして典型／非典型、正規／非正規という区分法が用いられ、連合の方針などでは前者をとっているが、ここでは、後述するように企業組織の正規メンバーであるか否かという論点を浮き立たせるために、後者のタームを用いることとする。
(2) 国家総動員体制のもとで様々な労働関係法規によって日本型労務管理が制度化されていった経過については、昭和研究会『労働新体制研究』（東洋経済、1941年）や三戸公『家の論理』（文眞堂、1991年）などを参照。
(3) たとえば、マースデンは、職務の構成と割当てに着目して、下記のような類型を描いている。

|  |  | 職務(JOB)の構成 ||
| --- | --- | --- | --- |
|  |  | 生産的方法 | 訓練的方法 |
|  |  | 生産の側の必要性に従って職務を定義 | 訓練の側の必要によって職務を定義 |
| 職務の割当て | 仕事中心 個々の仕事内容を厳密に定義した上で人を配置 | 【アメリカ／フランス】職務と従業員を1対1に対応させる | 【イギリス】従業員が使用する工や仕事の縄張りを基準に仕事を配分 |
| 職務の割当て | 機能中心 企業の側が要求する機能に応じて人を配置 | 【日本】従業員の職能等級を基準として仕事を配分 | 【ドイツ】従業員の技能資格を基準として仕事を配分 |

出所) David Marsden, *A Theory of Employment Systems* (Oxford, 1999) より要約。

――――― 日本労働社会学会年報第14号〔2003年〕―――

# ジェンダー視点からみる周辺労働問題

――ホームヘルプ労働をめぐって――

久場　嬉子
(龍谷大学)

## はじめに――「職」の確立をどうとらえるか――

　2000年に介護保険制度が施行されてから3年、この間に生じた大きな変化の一つとして、ホームヘルプサービスへの就業者の著しい増加をあげることができる。2000年度の国勢調査によれば、ホームヘルパーは就業増加率の最も高い職業となっている。1995年から2000年までの5年間における増加率は、二位の介護職員(治療・福祉施設)のそれをはるかに引き離して第一位である。その数は、1995年の3万3千人から、介護保険制度が施行された2000年には14万2千人へと増加したとされている。

　もちろん、介護保険制度の施行後ホームヘルパーは一層増加し、最近のデータによれば、平成2001年度のホームヘルパーは23万人となっている。厚生労働省は、これにより、現行計画のゴールドプラン21(高齢者保健福祉推進戦略)で設定した目標値、すなわち「平成16年度に35万人」の66％が達成されたとみている(『日本経済新聞』3月6日付。なお、厚生労働省があげている35万人という数値は、特定の前提条件のもとで算出されたものである)。数だけで単純に比較してみると、ホームヘルパー数の35万人は、先の2000年度の国勢調査でカウントされている保育士の総数(36万人強)に匹敵する規模となる。しかも、ホームヘルプサービスへの需要は、これから本格化する老年人口の増加とともに、大きく増えることが予想され、減少することはありえない。このようななか、厚生労働省は、来年で終了する現行計画に続く2005年～2014年までの新しい十ヵ年計画を策定することを決めた。そのなかに、ホームヘルパーの新しい目標数やサービス改善策を盛り込む予定だとしている。今後10年間の高齢化の進展を見据えつつ、一体ホームヘル

特集　階層構造の変動と「周辺労働」の動向

パーの目標数がどの位に設定されるかは、これからの介護保険制度のあり方にも影響する大きな政策課題である。

　さて、このように介護保険制度の導入は、ホームヘルパーの増加を押し進めてきた。このホームヘルパーの数的増加は、日本でようやく緒についたばかりの「介護の社会化」の進展を示す一つの重要なメルクマールとして、注目される。とともに、圧倒的に多くの女性がその仕事につくなど、ホームヘルプサービスの拡大が女性に新しい雇用の場を提供していることを考えると、ホームヘルパーの増大は、女性労働の点からみても積極的な意義をもつものと言える。同時にまた、この変化は、新しく、深刻な問題を浮上させてきた。とりわけ、介護保険制度が施行されれば、ホームヘルパーの社会的地位が上がり、労働条件が改善されるだろうと期待していた人たちのなかに、むしろ多くの不満を生み出していることは注目すべきであろう。なぜなら、その原因は、そもそも介護保険制度では、ホームヘルプ労働を新しい「職」として確立させる基盤が非常に脆弱にしか設計されていないことにあり、その矛盾を、制度が実際に運用されるなかで顕在化させてきていると思われるからである。したがって、この矛盾は、サービスの量的拡大がはかられるなかで今後一層強まっていくだろう。しかも、2005年度に予定される制度的な見直しにあたり、ホームヘルプサービス「職」の現状はどうなっているかを詳細に調査し、把握して、今後、どのような改善策を講じるかについての根本的な議論が行われる動きはみられない。ともあれ、ホームヘルプ労働はすでに一つの「職」として成立している。本稿では、はじめに、政府（旧労働省）の新しい職業分類や介護保険法において、ホームヘルプサービス「職」がどのようなものとして説明され、またどのように位置づけられているかをみておこう。

　旧労働省は1999年に、最初の設定（1953年）から3度目になる職業分類の改定を行っている。この作業は、IT化など新しい職業分野の展開や専門化など職業構造の変化を背景に、統一性と規格性をもとにして職業に関するデータを把握し、労働力の需給調整などを的確に実施するためと説明されている。ホームヘルプサービス「職」は、この改定において、「家庭生活支援サービスの職業」の一つとして新たに起こされた。そして、ホームヘルプサービス「職」のこの位置づけをめぐり、改定作業のなかで興味深いやりとりが行われていることに注目したい[1]。

　まず、個人家庭に対しサービスを提供する「家庭生活支援サービス職業従事者」

には、ホームヘルパーとともに、家政婦や家事手伝いが含まれているが、これらの区別に関して、次のような議論があった。家政婦と家事手伝いは、掃除、洗濯、調理、買い物など「家事サービス」の仕事を行うもの、一方ホームヘルパーは、食事、排泄、入浴、通院などの世話、つまり「介護サービス」の仕事をするものとして区別できる。しかし、実際にはどちらも家事も介護も行っており、両者の仕事は類似している。むしろ、ホームヘルパーの仕事の特徴は、一つに、サービスの対象が要介護者(家庭)に限定されていること、二つに、「派遣者からの指示にもとづいてサービスを提供」していることに求められている。両者の仕事は類似してはいるものの、サービスの対象とサービスの内容において異なるのである。つまり、ホームヘルパーは、対象をとくに限定せずにひろく家事サービスを行い、またサービス内容が「派遣者からの指示」という形をとらない家政婦や家事手伝いとは異なるとしている。ホームヘルパー「職」のこの規定は、介護保険法における「訪問介護」サービスのそれと重なりあう。

　ついでに言えば、やっと緒についたばかりの「介護の社会化」とは異なり、日本では「保育の社会化」過程ははるかに先立って進んできた。そして、社会的な保育サービスの担い手である保育士は、職業分類でみれば「社会福祉専門職業従事者」の一つであり、「職」としての専門性を確立させてきている。他方ホームヘルパーは、「サービスの職業」の一つであり、子育てと高齢者介護という、ともにケア労働でありながら「職」の位置づけには両者に大きな相違がある。他方、どちらも家庭内の育児や介護を公的な領域に移行させたものであり、また典型的な（保育士の方がより一層偏って）「女性職」であるなど、重要な共通点ももっていることも見逃せない。

　介護保険制度の施行に先立ち1997年に介護保険法が成立したが、そこではホームヘルプサービス、すなわち訪問介護や居宅(居室)サービスは次のように規定されている。まず、加齢にともなう心身の変化や疾病などにより、「要介護状態又は介護状態となるおそれがある」(介護保険法、第1条)者を対象として訪問介護を行うものとし、サービスの対象を明確に限定し、サービスの内容も、「可能な限り、その居宅において介護福祉士その他政令で定める者により行われる入浴、排泄、食事等の介護その他の日常生活上の世話」(介護保険法、第1・7条)と規定している。さらに、ホームヘルプサービスは、「指定居宅サービス事業者」が派遣し、か

特集　階層構造の変動と「周辺労働」の動向

つまり、介護保険によるホームヘルプサービスの要である「居宅サービス計画（ケアプラン）」に基づいて行われるものである（介護保険法、第1条）。つまり、ホームヘルプサービスの目的は、要介護者や要介護状態になるおそれのある人が、「可能な限り、その居宅において、その有する能力に応じ自立した日常生活を営むことができるように配慮」（介護保険法、第1条）することにある。

さて、介護保険制度の施行とともに、ホームヘルプサービス「職」が、どのような労働として把握、位置づけられているかをみてきた。そこにはまず、次の二つの特徴や問題点を指摘できる。一つは、ホームヘルプサービス「職」は、対象が不特定で、場合によれば対象がなくてもよい有償の家事労働一般とは区別される。それは、一人では生活の自立が困難な人を対象に、その人たちの日常生活の自立を援ける「配慮」や「介護」、「世話」である。言いかえれば、この労働は、相手への配慮や身近な接触をともなう対人的な関係的労働として、したがって特定の技術や社会的技能などを必要とするケア（介護や世話）ワークとして、より明確に規定されねばならないと言える。二つに、しかし、実際には職業分類にみられるように、ホームヘルプサービスは、専門的なケアワーク「職」として位置づけられてはおらず、ホームヘルパーは、家政婦や家事手伝いとともに「家庭生活支援サービスの職業」の一つとなっている。つまり、どのように専門性を規定し、確立させていくかが残された課題となっている。

このように、ホームヘルパーの社会的評価をたかめ、その労働条件を改善するためには、何よりもその「職」の独自性を明らかにし、専門性をもったケアワーク「職」としての制度的確立をはかることが大切となろう。何より、介護保険制度の設計には、ホームヘルプ労働を「職」としていかに確立するか、ましてや、専門的なケアワーク「職」としてどのように設定していくかという視点は欠落している。しかし、介護保険制度の施行後ホームヘルプ労働の現場では、多くの問題と矛盾を顕在化させつつあり、根本的な対応が必要となってきている。本稿では、横浜市福祉サービス協会の事例をもとに、ホームヘルプサービス「職」の現状はどうなっているか、基本的な問題点を明らかにし、さらに、それを専門的なケアワーク「職」として確立していくために、当面どのような改革が急がれるかを考察しよう。

## 1. ホームヘルプサービス「職」の現状——横浜市福祉サービス協会の調査から——

　社会福祉法人横浜市福祉サービス協会（以下協会と呼ぶ）は、大都市型の福祉サービス供給事業体であり、ここ15年ほどのあいだにホームヘルプサービス事業を大きく拡大させてきた。障害者や痴呆のお年寄りの介護を担当するケアヘルパー制や、夜間・祝日サービスの実施、またホームヘルプサービスの総合マネジメントや技術指導をするチーフヘルパー制やチーム運営制の展開、さらに24時間巡回型サービスなどなどを次々と立ち上げ、横浜市全域にわたって多様なサービスを供給している[3]。

　協会のホームヘルプサービス「職」にみられる特徴として、次の諸点が指摘できる。第一に、ホームヘルパーの雇用形態の多様化である。協会のホームヘルパーは、雇用形態と業務内容により、登録型ヘルパー、パートタイムヘルパー、嘱託（正規型）ヘルパーの三つに大別されているが、それぞれがさらに多様に分かれている。つまりパートタイムヘルパーには週に4日型、2日型、24時間巡回タイムヘルパーが、また嘱託ヘルパーには、ケアヘルパーとチーフヘルパー、24時間巡回ケアヘルパーが含まれる。他にケア関連の地域施設であるデイサービスにはパートのスタッフ、嘱託の介助員、アルバイトが働いており、また直接の実働部門ではないが嘱託の介護支援専門員（ケアマネジャー）がいる。

　次にこのように多様な働き方の混在とともに、そこにはまた大きなバイアス（偏り）が形成されている。ジェンダー（社会的性差）および年齢階級差にみられる著しい偏りである。今回の調査では解答者全員が女性、年齢的には45歳〜59歳層で全体の77％を占めている。他方、20代後半から30代を合わせても5％強でしかない。ちなみに、平成12年度国勢調査をみると、ホームヘルパー（14万2,100人）のうち96％を女性が占め、男性はわずか4％でしかない。また連合総合研究所の平成13年度調査でも、女性比率は95.4％である（連合総研、2001）。ちなみに「女性職」や「男性職」を規定するILO基準（70％〜90％）でみれば、多くの他の国々と同様に日本でも、ホームヘルプサービス「職」は典型的な「女性」職である[4]。

　第二には、正規型雇用の嘱託や、パートタイム、登録型など多様な雇用形態がみられるものの、やはりホームヘルパーの大多数は登録型とパートタイムであり、非正規労働力化が著しい。2001年度末に協会で働いているホームヘルパーの総数

特集　階層構造の変動と「周辺労働」の動向

### 表1　横浜市福祉サービス協会の雇用形態

(2000年10月1日現在)

| | | チーフヘルパー | ケアヘルパー | タイムヘルパー | ホームヘルパー |
|---|---|---|---|---|---|
| 雇用関係等 | 雇用関係<br>活動形態 | 嘱託職員<br>週5日勤務<br>2交替制<br>8:45〜17:00<br>11:45〜20:00 | 嘱託職員<br>週5日勤務<br>2交替制<br>9:00〜16:30<br>12:30〜20:00 | パート雇用<br>週4日勤務<br>(週2日勤務)<br>(日〜土の中で固定した勤務)<br>8:45〜20:00の間の8時間勤務 | パート雇用<br>8:45〜20:00の間の活動可能時間 |
| 賃金 | 賃金等 | 月給 258,000円 | 月給 237,000円 | 時給 1,170円 | 時給 1,060円 |
| 定年 | 定年 | 60歳<br>年度末 | 60歳<br>年度末 | 60歳<br>年度末 | 68歳<br>年度末 |
| 研修 | 研修等 | 採用時研修<br>現任研修 | 採用時研修<br>現任研修<br>介護福祉士準備講習会 | 採用時研修<br>現任研修<br>介護福祉士準備講習会 | 採用時研修<br>現任研修<br>介護福祉士準備講習会 |
| 保険等 | 社会保険<br>厚生年金<br>損害・傷害保険<br>労災保険 | あり<br>あり<br>あり<br>あり | あり<br>あり<br>あり<br>あり | あり(なし)<br>あり(なし)<br>あり<br>あり | なし<br>なし<br>あり<br>あり |
| 資格 | 資格等 | 保健婦(士)・看護婦(士)<br>介護福祉士・1級修了者<br>協会ケアヘルパー在籍者 | 保健婦(士)・看護婦(士)<br>介護福祉士・職訓校修了者<br>1級修了者及び協会3年/1,500時間の1級及び2級修了者 | 保健婦(士)・看護婦(士)<br>介護福祉士<br>2級以上研修修了者 | 当協会、育成研修修了者<br>他機関にて2級以上研修修了者<br>保健婦(士)・看護婦(士)<br>介護福祉士 |
| 業務内容 | 内容等 | 協会本部、支部におけるヘルパー派遣、相談業務及び家事援助、介護・関係機関との連絡調整・ヘルパーの現任訓練・指導 | 高齢者、障害者その他何らかのハンディキャップを有する個人の家庭における日常の家事援助<br>介護等に関すること | 高齢者、障害者その他何らかのハンディキャップを有する個人の家庭における日常の家事援助<br>介護等に関すること | 高齢者、障害者その他何らかのハンディキャップを有する個人の家庭における日常の家事援助<br>介護等に関すること |
| 註 | | | 24時間巡回ケアヘルパーが含まれる。 | 24時間巡回タイムヘルパーが含まれる。 | |

出典)横浜市福祉サービス協会《平成12年度・協会職員雇用形態表》より作成。

5,808人中、登録型ヘルパーは5,310人、パートタイムヘルパーは425人であるが、月給制で常勤型の嘱託ヘルパー(ケアヘルパー)は73人でしかない。何と登録型が9割を占めている(なお、この数字は、横浜市福祉サービス協会資料によるが、嘱

託ヘルパーであるチーフヘルパーの数は含まれていない)。もちろん、週2日パートタイムヘルパーや登録型ヘルパーは非常に少ない時間しか就労しておらず、活動時間数でみれば協会全体の活動時間数に占めるその割合は、かなり減少することになることにも留意しなくてはならない。

このように、ホームヘルプサービス「職」の特徴は、大きくは「女性職」化と非正規労働力化としてみることができるが、しかし、同時にその担い手は一握りにすぎず、興味深い三つの異なった層を形成していることも見落としてはならないだろう。今回の調査回答者では、全体の約82％が「配偶者あり」と答え、またその多くがいわゆる配偶者控除内の働き方をしている。まず、登録型ヘルパーと週2日パートタイマーを中心にして、配偶者控除内で働く「100万円未満」の人が3割弱を占めており、社会保険や厚生年金の加入についてもいわゆる「被扶養の主婦」の働き方をしている。次いで、少数ではあるが、嘱託のチーフヘルパー、ケアヘルパー、24時間巡回ケアヘルパーのほとんどが、社会保険や厚生年金に加入する、いわゆる「300万円以上」(全体の17.1％)の経済的自立層となっている。最後に、これら二つの層以外に、週4日パートタイムヘルパーを中心に、配偶者控除を越えて働く「150万円以上200万円未満」が30.1％もみられる。しかもこの層には、継続的な就労とキャリアの上昇を強く希望している人たちが含まれている。なお、今度の調査では、世帯員構成をみると、「本人と子供」、また「本人と子供と親」の世帯がそれぞれ8.9％、2.4％を占めており、ホームヘルパーとして働くシングル・マザーの存在や、ホームヘルパー自身の介護責任の問題など重要な問題が浮き彫りになっている。

さて、多様な雇用形態の混在とともに、パートや登録型に圧倒的にシフトしている労働力編成は、介護保険導入後のサービス供給量の増大のなかで、常勤型のヘルパーの負荷を増大させることになった。協会のホームヘルパーの三大区分は、雇用形態の区分のみでなく、仕事や業務の内容の区分をも表しており、まずチーフヘルパーは、ヘルパー派遣の調整業務、活動ヘルパーの技術指導や相談、関係機関との連絡調整という多様な業務を行うとともに、ヘルパーとしても働いている。ケアヘルパーは、重介護や処遇の困難なケースへの派遣、地域差の是正やタイムヘルパーなどによっては対応できないケースを担当し、さらにチームリーダーの補佐的役割をも果たしている。未だ数は少ないが、24時間巡回ケアヘル

パーは、ローテーションで夜勤サービスを行っている。第二に、パートタイムヘルパーのうち週4日型ヘルパーは、ケアヘルパーとかなりの程度業務を共有しており、通常のホームヘルプサービスの中核部分を担っている。最後に、登録型ホームヘルパーは、働く曜日や時間を選ぶことのできるフレックスな労働力である。以上のようなホームヘルパーの業務を組み合わせてチーム制度をつくるという、労働力配置や編成が進められている。

　今回の調査は、介護保険制度導入後、常勤型ヘルパーと、パートタイマーのなかでもより多くの時間活動しているヘルパーが、とくに負担感を増大させていることを示していた。すなわち、訪問件数の増加は、夜勤をこなす24時間巡回ヘルパーや週4日型のパートタイムヘルパーにみられる。また、仕事について「とても忙しくなった」と感じているのは、チーフヘルパーと24時間巡回ケアヘルパーに多くみられ、次いで週4日型タイムヘルパーとケアヘルパーとで多くなっている。わけてもチーフヘルパーは、4割以上が「仕事が増えた」と感じており、また、多くが「細切れ」の仕事や「ながら仕事」が増加したと答えている。訪問件数の増大や訪問先でのサービスの稠密化、さらに関連する複雑な業務量の増大など、総じて労働環境が厳しくなるとともに、重い責任を担う常勤型ヘルパーの負担感を増加させている。このことは、ホームヘルプサービス「職」の現状にみられる大きな難点を示すものと言える。なぜなら、パートや登録型ホームヘルパーの増加によりヘルパーの人数的増加はみられても、もっぱら非正規労働力に偏った労働力編成は、介護保険施行後のサービス量の増加や仕事の質の変化へ適切に対応することを困難にさせつつあるからである。[5]

　ところで、ホームヘルパーにみられるホームヘルプサービス「職」へのインセンティブにも、明らかな特徴がみられる。まず、就労動機のうち目立って多いのは、一つに「生活のため」や「家計の足しにするため」という経済的理由であり、二つに「社会福祉に関わる仕事がしたかったから」、三つに「介護の知識や技能が身につくから」である。チーフヘルパー、ケアヘルパー、週4日型タイムヘルパーの順で社会福祉に関わる仕事を専門的にしたいという動機が強く、一方週2日型タイムヘルパーと登録型ヘルパーでは、介護の知識や技能を身につけたいという気持ちが大きい。「職」の専門性を求める層と、明らかにそうではない層が混在していることが分かる。とはいえ、登録型ヘルパーの6割が、自らを「職業人」として「強く

自覚している」と答えており、時給を得ての仕事をボランティアとは区別して認識していることが明らかとなった。前歴をみると、学卒後すぐ専門的なケアワーク「職」についた人を別にすれば、保育士・幼稚園教諭・教員などの専門的・技術的職業や、家庭奉仕員、老人ホームなどの施設ヘルパー・寮母など、対人的なケアワークに関連する職業経験をもっている人が多く含まれている。

　総じてホームヘルパー自身、ホームヘルプサービスの仕事に大きな関心をもっており、ハンディキャップをもつ人の介護を通して信頼関係を築くことに、仕事の難しさとともに働き甲斐を見出している。ところで、それだけに、ホームヘルプサービス「職」の現状に対する不満と批判は、雇用・労働条件についてのみでなく、もう一つ、ホームヘルプサービス「職」の位置づけや社会的評価に向けられていることは注目される。すなわち、ホームヘルパーが抱いている仕事に対する不満として目立っているのが、「精神的ストレスが大きい」であり、次いで「収入が少ない」、「体がきつい」があげられている。とくに煩雑な業務を抱え、常時超過勤務をしているチーフヘルパーでは「精神的ストレスが大きい」は際立って多く、ケアヘルパーでは一番に「精神的ストレスが大きい」が、次に「体がきつい」となっている。週4日型タイムヘルパーでも、「収入が少ない」という不満に次いで「精神的ストレスが大きい」が不満の大きな割合を占めている。

　それでは「精神的ストレス」の中味は一体何だろうか。自由記入欄他に書き込まれた膨大な記述データを見ていくと、第一のものは、利用者やその家族をはじめ、広く社会一般にみられるホームヘルプサービス「職」についての理解不足に深く関連していることが明らかである。不満、失望、苛立ちの主なものを整理すれば次のようになる。

　ア)「ヘルパーとはどういう仕事をする人なのかが周知されておらず、お手伝いさんの延長と考えられている。」、「ヘルパーは何でもしてくれると思っている利用者、家族が多くいるように思う。ヘルパーと家政婦を一緒にしている方々があまりにも多く、地位の向上を望みます。」、「介護保険になってからは、金を支払っているんだからという考えが強い。家事援助ではなく、安いお手伝いの感じがある。ヘルパーは何でもできると思っている。」

　イ) それぞれ異なった身体状況や精神的状態にある利用者のニーズに合わせ、その自立を援助するケアワークでありながら、「生活を支えるうえであまり

特集　階層構造の変動と「周辺労働」の動向

　　にも線引きや制限が多いなど、介護保険制度自体の矛盾点を感じます。」
　ウ）「指示表はヘルパーだけに渡すのではなく、利用者宅にも同じ指示表を置く
　　といいと思います。……ヘルパーと利用者のトラブルは殆どがこうした事か
　　らはじまります。」
などである。[6]

　みられるように、ホームヘルパーの抱いている大きな悩みは「ホームヘルパーの役割がよく理解されていない」にあり、これはヘルパーのどの層にも共通するものとなっている。とくに、チーフヘルパー、ケアヘルパー、週4日型タイムヘルパーなど、責任が重く、活動量の多い層に目立っている。いずれにしても、このような厳しい批判と不満は、介護保険制度の制度設計やその運用に関わるものであり、なによりもホームヘルプサービス「職」がきちんと確立していないこと、とくにケアワークとしてしっかりと位置づけられていないという基本的な欠陥に深く関連していると思われる。

## 2. 介護保険制度の制度設計と運用にみられる問題点

　周知のように、介護保険制度による新たなホームヘルプサービスの供給システムでは、ヘルパー派遣を行う労働者派遣事業者をも含む多様なサービス提供事業者の参入を認めるものであった。つまり、サービスの供給は民間部門で、財源調達と価格設定は公的にという「準市場」（クワジ・マーケット）を形成させ、利用者による選択の自由とサービスの効率化を重視してサービス供給量の飛躍的な増大をはかろうというものであった。そこでは、要介護認定の範囲で利用者がサービスを選択し、サービス提供事業者と直接契約を結ぶというものである。

　ところで、先にみたようなホームヘルパーの批判、とりわけ、広く社会一般にも根強くみられる「ヘルパーは何でもしてくれる」、また「ヘルパーと家政婦を一緒にしている」、さらに「安いお手伝い」という考えに対する強いアレルギーは、もちろん「家政婦」や「家事お手伝い」という職業に対するホームヘルパーの偏見を示すものとは言えない。自分が目指している、ハンディキャップをもつ人の生活の自立支援を担う「訪問介護」（ケアワーク）という「職」が正当に位置づけられていないことへの苛立ちと批判である。そして、この批判は、たんにホームヘルパー側の問題というよりも、「準市場」の形成という、介護保険制度による新しいホーム

ヘルプサービス供給システムの制度設計に関する基本的特徴に関わるものととらえねばならない。言うまでもなく、利用者（あるいはその家族）がホームヘルパーのサービス提供を、私的サービスを自由に購入したかのように考えるのは大きな思い違いである。ホームヘルパーと利用者との関係は、決して個人的なサービスの売りと買いの関係ではないからである。しかし、今や利用者が介護報酬額の1割分を負担し、さらに利用者によるサービス選択の自由が喧伝されているなか、利用者側がこのような誤解をもちやすいことも事実であろう。つまり、基本的には、介護保険制度の制度設計自体がこのような誤解を生み出しかねないものとなっている。何よりホームヘルプ労働については労働市場任せであり、ケアワーク「職」としての確立は、「制度としては関知しない」（『女性と労働21』2003.2：33）のである。少し詳しく、サービス提供の指定（以下省略する）事業者、利用者、そしてホームヘルパーの三者の関係など、制度の基本的な問題点をみてみよう。

　まず、三者の法的な関係をみれば次のようになる。介護保険制度のもとで利用者と事業者は、基本的に対等な契約関係にある。利用者は、介護認定を受け、要介護度に応じた限度額の範囲内で希望するサービスを選択し事業者と契約を結ぶ。もっとも、この契約は同時に、ホームヘルパーの行うサービスの範囲や内容を規定していることもみておかなくてはならない。次いで、事業者とホームヘルパーとは、（雇用）労働関係を結んでいる。しかし、既にみてきたようにこの雇用関係は、多様化、かつ複雑化している。その背景には、社会福祉法人や公益法人だけでなく、法人であれば種別を問わず、一定の人員基準や設備・運営基準を満たしていれば供給事業者の指定を受けることができるようになったことがある。すなわち、かたやボランティア活動を行っている住民参加型非営利の市民事業体（NPO）、かたやホームヘルパー派遣を行う労働者派遣事業者という著しく性格を異にする事業者が混在し、市場が相互に競争している。そのようななか、例えば登録型ヘルパーについてみると、ア）事業者との労働契約関係にあるもの、イ）準委託などの形態をとっていて労働者として扱われないもの、ウ）直接の契約関係にないものや有償ボランティアなど多様な形態が含まれている。「呼び出し労働」や直行直帰という実態がみられ、利用者と、事業者・ホームヘルパー間の責任関係が明確ではない場合もみられる[7]。

　最後に、ホームヘルパーと利用者との関係は、かたやホームヘルパーと事業者

との労働市場での労働契約関係、かたや事業者と利用者とのサービス提供をめぐる契約関係という二つの関係に媒介された、いわば間接的なものとなっている。もちろん、同時に、サービスの直接の提供者と受け手として、ホームヘルパーは、生活上の要支援者を対象に、生活の「自立支援」のサービス（ケアワーク）を専門的に行う資格者として、また「訪問介護計画」にしたがってサービスを提供するよう制度的に規定されている。このように、新しいサービス供給システムは、市場メカニズムを積極的に導入するものであり、行政の責任でサービスを提供するかつての措置制度と根本的に性格を変えている。

　問題は、以上のような「準市場」では、ホームヘルパーを、要支援者の生活の「自立支援」のための専門的なサービス（ケアワーク）を行う者とする位置づけ自体、極めて曖昧、かつ脆弱な基盤しか与えられていないことであろう。事業者は一定の人員・設備・運営基準を満たしていればよく、そこには、専門性をもったケアワーカーをいかに雇用するかという視点、また、望ましいホームヘルパーの労働力編成のためには、常勤ヘルパーがどの位の比率を占めているのがベターかという視点は存在していない。ホームヘルパーの需要と供給はもっぱら労働市場にゆだねられ、そして事業者には市場の競争圧力により、何よりも効率よい人員配置こそを求めている。専門性をもったケアワーカーの養成や経験の蓄積とはとても結びつかないホームヘルパーの非正規労働力化は、その結果として生まれたのであった。さらに、三者の関係をめぐり、次のような諸問題が浮かび上がっている。

　一つに、介護保険制度の運用において、ケアワークが継続的、かつ計画的に行われるよう、一定のサービス提供時間を基準に特定の資格をもったサービス提供責任者を置くこと、またこのサービス提供責任者は、訪問介護計画を作成しなければならないことになっている。この訪問介護計画は利用者一人一人のための介護計画であり、ホームヘルパーはそれにそって仕事をするという、介護保険におけるホームヘルプサービスの要であると言われている。しかし、連合総研の調査によれば、訪問介護計画をベースに訪問介護を「全て行っている」のは全体で67.9％, である。その割合が一番低いのは営利法人の57.9％であり、他方、非営利法人（NPO）と生活協同組合では高くなっている（連合総研、2001：64-67）。訪問介護計画書は、ホームヘルパーの作業内容を決めるだけのものではなく、要支援者の個々の状態に合わせて悪化を防ぎ、自立を援けるものでなければならない。そ

のためには、訪問介護計画をつくり、ホームヘルパーの仕事の調整役をも勤めるサービス提供責任者（コーディネーター）には経験者がなることが望ましいが、後にみるように実際には守られていない。

　さらに、ホームヘルパーの行うサービスの内容や範囲については、誰より利用者自身がよく理解している必要がある。どのようなサービスを行うかは、作業指示書によって事業者からホームヘルパーに渡されているが、しかし、利用者自身もその内容を知らず、どのようなサービスを得られるかをよく理解していないため、ホームヘルパーと利用者との間にトラブルを生むことになっている。また、事業者が利用者に渡すことになっている「重要事項説明書」には、営業日・営業時間、キャンセル料という、サービスを利用するに当たってかかる費用などホームヘルパーが働くうえで知っていなければならないことが書かれている。ホームヘルパーの労働条件を守るためにも、このような書面を作成し、その活用をはかっていかなければならないにもかかわらず、ホームヘルパーのうちこの説明書の存在を知らないと答えている者の割合が約３割となっている（連合総研、2001：73-75）。

　二つに、介護保険制度では、介護報酬単価の設定によりサービスをめぐる価格競争がセーブされている。しかし、実際の事業運営において、競争原理が奨励されることにより、利用者は「お客様」となり、ホームヘルパーは、作業指示書以外のサービスを行い、なるべく多くの「お客様」を獲得するよう期待されることが起きている。

　先にみたように、サービス提供責任者は、利用者一人一人の状態に合わせた計画的、継続的な訪問介護計画を作成することが義務づけられ、それには介護福祉士か、あるいは１級過程の研修修了者などがつくることになっている。しかし、民間営利業界では、平均的に８割以上が登録型を含むパートタイムとなっており、経験や技能が豊富で、しかも常勤のヘルパーを雇用することは人件費を増やし、事業所収支を圧迫しかねない。さまざまな書面の作成は、費用がかかり、事業所の自由な運営を妨げる規制でしかなく、したがって、事業者は、「事業所の月当たりのサービス提供時間が四百五十時間を超えるごとにサービス提供責任者をおかねばならないという規制は、……なくしてほしい」と述べている（『日本経済新聞』2002年12月２日付。介護サービス最大手のニチイ学館社長のインタヴュー記事）。

そして、もっぱら、ホームヘルパーの「創意工夫でサービスの質を落とさず効率よく人員配置することは可能」であることを強調し、サービス提供責任者の設置や訪問介護計画の作成を義務づけることは、むしろこれらを妨げ、人件費を増やすことになるという（前掲『日本経済新聞』）。もちろん、訪問介護計画であれ、「ケアプラン」であれ、実態から乖離し、ホームヘルパーの現場での判断や対応を阻止するものであってはならず、「創意工夫」が大切であることは確かであろう。しかし、ホームヘルパーの「創意工夫」のみに期待して、もっぱら効率的な人員配置や事業所のコストの切り下げが追及されれば、かたや継続性や計画性の必要なケアワークの質を落とし、かたやホームヘルパーの労働条件を確実に悪化させていくことも間違いない。現実に、介護保険制度の施行後、常勤雇用からパートタイム、登録型への雇用形態の切り替えと非正規労働力化が進行してきた。現状では直行直帰の登録型ヘルパーを増員させ、ホームヘルパーの自己努力や自己犠牲のもとで労働条件の切り下げが進み、ホームヘルプサービスの仕事は、何よりも「身体的、精神的にきつい」という不満を増大させている。

　したがって、最も基本的なことは、介護報酬の仕組みのなかに、経験のあるサービス提供責任者を置く費用をインプットするよう制度を見直すことであろう。もちろん、インプットされねばならないのはそれだけではない。訪問に当たっての交通費はもちろん、ホームヘルパーへの説明や相互の打ち合わせのための時間、個々の事例や困難なケースについてのカンファレンスへ参加する時間、さらにホームヘルパーの研修への参加や継続的な教育・訓練のための費用などを踏まえた介護報酬の設計が必要となる。これらの諸条件が保障されてこそ、自立支援のための専門性をもったケアワーク「職」の確立を展望することができよう。そして、このような見直しは、現行の介護報酬制度そのものの見直しを要請することになる。もとより、これらの見直しが、報酬額の１割を負担する利用者への圧迫となり、とりわけにも要支援の貧困な高齢者へ大きなしわよせがいくことは避けられねばならない。となると、福祉や行政の責任を薄め、市場機能ばかりを重視している介護保険制度の設計自体が再検討されねばならない。すなわちホームヘルパーが、要支援者への配慮や人間的な関係を取り結ぶ精神的・身体的なゆとりを失い、そのためのスキルを欠き、もっぱら断片化され、細分化された作業（タスク）をこなすだけになれば、自立支援のための、専門性をもったケアワーク「職」の

確立は困難となる。したがって、専門性をもったケアワーク「職」の確立を、「介護の社会化」におけるケアワークの質の確保という視点からとらえ直し、そのための制度設計はいかにあるべきかの考察を、介護保険制度をめぐる次の見直し論議の中心課題に据えねばならない。[8]

## 3. ホームヘルプサービスの周辺労働化か、専門的な「職」の確立か?

　厚生労働省は、今年の3月に、現行計画のゴールドプラン21（高齢者保健福祉推進戦略）を引き継ぎ2005年から2014年をカバーする、新十ヵ年計画を策定する研究会を発足させた。まず2005年度の介護保険制度見直し案作りに着手するとしている。注目すべきは、新計画が、ホームヘルパーなどの目標数やサービス改善策を盛り込むとしていることであろう。

　言うまでもなく、日本は21世紀の中葉へ向け、いよいよ本格的な超高齢社会を迎えようとしている。にもかかわらず「介護の社会化」は、今、やっと始まったばかりである。介護保険制度の施行によってホームヘルパーは著増しているとはいえ、そもそもその絶対数自体が極めて少なく、まだまだ高齢者ケアはインフォーマルセクター（とくに家族セクター）に大きく依存している。例えば、ホームヘルプサービス供給量をみると、他の先進諸国との間にみられる大きな開きに注目される。65歳以上人口千人当たりのホームヘルパー数は、90年にわずか2.0人であったものが、98年には7.1人へと増加した。しかし、90年代の初頭でその数は、デンマークでは33人、オランダでは25.4人、またイギリスでも14.5人である（河野、2003）。さらに日本が、今後急ピッチでこの差を埋めなくてはならなくなっていることは、次の数字からもまた明らかである。周知のように、高齢者といっても、元気な人が多い前期高齢者（65歳～74歳）と介護を要する人の急上昇する後期高齢者（75歳以上）に分けられ、例えば2002年度、東京都では、介護保険で介護サービスを受けている人の割合は前者で19％，後者では81％と報じられている（『朝日新聞』2003年5月1日付）。もとより、介護サービスはホームヘルプサービスだけを示すものでは決してないが、しかし2020年には日本で、後期高齢者数が前期高齢者数を上回る段階に入ることを合わせ考えれば、ホームヘルプサービス利用者は格段に増大し、それへのニーズが激増するだろうこと、したがってホームヘルプサービスの供給問題は避けて通ることのできない大きな政策課題になるだろうこ

特集　階層構造の変動と「周辺労働」の動向

とは必至である。

　すでに前節までにみてきたように、ケアワークという要介護者の「自立支援の専門職」として、ホームヘルプサービス「職」をどのようにして確立するかの具体策は明らかではない。そもそもの介護保険制度の設計においても、2003年度からの新しい介護報酬の設定にあっても、ホームヘルパーというサービスの担い手問題は焦点にならず、需要と供給という労働市場の問題として済まされてきた。介護保険制度の基礎に置かれている「準市場」論には、安定的な「自立支援の専門職」の確立のためのルールづくりをどうするかという視点は全くない。ホームヘルパーの目標数を設定するだけでなく、それをどのような「職」として、またどのような形の雇用として創出するかという問題が問われることはない。

　ともあれ、ホームヘルプサービスの拡大は、介護保険制度をめぐる議論とは別に、もう一つ、政府の経済構造改革論のなかで、雇用創出論や失業対策論と関連づけられ、議論されていることに留意しておかなくてはならない。しかも、そこでは、広くホームヘルプサービスの拡大を含むサービス部門における雇用拡大が、日本経済の活性化をはかる戦略として俎上に上げられている。

　すなわち、政府は、産業・企業の再編や行財政改革、また経済構造変革政策がもたらす深刻な今日の失業増大を、サービス産業を中心に雇用創出をはかるという戦略により埋め合わすことができるとしている。経済財政諮問会議に設けられ、サービス部門における雇用拡大を検討する専門調査会の「緊急報告」は、5年後にはサービス部門を中心にして、女性や高齢者の就労を含めて500万人以上の雇用創出が望めるという予測を行った (経済財政諮問会議、2001)。そのようなサービス部門として、対個人・家計サービスや対企業サービス、住宅関連サービスや社会人向けの教育サービス、また環境サービスやリーガルサービスなどをあげるとともに、少子・高齢社会に対応するものとして子育てサービスや医療サービス、そして高齢者ケアサービスなども含めている。すなわち、高齢者ケアサービスへの需要はますます拡大するにもかかわらず供給体制の整備が遅れており、施設サービスや在宅サービス、民間型や公設型を合わせれば高齢者ケアでは5年間で50万人の、現在の2倍までの雇用創出が見込めるという試算である。

　言うまでもなく、もっぱらサービス部門を中心にして5年後に500万人の雇用を創出するという政府の試算の根拠は、極めて曖昧なものでしかない。当の経済

界(日本経団連)自体、2010年時点でもサービス産業の就業者数は政府試算の半分位の増加しか望めないと予測している(『日本経済新聞』4月23日付)。ともあれ問題は、予測の当否に疑問があるのみではなく、雇用創出を、もっぱら雇用の効率化や「負の柔軟化」によってはかろうとしていることであろう。政府によればサービス産業を中心にして雇用創出をはかるとは、「強力で効果的な雇用創出型の構造改革を断行」(前掲「緊急報告」)することであり、それは、「社会的規制分野における競争促進」(公正取引委員会、2002)を、究極まで進めることだと考えられている。すなわち、IT技術を活用する、高度な専門的サービス職種を一定程度創出する傍ら、他方では、膨大な低賃金・不安定な、多様な形態の非正規雇用を作り出すという雇用の二極化の推進を目指している。政府のサービス部門中心の雇用創出論は、就労率の増加を強調することにより、正規就労の縮小や、市場競争原理の徹底がもたらす雇用の両極化という、サービス経済分野で新しく生まれる雇用構造の激変に対する問題認識を欠落させるものと言える。

さて、経済財政諸問会議は、以上のような議論を進めるため、経済活性化のための雇用拡大、あるいは雇用構造の改編モデルとしてアメリカやイギリス等を取り上げている。しかし、これらの国では80年代末以降90年代において、経済格差や不平等の増大の深刻化が問題になってきた。とりわけ見落とせないことは、先取り的に進められてきた福祉の民営化路線やサービス経済化による新しい雇用レジームが、ホームヘルプサービスの周辺化、階層化、またracializationを生んでいることである。アメリカにおけるこれらの諸問題を鋭く指摘しているのは、経済のグローバリゼーションと都市経済、また労働の国際移動の研究者であるS.Sassenの最近の研究(Sassen, 1998)であろう。S.Sassenよれば、80年代中葉以降のアメリカにおける主要な変化として指摘できるのは、雇用機会がないために引き起こされる不平等と貧困というよりも、「新しい雇用型貧困」の創出と名づけられるものなのである。それは、アメリカという、経済的・社会的条件をめぐる規制を最も排除した国の、サービス産業の組織化のなかに埋め込まれたものと言える。さらに S,Sassen は、そこに大きく次の諸問題をみている。

まず、グローバリゼーションのもと、産業部門組織や雇用類型、労働市場の組織化において両極化傾向が強化されつつある。とくに増大するサービス産業においては、新たに利潤形成能力と労働者の稼得能力において大きな格差が生まれた。

つまり、かたや地球規模での資本の過剰流動性を可能にする技術をもとに、超過利潤形成能力を駆使する先導的サービス産業が存在するようになった。金融と専門特化したサービスの結合という「新しい金融・サービス複合体の形成」(Sassen, 1998) であり、対企業サービスや、知識・情報集約型サービス部門をなしている。もう一つは、伝統的な経済部門の多くであり、これらは都市経済の運営や住民のニーズにとって不可欠でありながら、低テクノロジーにより労働生産性を上げることができず、さらにそれは前者の超過利潤獲得により、不当にその存在を脅かされている。そして、知識・情報集約型サービス産業や対企業サービスにも下位部門が形成され、雇用の吸収がみられるとともに、労働集約型サービスの下位部門にも新しい雇用が生まれているのである。

すなわち、過去15年に及ぶあらゆる新規雇用のかなりの部分が、一つに、情報・知識集約型サービス産業が生み出し学卒者を独占的に吸収するもの、二つに、サービス部門で創出されているが、第一のそれの反対の極にあるものであった。これらテクノロジーの水準における高低両極端での急成長は90年代に入っても続き、1992年のデータに基づきBLS (アメリカ労働統計局) が行った予測では、1992年から2005年までのアメリカにおける雇用の伸びのうち約半分が、三つのサービス産業、小売業、保健サービス、そして対企業サービスによって占められている。小売業は450万人と最も多い雇用数を期待され、その半分が飲食店のレジ係や販売員である。次いでいるのが420万人の雇用を追加した保健サービスであり、これらのうち最も急速に成長しているのがホームヘルプサービスとなっている。これらの二つとも、ほとんどが低賃金である。続いて対企業サービスでは310万人の新規雇用が見込まれ、ここでは低賃金産業と高賃金産業の両方を含んでいる。

このように、S.Sassenによれば、製造業を含むあらゆる産業でのサービス投入への需要増大が先進経済の変化にとって最も根源的な条件となりつつあり、しかもそこに「新しい雇用中心型貧困」(「都市周辺層」)が生まれている。つまり、一連の技術と結びついた労働市場は、原理的には非常に多様性に富み、労働者にとって移動のコースを含みうるものでありながら、産業部門組織や雇用類型、労働市場の組織化は両極化傾向を強化している。そして、急成長をとげつつある職としてのホームヘルプサービス部門では、雇用関係はますます非正規化に向かいつつあり、派遣業者の拡大や、典型的な臨時雇用や保護の対象とならない雇用が拡大

している。さらに、臨時的な雇用であり、保護の対象とならないホームヘルプサービスが、一つには移民労働化し、二つには女性化しているという重要な傾向を示しているのである。

　もっとも、以上のような、階層化され、周辺化されたホームヘルプサービスの多くを移民労働者やマイノリテイが担うという傾向は、たんにアメリカにのみみられるわけではない。高齢者ケアのみならずチャイルドケアを含む民間のdomestic serviceへの需要は、ヨーロッパ全土においても増大し、多くのアジア人を含む外国人家事労働者のグローバルな国際移動が、90年代に入ってからとみに増大してきた。(Anderson, 1999, 2000; Momsen, 1999)。この動きは、人口統計上の変化や家族形態の変動、女性の社会的・経済的役割の変化やさらに80年代後半以降の福祉国家の停滞によって加速化し、有償であれ無償であれ、ケアを含む家事労働(domestic work)、わけても有償の家事労働のracialisationが増しているのである。

　さて、日本では介護保険制度を機に、「ケア(介護)の社会化」と「ケア(介護)の市場化」が進み、"労働としてのケア(介護)"への社会的認識がようやく広がりつつある。一方、ホームヘルプサービスの供給自体、介護保険制度による「準市場」の形成にみられるように、アメリカのそれと同じではない。とはいえ介護保険制度施行後のホームヘルプサービス「職」の実態調査が明らかにしているように、そこには明らかなバイアス(偏り)が形成されつつある。ホームヘルプサービス「職」は典型的な女性職となっており、また、常勤、あるいは嘱託は1割にも満たず、圧倒的に多くのパート、あるいは登録型の働き方をつくりだしている。かつて地方自治体などがホームヘルプサービスの供給主体であった頃の、少数の常勤・嘱託職員を主にしていた措置制度時代と比較すれば、多様な形態で非正規雇用が激増している。とともに、キャリアを蓄積し、調整・指導に当たる中核的なホームヘルパーや、コーディネーターとして働く「ケア・マネジャー」など、常用・正規のホームヘルプサービス労働者が、少数ながら着実に創出されている。つまり、介護保険制度は、要支援者のための「自立支援」の専門的な「職」の確立を求める少数の経済的自立層を生むとともに、かたや多数の登録型ヘルパーを中心に、130万円の所得控除を意識して働く「被扶養者」層にも広く雇用の機会をつくりだしている。その結果女性の間に社会的・経済的な分離と階層化が進んでいる。したがって、今後の課題は、いわゆる女性の「被扶養者」的働き方の基本的見直しという時代的課

題を踏まえるならば、労働の権利を確立させつつ、要支援者の生活の「自立支援」の専門性とは何かを明らかにしつつ、ホームヘルプサービス「職」の確立をいかにはかっていくかということであろう。施設のであれ在宅のであれ広くケア労働の周辺労働化を押しとどめることは、もっぱらこの領域での最底辺の労働力としてのみ、外国人労働者を受け入れるという前提をつくりださないためにも、いよいよ重要性を増しつつあると思われる。

〔注〕
(1) この労働省(旧)の作業は、1997年の日本標準職業分類（JSCO）の改定を受けて行われた。2000年の国勢調査はこのJSCOを使用し、そこでホームヘルパーは、新しく「家庭生活支援サービス職業従事者」の一つに取り上げられている。いずれも、介護保険制度の施行を踏まえたものであることは言うまでもない。労働省(旧)の改定作業では、とくにホームヘルパーと、家政婦、家事手伝いとの関連（異同）をめぐり議論が噴出したと言われている。労働研究機構調査研究報告書No.130『労働省編職業分類の改定に関する研究』(2000年2月)、66-67頁を参照。
(2) 日本では、ケアワーク、あるいはケアワーカーという名称は非常に曖昧なまま使用されている。介護保険制度ではケアマネジャー（介護支援専門員）やケアプランという用語は登場しているが、ケアの担い手である実働部隊はホームヘルパーと呼ばれている。しかし、ホームヘルパーでは、場所である家庭や居室でのサービスという面を指示してはいるが、サービスの最も重要な側面であるケア（介護や世話）という特性を表すものになっていない。また、ケアプランと深く関わる仕事であることも明示的ではない。

　一方、現在、日本ではケアワーカーは、家庭への訪問介護を行うホームヘルパーと区別させ、介護施設で働くスタッフのことを指す名称となりつつある。しかもこのスタッフを、「入居者の身の回りの世話などにあた（り、……）公的な資格は必要としない」労働力ととらえているなど問題が多い（例えば『日本経済新聞』2002年10月4日夕刊）。ケアワーカー（あるいはケアワーク）のこのような使用法は、大変便宜的、かつ恣意的で、問題が多い。
(3) 介護保険制度が実施されたばかりの2000年から2001年にかけ、協会に雇用されているホームヘルパーを対象に行ったアンケート調査とヒアリング調査について、詳しい結果報告は、昨年、『市場化にともなう介護労働の実態に関する調査研究』(久場ほか、2002)という報告書にまとめた。もっともこの報告書は、横浜市だけでなく諸地域で行ったホームヘルプサービス調査研究活動の2年間の記録集となっている（「第一次研究成果報告書」）。今回の報告書はその続編であり、横浜市福祉サービス協会のホームヘルパーに関する調査の分析を行ったものである。

　なお、横浜市福祉サービス協会では2000年時、ホームヘルプサービスの実働部隊であるホームヘルパー職種を、雇用形態や業務内容をもとに7種類に細かく区分し、ま

⑷　R.アンカー、H.メルカス共著『北欧労働市場のジェンダー平等と職業分離』女性労働協会、2001年。
⑸　介護保険制度の施行後ホームヘルプにおける仕事量がどのように変化しているかについて、連合総合研究所が興味深い調査結果をまとめている。雇用形態や勤務先の違いを超えて常勤ヘルパーが、常勤以外のヘルパー以上に「全体の仕事量」と「全体の勤務時間」などの負荷を高めている。営利法人などを含む幅広い調査であるが、協会のホームヘルパーと共通する結果となっている（連合総研、2001：101-105）。
⑹　久場ほか、2002：45-46, 70-89（第一次および本報告書第一部を参照）。
⑺　中野、2000：96。なお、横浜市福祉サービス協会では、登録型ヘルパー（ホームヘルパーと名づけている）をパートタイム雇用ととらえている。損害・傷害保険と労災保険のみに加入し、直行直帰型の勤務体制となっている。
⑻　2003年度4月より新しい介護報酬が実施され、訪問介護報酬の2類型の採用とともに、ケアマネジャー（介護支援専門員）によるケア会議の開催や在宅サービス計画の利用者への交付などがより厳格に行われることになった。しかし、専門性をもったケアワーク「職」の確立に関する議論は、まだみられない。

〔参考文献〕

Anderson, Bridget, 1999, "Overseas Domestic Workers in the European Union: Invisible Women", in J.H. Momsen, (ed.), *Gender, Migration and Domestic Service,* London, Routledge.
――――――, 2000, *Doing the Dirty Work? : The Global Politics of Domestic Labour,* Zed Books.
Daly, Mary, (ed.), 2001, *Care Work: The Quest for Security,* ILO. Geneva.
Momsen, Janet Henshall, (ed.), 1999, *Gender, Migration and Domestic Service*, London, Routledge.
Sassen, Saskia, 1998, *Globalization and Its Discontents,* The New Press.
久場嬉子ほか、2002、「市場化にともなう介護労働の実態に関する調査研究」（平成12年度〜平成13年度科学研究費補助研究成果報告書）。
ケアワーク研究会編著、2003、『ホームヘルプサービス職に従事する人の労働と生活―実態調査報告と政策提言―』。
経済財政諮問会議 2001、「サービス部門における雇用拡大を戦略とする経済の活性化に関する専門調査会緊急報告」。
公正取引委員会 2002、『"社会的規制分野における競争促進の在り方"について―政府規制等と競争政策に関する研究会報告書』。
河野真 2003、「高齢者ケアのウェルフェアミックス」（社会政策学会第106回大会報告、レジュメ、2003年5月）。

サスキア・サッセン、森田桐郎ほか訳、1992、『労働と資本の国際移動―世界都市と移民労働者』岩波書店。
『女性と労働21』2003、「フォーラム・女性と労働21」発行（2003年2月号）。
全日本自治体労働組合、2002、『家事援助サービス実態調査報告書』。
中野麻美 2000、「ケア・ワーカー、ホーム・ヘルパーの労働条件保護」『季刊労働法』193号。
北海道勤労安全衛生センター、2002、『介護を支えるホームヘルパーの健康診断 in Sapporoのまとめ―ホームヘルパーの健康とストレスと疲労―』。
ラセル・S・パレーニャス、小ケ谷千穂訳、2002、「グローバリゼーションの使用人―ケア労働の国際的移動」『現代思想』2002年、第30巻第7号所収。
連合総合生活開発研究所，2001、『検証：介護保険制度一年』。

# 投　稿　論　文

1　労働市場と政策の相互作用　　　　　　　　　　西野　史子
　　——派遣法制定を事例として——

2　出稼ぎから通勤へ　　　　　　　　　　　　　　伊賀　光屋
　　——新潟県越路町の酒造出稼ぎの変化——

3　出稼ぎブラジル人と日本人の労働と
　　文化変容　　　　　　　　　　　　　浅野　慎一・今井　博
　　——過疎地における自動車用ワイヤーハーネス
　　　製造職場を事例として——

4　明治中期「鉄工社会」における「労働」と
　　「相互行為」　　　　　　　　　　　　　　　　勝俣　達也

———— 日本労働社会学会年報第14号〔2003年〕————

# 労働市場と政策の相互作用

——派遣法制定を事例として——

西野　史子
(一橋大学大学院生)

## 1. 問題提起と先行研究

### (1) はじめに

　パートタイマー、派遣社員、契約社員、アルバイト、フリーターなど非正社員が増加し、現在、全労働力の3割近くを占めている (労働大臣官房政策調査部編[2000])。その位置付けも1970年代の石油危機後には雇用の調整弁的位置付けであったのに対し、1990年代後半以降には企業における恒常的な戦力へと変化している。

　このような非正社員の拡大は何によってもたらされているのだろうか。その要因は、第一に構造的な変化及び企業側の経済的要請 (労働力需要側の要因)、第二に労働者個人の意識や選好の変化 (労働力供給側の要因)、第三に両者を媒介する法制度及び政策があげられる。

　本稿では特に、法制度及び政策の要因に注目したい。非典型雇用の形態やあり様の変化は、政府と企業の相互補完的なものとして捉える必要があるからである (Gonos [1994、1998])。例えばBluestone [1988]は、人事管理におけるラディカルなイノベーションは、政府の促進的な政策なしには起こりえないとしている。またChristensen [1998]は、企業におけるコンティンジェント・ワーカーの配置のされ方と人事管理の変化についてのケーススタディを行い、今日の労働法が企業の責任の限定化とともに、コンティンジェント・ワーカーの逸脱した地位を制度化していると指摘している。

　日本においては、需要側の要因に着目しその論理を強調する研究 (加藤[1980]；伍賀 [1988、1999])、供給側の主体的要因に注目した研究 (高梨 [1880b]；佐藤

[1998]）はそれぞれ蓄積がある[1]。また、政策形成過程については政治学の分野で日本型ネオ・コーポラティズム論に関する多くの蓄積がある（辻中［1987］；新川［1989］；久米［1998、2000］）[2]。コーポラティズムの議論は政策過程の特徴がいかなるものであるかを明らかにすることに主眼が置かれるため、労働市場を外的な変数として扱うことが多い。しかし労働政策の変更の必要性自体は労働市場から現れてくるため、労働市場の具体的な分析が必要である。同時に、政策の帰結がいかなるものであったかも分析する必要もある。何故なら、企業や労働者といった個々のアクターは、政策のアウトプットを受動的に受け入れる存在ではなく、各々が再帰的にモニタリングしながら労働市場を能動的に改編していく行為主体であるからである。

したがって本稿では、政策過程の特徴理解を踏まえた上で、そのアウトプットとしての政策が企業や労働者個人の行動をどのように変化させ、労働市場にどのような変化をもたらすかを明らかにしたい。それはいわば、政策の動きと労働市場の動きの相互作用を、社会学的に動態的に捉える試みである[3]。

## (2) 政府の役割と派遣労働

法制度及び政策の影響も各雇用形態によってそのインパクトの度合いが異なる。例えばパートタイム労働は歴史的に規制された経緯が無いため、使用者と労働者の双方の需要と供給によって自由に拡大してきた[4]。

一方で派遣労働の場合は、法制度及び政策の影響を大きく受けるものである。もともと雇い主と指揮命令が異なる分裂した雇用関係（三者構成の労使関係）は、戦前の労務供給業に端を発するもので、1947年の職業安定法で禁止されていた。それが1986年の「労働者派遣事業の適正な運営の確保及び派遣労働者の就業条件の整備等に関する法律」（以下、「派遣法」）の制定によって限定的ながら解禁されたという経緯を持つ[5]。

これは法制化による自由化という一見わかりにくいケースであるが、派遣労働の拡大には労働側、使用者側のニーズに加え、当初から政府の役割が大きな位置を占めていたといえる。

派遣法はまた派遣労働者のあり様も規定している。規制のほとんどないアメリカ、イギリスでは、その属性は女性が5割強、事務職が多数となっている。規制

の強いフランス、ドイツでは、男性が7～8割で製造業・建設業の休暇の代替要員が典型的である。一方で規制が中位である日本では女性が8割で、中でも25～35歳が最も多く、事務職が中心となっている。もちろん派遣法そのものの違いだけでなく、労働に関する他の法律や規制とも多分に関わってくるが、規制の内容が異なれば派遣労働者の様相も異なるということがいえる。

　以上のように、日本における派遣労働の拡大及び特徴は、1985年に制定された派遣法が大きく関わっていると考えられる。この派遣法は法制化でありながら規制緩和の第一歩であり、その後の1990年代後半以降の大幅な規制緩和の端緒という意味で、極めて重要であると考えられる。

### (3)　本論文の構成

　本論文では上記の問題意識のもと、第一になぜ派遣法が制定されたか、第二にそのプロセスはいかなるものであったか、第三にその結果はいかなるものであったか、という三つの問いについて考察する。

　第一の点については、戦後に労務供給業を禁止していた論理は80年代においてどのように変化したのかということに注目したい。ここでの仮説は、非正社員に関する認識は戦後期には不安定な低賃金労働という認識だったのに対し、80年代においてはポジティブなものへと変化したというものである。またそれらが労働政策にも影響を及ぼし、政策当事者においても同様の認識の転換があり、労働政策にも方針転換が起きたのではないかと考える。

　第二の点については、政策過程の分析を通じて、法案が提案され法制化されていくプロセスを明らかにする。ここでは特に、法制化の発案はどこから出てきたのか、それはどのような論理に依拠しているか、どのようなアクターがどのような利害によって法制化に影響を及ぼしたか、という点に注目したい。これは80年代における政策過程の日本的メカニズムを探るという意義もあろう。

　第三の点については、派遣法の成立によって派遣労働市場がどのように変化したかを検討する。特にその変化が派遣法の制定時の政策意図と合致した方向であったかどうかに注目する。さらに日本における派遣労働の特徴を明らかにし、同年に成立した男女雇用機会均等法と派遣法とが相補関係となって日本的労務管理に影響を与えていくことを指摘したい。

投稿論文

なお、派遣法のもたらした結果については、本稿では法律制定後から90年代前半までを主に扱う。派遣法は1990年代後半にポジティブリストからネガティブリストへという大幅な改正を経験し、2003年6月には、派遣法の重要な原則ともいえる製造業への派遣禁止規定を解禁する法改正が行われた。これらの経緯及び労働市場への影響については別稿が必要である[8]。

## 2. 派遣法制定の背景：80年代における政策転換

まず、なぜ派遣法が制定されたのかという第一の問いについて検討する。

派遣法が議論の俎上に上がった1980年代とは、情報化、サービス経済化、グローバリゼーションなどが指摘され始めた時期であった。また当時の日本における労働力構造は、高齢化、女性化、教育水準の向上という変化を迎えていた。ここでは、そうした背景のもと非正社員に対する認識がネガティブなものからポジティブなものへと変化し、労働政策においても同様の転換があったことを見ていく。

### (1) 学説、言説における変化

#### 1) 世界的な潮流——フレキシビリティ論の台頭——

1980年代、西欧諸国では石油危機後の低成長によってケインズ理論に基づく福祉国家政策は見直しを迫られ、「小さな政府」「規制緩和」をスローガンとする新自由主義・新保守主義が台頭し、レーガン、サッチャーによる新自由主義改革が行われた。

労働分野においても、欧米での失業率の高まりや労働市場の硬直性への問題意識から、労働市場における柔軟性への関心が高まった。これらはEC（当時）やOECD、ILOといった国際機関によっても掲げられ、多くの議論と調査研究が重ねられた。ILOでは1986年9月に「労働市場の柔軟性」に関する国際会議が開かれ、また1986年のOECDの報告書『労働市場の柔軟性』におけるダーレンドルフ報告では、労働市場に好ましからず硬直性が存在しており、それを緩和すれば経済成長、雇用創出が可能であるとの報告が述べられた。

こうした中で、サセックス大学のAtkinsonら[1985]によって「柔軟な企業」モデルが提唱された。これは人と仕事の柔軟な結びつきを表す「機能的柔軟性」(Functional Flexibility)、労働時間や労働者数、雇用形態の多様化を表す「数量的

柔軟性」(Numerical Flexibility)、適切な賃金・労務費管理を表す「金銭的柔軟性」(Financial/Pay Flexibility)、業務の外注・下請化を表す「距離化の戦略」(Distancing Strategies) の四つの要素から成り立っている。Atkinsonは労務管理、経営施策の観点から、これらの方法を組み合わせた「柔軟な企業」モデルを提唱した。

ここで注目したいのが、この図式化の特徴として、中核労働力のまわりに周辺労働力を配した新しい労働力の構造を、「水平的細分化」と捉えていることである。当時いくつかのフレキシビリティ概念が提示されたにもかかわらず、このAtkinsonらの概念が、「政府や雇用主が実践や法制、また経営診断や労使交渉において、好んで用いる戦術用語」となった原因のひとつは、そこにあるという指摘もある(ニジェール・ギルバートほか[1996])。

こうした「柔軟な」企業論と同時に、「柔軟な」働き方に関する書籍も欧米で続々と出版された。これらは非正社員に関する考え方の転換を促進するもので、ホームワーキングは苦汗労働だとする古い考え方や、非典型的な働き方を非自発的なものと考える固定観念は捨てるべきであると主張している。そして、自由に自分の働きたいときに働く「フリーワーク」という考え方を新しい働き方として紹介し、いくつかの事例を元にそれがいかに「QWL」に優れているかということを示していた。

## 2) 日本における議論

1980年代にはこうした欧米のフレキシビリティの議論と並行し、日本的経営及び日本の労働市場の柔軟性を賛美する議論が巻き起こった。1985年9月に東京で開催された大規模な国際シンポジウム「MEと労働に関する国際シンポジウム」でも、労働力需給構造の変化への対応戦略として、日本に典型的に見られる企業内労働市場による調整策が注目を集めた。

こうした日本のフレキシビリティに対する国内外での賛美は、国内においてさらに今後も一層フレキシビリティを高めるべきだという論調を推進していった。

また日本においても欧米と同様、フレキシブルな働き方をポジティブなものと見る流れが80年代に登場した。これは特に労働市場研究において顕著であった。1950年代から60年代の労働市場に関する中心的な議論は、労働市場の二重構造論であった。それは高生産性・高賃金の大企業労働市場と低生産性・低賃金の中小企業労働市場とは階層制として固定されていて、下から上への労働移動は自由で

ないというものであった。

しかし津田［1987］は、労働市場はストックとフローから成る二元構造であると主張した。かつての労働市場の二重構造は家計収入主体の男子労働者から構成されていたが、今日の労働市場は女子労働力を大量に含み、それらはストック型になることを望まない家計補助的な労働力であり、このストックとフローは水平な二元構造であって格差ではないということである。

また労働市場研究と並行して労働省の審議会等の会長や委員を多く務め、雇用政策においても影響力のあった高梨昌氏も、同様の議論を展開している。高梨［1979］は、1965年以降に臨時工、季節工、パートタイマー、アルバイター、社外工、請負工などの雇用の不安定な低賃金の臨時・日雇労働者が大量に増加したため、何らかの対策を講じなくてはならないとしている。そしてこれらは高老齢男子労働者、中高年婦人労働者、農村の季節労働者、学生などいわゆる「縁辺労働力」であると述べた上で、

「これは、『労働市場の二重構造』の拡大・再生産ともいってよいが、昭和20年代に学界で論争された『不完全就業』『偽装雇用』『潜在失業』などの概念で把握することには疑問の余地のある新たな労働者群である。相対的に低賃金で雇用が不安定である点では変わりはないが、かれらの多くは、自らの地位をミゼラブルとも考えていないし、『臨時・パート』であるから就職したと答えている。中高年婦人労働力の求職動機は『生活困難ではないが、もっと収入をふやしたい』と答えるものが最も多く、生活窮乏による就業ともいえない。」（高梨［1979：50］）

としている。この「縁辺労働」といえども「ミゼラブル」ではないとする考え方は、その後学界に大きな影響と反発とを引き起こしただけでなく、同氏が派遣法の制定やパート労働政策に関わる上での重要な柱となった。

### (2) 使用者団体の対応

同じ時期、市場競争の激化により企業においても人材戦略の再設計が必要とされた。市場経済のニーズに即した経営戦略の見直しが必要になり、それに見合った人材の育成が経営戦略の中枢に据えられることとなった。同時に、各企業では能力主義や実力主義の導入、少数精鋭化による雇用形態の多様化が目指されるよ

うになった。欧米で台頭したフレキシビリティ論の日本的展開ともいえるこうした流れを受け、稲上[1989]は「異質化管理」という概念を提示している。

使用者団体も、同様の観点から人事戦略の再構築に向けて模索していた。特に当時非常に注目されたのが、経済同友会の提案した「中間的労働市場論」である。中間的労働市場とは、労働需給を円滑に行う中間組織を指し、具体的には企業グループ内での応援、人材派遣業者による労働需給を指す。経済同友会及びこれをまとめた伊丹氏は、中間労働市場は働き場所としては企業間移動をしつつも「失業」を発生させないメカニズムであると評価し、日本には既にその萌芽が存在するが、今後の労働需給の変化に対応するため一層育成していく必要があると述べている（伊丹・松永[1985]）。これはまさに日本的雇用慣行における機能的フレキシビリティと数量的フレキシビリティを概念化したものであるといえる。

さらに使用者団体は、80年代に入り労働行政、労働立法全般に関して規制の緩和を求めるようになった。例えば関西経営者協会労働法規研究委員会は、1982年3月に「労働基準法の改正を求める意見」の中で、「過度な行政介入を排除するのと同様に、法による介入にも限度が必要と考える」と述べている。また、東京商工会議所は1982年7月「昭和58年度労働政策に関する意見」の中で、労基法や職安法が実態と乖離していることを指摘している。そして労基法見直し作業が労働省内で進行していることを評価した上で、職安法の見直し、再解釈等を求めている。

日本経営者団体連盟も、1985年の「労働問題研究委員会報告」の中で、「規制緩和（ディレギュレーション）が労働行政の面においても必要なのではないか」と述べている。また、1986年の報告書では「経済の活性化は規制緩和を原点とするという世界の潮流を無視するわけにはいかないのではないか。すべての問題を労使の自主解決ではなくて、法の規制にゆだねるという態度はわが国経済の活性化にマイナス効果しかもたらさない」と述べている。

このように、国内外でフレキシビリティ論が勃興し、非正社員をポジティブなものと見る見方への変更が起こったのである。こうした考え方や使用者団体からの規制緩和の要請は、労働政策に影響を及ぼすことになる。

(3) 労働政策における変化

上記のような社会経済の構造変化、学界や使用者団体の議論の変化に対し、労

働政策はどのような対応を行ったのか。

　80年代の労働政策の特徴は、それまでの内部労働市場の深化と同時に、新しく外部労働市場育成が注目され始めた時期といえよう。さらに、正社員以外の働き方についてもその存在を認めていく方向での政策転換が行われたのである。

### 1) 内部労働市場の深化

　一つ目の内部労働市場の深化とは、解雇を抑制し失業を防止する積極的雇用政策である。これには70年代後半からの労働法の諸改革、1980年の失業対策事業の打切り[18]などが挙げられる。また1986年の高年齢者等雇用安定法では定年年齢の引き上げが事業主の責務[19]となり、1985年の男女雇用機会均等法では女子雇用機会の拡大、定年制の廃止等による継続雇用の促進などが掲げられた。

　これらの政策目標は、企業が雇用をできる限り維持しつつ雇用調整や事業の再構築を行うことを、積極的に支援するというものであった（菅野［2000］）。石油危機以降の低成長期において、雇用調整により長期雇用などのいわゆる日本的雇用慣行に陰りが見え始めた時期であったため、内部労働市場の中での調整によって雇用の安定を維持することが、労使双方からも政府からも望まれたのであった（佐口［1992］）。しかしそれだけでは産業構造の変化に対応できないため、各企業ではパートタイマーや派遣労働などの正社員以外の雇用を拡大させざるをえなかった。

### 2) 外部労働市場の育成

　二つ目の外部労働市場の育成とは、労働需給システムの育成の動きである。これには1985年の労働者派遣法、1987年の地域雇用開発等促進法、1985年の職業能力開発促進法があげられ、シルバー人材センターや、パートバンクなども含まれる。また、1983年10月14日に閣議決定された第5次雇用対策基本計画では、労働需給システムの育成が明確に掲げられた[20]。

　当時の職業安定局長の加藤孝氏によると、「最近の失業構造が需要不足に伴うものというよりは、構造変化の急速な進展に伴う需給のミスマッチの拡大により、失業が発生しやすい体質に変わってきている」という認識のもと、「有効需要の拡大による雇用需要の量的確保を中心とした政策だけでは雇用の改善に十分な効果が期待できなくなってきている」（加藤［1985：20］）として、需給調整の必要性を説いている。

なお、こうした一連の労働法の諸改革を戦後労働政策の画期と見る見方が労働法学者の間に多い。これによると1980年代以降に「市場を意識した労働法の流れ」が初めて登場し、90年代になってこの方向性がより鮮明化していく（諏訪［1999］；島田［1999］）。

### 3) 非正社員に対する政策の転換

上記のような内部労働市場の深化と外部労働市場の育成との両論併記への変化と関連して、さらに外部労働市場のうち、非正社員に対する政策転換が見られた。これには派遣法による派遣労働の法制化やパートタイム政策などが該当する。派遣法については後に詳述するため、ここでは非正社員の中で最も数の多いパートタイム労働に関する政策について見ておく。

戦後の労働市場政策においては、近代的労働市場の確立が最も大きな課題とされたため、臨時工・社外工の本工化の文脈において、パートタイム労働も正社員化すべきものと位置付けられていた（高梨［1989］）。昭和40年（1965年）の雇用審議会答申においても、「常用雇用形態以外の雇用形態については、（中略）できるだけ常用雇用形態化」していく方向が示されていた。[21]

しかし高度成長期の労働需要拡大や石油危機後の雇用調整を通して、既婚女性のパートタイマーが増加し、雇用者全体に占める割合も増大[22]、就業する産業や職種の多様化も進んでいった。こうした中でパートタイム労働者の正社員化を徹底させることは極めて困難となった。

このような背景でパートタイム労働者に対する総合的な対策が必要となり[23]、1984年12月に「パートタイム労働対策要綱」が提出された[24]。そして、方針転換を明確にしたのが1985年に設置された「女子パートタイム労働政策研究会」（座長 高梨昌信州大学教授）の報告である。その中で、パートタイムは経済社会の発展にとって必要不可欠な雇用形態であり、パートタイマーの常用・正社員化を図る従来の路線から転換すべきだと明言されている[25]。この背景には、既婚女子による家計補助的な短時間労働を「ミゼラブルではない」とする認識が政策当事者等に広まっていったことがうかがえる。

以上からわかるように、1980年代は戦後の課題であった近代的労働市場の確立が一段落し、積極的労働政策や、民間と連携した労働力需給システムの活用といった新たな方向性が打ち出された時期であった。同時に、職業安定行政の中心

であった「不安定就業」対策が姿を消し、正社員以外の雇用形態の存在を認め、労働条件を改善させていく政策への転換が見られた。

なお、当時は労働市場全体でみれば内部労働市場の維持の方に重点が置かれ、外部労働市場政策は前面には出てこなかったが、その後1990年代に外部労働市場政策は労働政策の中心の一つとなっていく。それが端的に表れているのが、「失業なき労働移動」を宣言し、外部労働市場の整備によって失業を防ぐ方向性を初めて明確に打ち出した、1998年11月の「緊急経済対策」である。

### (4) 小 括

このように1980年代は経済的な要因、産業構造の変化などによって、規制緩和やフレキシビリティが企業経営において求められ、学界はそれを理論面から推進していた。それらをうけて、労働政策においても内部労働市場の維持と同時に外部労働市場の育成が政策の視野として入ってきた。正社員以外の雇用形態についても禁止する方針から存在を認める方針へと政策転換が起こり、こうした流れが派遣労働の法制化に結びついたということができる。

### 3. 派遣法の制定過程

次に、二つ目の問い、すなわち派遣法がどのようなプロセスで、どのようなアクターの影響力によって成立したのか、その政策過程を明かにする。[26]

派遣法の最も複雑な点は、規制当局である労働省が、新たな法律をつくることによって労働市場の自由化を図ったという点である。これは他国と比較するとわかりやすい。1980年代に労働市場の自由化を促進していたサッチャー政権下のイギリスやレーガン政権下の米国では、放任することによって自由化を促進していた。[27]一方で規制する方向のドイツやフランスでは、派遣法などの法律で徹底的に規制されていた。日本では派遣労働は職安法によって禁止されていたため、自由化には新たな法律が必要であった。この一見矛盾する事態が、規制を求めるアクターと完全自由化を求めるアクターとの利害を複雑にし、審議や折衝を難航させたといえる。

派遣法の政策過程について、先行研究では「独占資本の労働政策」や「財界主導」といった評価がされているが、[28]むしろ各アクターの利害は複雑で、一概に財界主

労働市場と政策の相互作用

導とはいいきれない。また、省内で7年にもわたる検討が行われたという性格から、労働省が主導権を握っていたとも考えられようが、その議論が遅々として進まなかったことを考えると必ずしもそうではない。

　このような複雑な状況の中、何が派遣法制定の推進力となり、また何が派遣法の内容を規定していったのだろうか。縦軸に法制化に反対か賛成か、横軸に法制化する場合の規制の強弱をとってマトリクスを描いてみると、次の図のようになる。(図1参照)

　先に結論を述べると、法制化自体を推進した勢力と、法制化をする場合の内容を規定した、つまりなるべく規制の弱い法を望んだ勢力とは、別々に存在していたといえる。法制化するか否かを決める第一段階では、法制化賛成派が多かったことで法制化の方向性が定まり、派遣法の規制の程度を決める第二段階では、規制の弱い法制化を望む勢力が強かったことによって、諸外国と比べて規制の弱い派遣法が成立したと考えられる。

法制化反対
　　　　　　　　　　　　●総評、労供実施労組
　　　　　　　　　　　　×労働法学者、学界
◆使用者団体
　（調査会審議まで）

弱い規制　　　　　　□人材派遣業界　　　　　　強い規制
　　　　　　　　　（調査会審議まで）□情報処理産業の業界団体

　　　　　□人材派遣業界
　　　　　◆使用者団体
　　　　　　　　　　　　労働省職業安定局

　　　　　　　　　　●電機労連、中立労連
　　　　　　　　　　　　　　○需給システム研究会
　　　　　　　　　　　　　　　提言1980.4.4
中職審・小委員会
報告書1984.2.15　　　調査会報告書
　派遣法1985.6.1　　　1984.2.15

法制化賛成

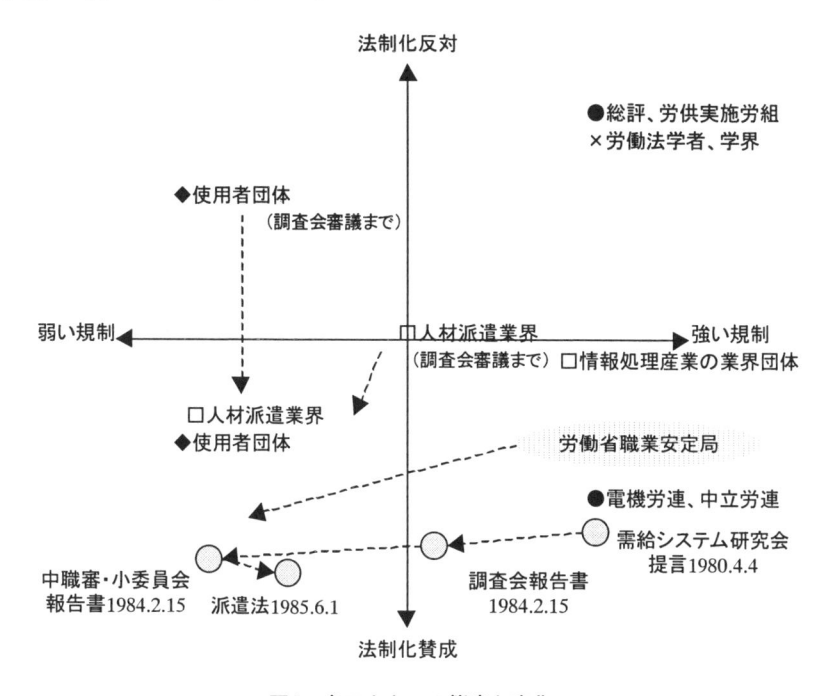

図1　各アクターの態度と変化

## (1) 派遣法成立前史

まず、派遣法が成立する以前の派遣的労働について概観しておく。

戦後の「労働の民主化」改革の一環として1947年に制定された職業安定法は、労務供給業を禁止した。ここでいう労務供給業とは、「供給契約に基づき、労働者を他人に使用させることを業として行うこと」と定義されている。この禁止は、戦前の日本で特に建設や港湾等の産業において中間搾取や強制労働が広がったことを踏まえ、雇用関係における封建的、前近代的性格を除去すべく定められたものである。

しかしその後民主化措置に対する巻き返しが試みられ、1952年の職安法施行規則の改正によって、「健全な請負事業」に限って規制対象からはずれることになり、造船業、鉄鋼業において事実上の労働者供給事業が社外工制度の形をとって復活した。その後、高層オフィスビルの増加とともに、1960年代頃からビルの清掃や警備業務などの業務が大量に発生し、これらの外注・下請化が進んだ。このような事業所内請負の増加はオイルショック後の減量経営により加速化し、同時に事務や情報処理等のホワイトカラー職にも波及した。こうして、実態面での派遣的労働が増加していった。

なかでも事務処理請負業の拡大は目覚ましかった。事務処理請負業が拡大したのはオイルショック後のことであるが、日本で最初に事務処理サービス会社が設立されたのは1966年であった。マンパワージャパン社がマンパワー社（本社アメリカ）の現地法人として誕生し、翌年の1967年から「事務処理請負サービス業」として業務を開始した。これが、オイルショック後に拡大し、業務範囲も経理や営業など事務全般に広がり、またOA化に伴ってワープロ、データ入力、OA機器操作などに広がっていった。

こうした事務処理請負業は、請負といいつつ実際には派遣労働者が派遣先に出向き、そこで指揮命令を受けて業務を行うという、労務供給業に近い勤務形態であった。また、それに付随して給与水準や休暇取得方法、契約の更新等の点で劣悪な労働条件であるという報告が弁護士等によせられた。しかし、労働省は職安法に照らして調査や指導を行うでもなく、事実上野放しの状態であった。[29]

こうした状況に対し、労働市場の研究者であり、中職審など労働省関連の多く

の役職についていた高梨昌信州大教授(当時)は、「建設雇用改善法」(1976年成立)に先立つ「建設労働者の雇用の改善等について」を中職審から労働大臣に建議する際、「労働者供給事業についての現行職安法の規定が現実にそぐわなくなっているので検討する必要がある」と提案し、職業安定局長と検討の約束を取りつけた(高梨[1980])。

この提案の背景には、高梨氏の労働市場に関する考え方、つまりパートタイム労働者等は必ずしもミゼラブルではないという認識があった。また派遣労働に関しても、既婚女子や高齢者にパートタイム的な就業機会を与えるものとして評価する姿勢であった。

実際のところ、高梨氏の提案がすぐに職業安定局長に受け入れられたわけではない。人材派遣協会の10年史によると、高梨氏は労働者供給事業を禁止した職安法44条の見直しを提案し、折に触れて研究検討作業に入るように督促したが、労働省の答弁はいつも「ただ今検討中」というだけで乗り気ではなかったようである(人材派遣協会[1998])。それが行政管理庁の勧告によって、ついに労働省が動き出すことになる。

## (2) 派遣事業法制化に向けた動き
### 1) 第一段階
①行政管理庁の勧告によって労働省の取り組みが開始

労働者派遣事業の法制化の具体的なきっかけとなったのは、1978年7月に行政管理庁(長官=荒舩清十郎)が出した勧告であった。この中で、事務処理請負事業を違法とするのではなく、むしろ時代の要請に合致しているとして認め、逆に職安法を検討することを求めている。それまで実態の進行を黙認してきた労働省は、この勧告を機に、労働者派遣問題及び職安法の見直しの問題に取り組むことになった。

②学者5人から成る労働力需給システム研究会

行政管理庁の勧告を受けて労働省では、職業安定局長の私的諮問機関として1978年10月に高梨昌(座長)、佐野陽子ら学識経験者5人で構成される労働力需給システム研究会を発足させた。同研究会の成果は1980年4月4日に、「今後の労働力需給システムのあり方についての提言」として提出された。その中では職安法

の全面的な見直しが提言され、その柱として挙げられたのが派遣事業の合法化であり、その根拠は「労使各々のニーズの高まりに応えるべき」というものであった。しかしそこでの対象業務は専門的業務4業務のみに限り、不安定な登録型を含まない「常用型のみ」を合法化する点を強調していた。

③労働者派遣事業調査会

これをうけ、1980年5月に労働省職業安定局長の諮問機関として「労働者派遣事業調査会」(会長＝石川吉右衛門[34])が発足した。公益、労働、使用者、労供実施労組、関係業界の代表21人で構成されるこの調査会は、意見の相違により途中で3年間の審議中断を経て、5年後に意見調整にたどり着いた。この中で関連業界、使用者団体は、法制化によって規制が生じると事業がスムーズに運ばないと危惧し法制化には消極的であった。

審議を難航させたのは、法制化についての労働側の意見対立であった。ソフトウェア関連の派遣的労働者を多く抱える電機労連は、二重派遣や中間搾取を受けている労働者を保護するために派遣労働を早急に法制化し、労働状態の改善をしようと考えていた[35]。そのため、同盟や中立労連は派遣労働の制度化はやむをえないとの立場をとっていた。一方で総評などは正社員の代替を恐れ、派遣労働の法制化には反対であった。この労働側の意見の対立により審議は中断し、労働四団体は独自の検討作業委員会を発足させるも、議論は平行線をたどった。

その後、保護法としての法制化を強く求める電機労連が奔走し、労働省や関係団体に法制化に向けた申し入れを行った[36]。その後審議は再開され、1984年2月5日に報告書が提出された。しかしここでは派遣労働者の保護と雇用の安定を図る必要があるという基本認識は一致したものの、具体的な方策では意見の一致は見られなかった。

2) 第二段階

①中職審派遣事業小委員会

次いで具体的な法制化の方法を検討するため、中央職業安定審議会の中に労働者派遣事業小委員会(以下「小委員会」座長＝高梨昌)が組織された[37]。この委員会では、これまでの検討段階が7年もの年月を要したのに対し、わずか8ヶ月で法案が作成された。1984年10月18日には「労働者派遣事業の立法化構想(試案)」が同委員会から労働省に提出され、ここで突如として事業法としての派遣法案が登場し

た。この試案では、「労働者派遣事業」を「労働者派遣契約に基づき、自己の雇用する労働者を派遣し、他人に使用させることを業として行なうもの」と定めている。そして既に禁止されている労働者供給事業との違い及び類似する請負との違いを明確化した。

　この試案では、対象業務は当初の４業務から大幅に増加した14業務となり、同時にこれまで不安定なため合法化しないとされていた「登録型」が盛りこまれることとなった。

　そして1985年３月19日には、労働省は同試案をほとんど反映した「労働者派遣事業の適正な運営の確保及び派遣労働者の就業条件の整備等に関する法律案」をまとめた。

　電機労連の当時の担当者への筆者によるヒアリングによれば、電機労連としては派遣労働者の保護のためには事業法ではなく保護法が必要であったが、その後の審議過程で保護法を要求すれば法案は通過せず、深刻化する実態をいつまでも改善できないというジレンマを抱えていた。よって、派遣労働者の保護のためには不完全でもとにかく法律を通すことが先決であり、労働者保護については付帯決議や今後の法改正の中で行っていくしかないと考えたとのことである。

　②国会での審議

　構想に７年かかった労働者派遣法案であったが、第102回国会での審議は３ヶ月と短期間であった。この際立った対照が、この法案成立過程の特徴の一つであると指摘する研究もある。

　４月16日の審議開始の時点で、労組間のコンセンサスは未だ得られていなかった。審議に先立つ４月２日に中立労連は社会党の石橋委員長に対し審議の促進を申し入れた一方で、４月３日には労働者供給事業関連協議会などが派遣法成立に反対する討論集会を開催した。こうした労組の分裂の状況下にあって、衆議院の社会労働委員会での議論はかなり低調であった[38]。その最大の理由は社会党、公明党の態度留保であったといえよう。両党は原子力発電所の安全問題や麻薬・暴力団などの取り締まりなど、法案と関係の無い質問で時間を稼ぎ、委員長から注意を受ける委員もいた。自民党からは早期採決の要請がくりかえし出された。

　社会党は「政府案について賛否を決めず」、ただ「慎重かつ徹底的な審議が必要だ」という方針を打ち出すにとどまっており、社会党の議員の中には「何しろ労働

組合の態度がばらばらなので物が言えない」と公言する者もいた。4月19日の参考人質疑では、民社党推薦、電機労連政策企画局長の安島征夫氏が賛成意見を述べ、自民党推薦、東京商工会議所理事・事務局長の小野功氏、ならびに自民党推薦、信州大学教授の高梨昌氏が同じく賛成意見を述べた。公明党推薦の日本事務処理サービス協会監査・マンパワージャパンの宮川尚三氏も基本的には賛成という意見を述べ、社会党推薦の全日本自治団体労組副委員長の山本興一氏は反対意見を述べた。公明党は急速に賛成の方向に傾いていき、民社党は当初から法制化に賛成であったことから、成立の可能性が高まった。

　電機労連と総評の双方に配慮した社会党は情報処理業務のみに派遣を認める独自の対案を提出したが、賛成派、反対派からも受け入れられなかった。最終的に4回目の審議で採決となり、自民、公明、民社の賛成、社会、共産、社民連の反対で、賛成多数で可決された。加えて共産党を除く各党の共同提案により8項目にわたる付帯決議が付され、その後5月17日の本会議で自民、公明、民社の3党の賛成多数で通過した。[39]

　その付帯決議の内容とは、対象業務決定においては常用の代替にならないよう十分配慮すること、製造業の直接工程は対象業務としないこと、二重派遣に対しては厳格な指導に努めること、その他の諸点において労働者の保護に欠けることの無いよう適切な調整を行うこと、労働者派遣事業の適切な運営のために行政と民間の協力体制を整備すること、法施行3年後に見直すことなどなどである。なお、筆者による前述のヒアリングによれば、この付帯決議には電機労連が労働者保護のために要求した項目が多く含まれているとのことである。

　参議院社会労働委員会での議論は、衆院審議中から参院審議にかけての労組や法学者、弁護士らの反対運動の高まりを受けて、公明、社会、共産の委員から激しい追求が行われた。[40] 野党議員の追及により、派遣労働に関して政府が提供したデータに恣意的な隠蔽があることが発覚し、また新聞の論調も反対運動を受けて次第に懐疑的なものへと変化した。参議院社会労働委員会の審議では6月7日に自民、公明、民社の3党の賛成多数で可決したが、異例の再修正となり、衆議院へ再び戻されることとなった。[41] 修正内容は、正社員の代替防止のため派遣期間を制限することと、苦情処理のあり方を徹底させることの2点である。しかし労組側が再三要求した派遣先の団交応諾義務は認められなかった。こうして最終的に、

1985年7月に法案成立に至った。
　③対象業務の決定
　派遣法案成立により派遣法の制定が固まった後、実際に法律の実行性を決定する対象業務の決定については、再度、中職審の内部で決定されることとなった。その間、労組等の法制化反対派は、正社員の雇用を守るため、また不安定な職を増大させないため、対象業務は最小限にするよう主張した。また業界団体（特に情報処理サービス業界）は、情報処理関連業務が対象業務に入った場合に業界のイメージが悪化するという危惧から、同業務が対象業務に入らないよう要求を行った。一方で、これまで派遣的事業を行ってきたマンパワーなどの事務処理請負業は、事業に支障をきたさないよう、なるべく広い対象業務にするよう要望書を提出した。
　最終的には、法案で示された14業務のうち13業務が対象業務とされ、その後3業務が追加され、1986年7月1日の施行直前に16業務となった。

### (3) 各アクターの態度と動き
　以上、派遣法の制定過程を時系列に追ってきたが、ここで各アクターの動きを整理したい。
　まず労働組合は、各労組の利害の不一致から「労労対立」といわれる労組同士の対立の構図となった。労組で法制化に最も強く反対したのは、これまで供給事業を行ってきた労供事業実施組合であった。その結果その上部団体であった総評、新産別等も、正社員が派遣社員に代替されることを恐れたこともあって反対の立場をとった。一方で推進派の中心となったのは、多くの情報処理派遣労働者を抱えその保護を訴える電機労連であった。そして、その意を汲んだ中立労連、同盟も賛成意見を述べ、決裂した調査会に審議継続を要請したり、停滞気味の国会審議に対し野党に審議促進の申し入れを行うなど、積極的な働きかけを行った。
　次に使用者団体は、規制は不要とみたため当初から法制化には消極的であった。しかし法制化が決定してからは、企業活動を阻害しないようなるべく弱い規制を望んだ。
　派遣的事業に関連する業界団体の動きを見ると、派遣的請負業として審議過程で挙げられた情報処理産業、警備業、ビルメンテナンス業、事務処理サービス業

投稿論文

の各業界団体のうち、派遣法にネガティブでなかったのは、事務処理請負業のみであった。それ以外の3団体は、派遣法の対象業務に入れられることによって、「業務に支障を来す」、「人材の確保が難しくなる」等の理由で、請負として続行することを望んだ。特に派遣労働の中核と挙げられた情報処理産業の業界団体である情報処理サービス協会は、情報処理業務が派遣事業の対象業務に入れられることに反対であった。渡辺勇策(同協会企画委員会副委員長、株式会社コンピューターアプリケーションズ常務取締役)は、派遣事業そのものの制度化に反対する理由は見あたらないが、情報処理業務の中核をなすシステム分析・設計及びプログラム設計・製作を対象業務に入れるのは、明らかに的外れであり、強く反対すると述べている。そして、派遣指定は当業界にとって極めて大きなマイナスの影響を受けると断言している(渡辺[1985])。情報処理産業は派遣法施行後には請負として派遣法の規制を回避していくのであるが、それについては後述する。

一方の事務処理サービス業界(42)はというと、派遣問題調査会に委員を送りこんだものの、業界としては法制化自体にはそれほど積極的ではなかった。むしろ、法制化は歓迎するものの規制の程度に関しては警戒していた。そのため、これまで行ってきた業務をなるべく制限されないよう、対象業務の決定においては広い範囲の業務が盛り込まれることを望んだ。

また、それ以外の重要なアクターとしては警察庁(当時)や通産省(当時)などの他省庁(43)、及び労働法学者等が存在した。特に、弁護士団体は派遣的労働の実態を踏まえて反対声明や意見書を多く公表し、また労働法学者からは派遣法自体のもつ問題性を指摘する議論が多く提出された。労働法学者の間には、雇用関係が三者に分離する形態を許すべきではないという見解が支配的であった。また、法制化するならば、「事業法」ではなく「労働者保護法」として立法化すべきだという意見も多くみられた。

最後に、最も重要かつ最もわかりにくい労働省は、行政管理庁の勧告を受けた後、基本的な議論は研究会等に委嘱しつつも、派遣法の立法化にはある程度積極的であったと考えられる。当初は一定の規制によって労働者を保護することを望んだものの、使用者側や業界団体の要望により規制の程度については譲歩し、最終的には立法化を優先させたと考えられる。

## (4) 政策過程の特徴

　以上をまとめると、法制化の第一段階（「調査会」の84年の審議中断まで）では、法制化を推進する勢力は政府側と労組の賛成派であった。法制化に反対する勢力は労組の反対派のみであり、使用者団体や業界団体は態度を留保していた。しばらく勢力のバランスは拮抗していたが、84年の審議再開以降、法制化推進派の勢力が一気に増し、特に政府側が推進して法案の作成が行われた。法制化の第二段階では、使用者団体の意見が色濃く反映された。法制化の第一段階の推進力となった賛成派は、立法化するという点を重視し、法律の内容では譲歩したと考えられる。これによって労組側が求めた労働者保護は一定程度にとどめられ、使用者責任についてはほとんど派遣元に課せられた、ということになる。

　またこの過程の特徴として、法律準備に7年の歳月を要したのに対し、数ヶ月の国会審議で通過したという点、この法律の発想段階から法制化まで一貫して関わってきた高梨氏の影響力が大きい点が挙げられる。高梨氏は「調査会」以外の各研究会で一貫して審議に加わって中心的な役割を果たしており、法案も高梨氏らの原案とほぼ変わらない。法案成立後の対象業務決定についても、高梨氏が中心となって決定を行っている[44]。

　この過程を見る限り、久米[2000]の定式化と同様、労働省は初めから結論を用意して審議会を隠れ蓑的に利用していたわけではなく、形式的には審議会を通して政労使による調整を行うコーポラティスト的スタイルであったといえよう。しかし、議論の内容が未組織労働者を対象とする周辺的な事項であったため、労使による活発な議論はなく、実質的には諸利害団体の複雑な主張合戦となった。そして、堀江[2001]が指摘するように、ナショナルセンターは派遣法が対象とする派遣労働者を代表したものではなく、派遣労働に関する政策過程は派遣労働者本人の声が反映されるルートはほとんどない、デュアリズムであったといえる。

## (5) 派遣法の矛盾

　派遣法の根本的な矛盾は、規制当局である労働省が、新たな法律をつくることによって労働市場の自由化を図ったという点である。法律の前提は、現存する派遣労働者の保護を目的とするということであったが、派遣法の実際の意義は、労働市場の自由化の第一段階を踏み出したということのほうが大きい。

また、法制化のプロセスにも様々な矛盾があり、審議の過程でも不審な点が多い。例えば、需給委員会時点では、特に不安定とされる「登録型」の派遣を認めないとし、高梨氏も反対派の意見への反論としてその点を強調していたにもかかわらず、最終的には「登録型」を含むかたちで派遣法が成立した。その論理は、「パートタイム的な労働を好む中高年男性や家庭の主婦のニーズを満たすように」とのことである。確かにそうした労働者側のニーズもあったであろうが、「登録型」を盛り込んだ決定的な要因は、使用者側、人材派遣会社の側からの強い要請があったからである。

　また、一連の報告では派遣労働拡大の理由として「労使双方のニーズ」が挙げられ、中でも「労働者の側にも新しい働き方に対するニーズが高まっている」という部分が強調されているが、それを裏付ける根拠は薄弱であった。

　さらに、高梨氏をはじめ労働省の文書は一貫して、派遣労働市場が専門的労働市場であることを強調している。しかし対象業務のうち専門技能が必要なのは、情報サービス関連業務のみであり、それ以外のビルメンテナンスや事務処理は専門技能にはあてはまらない。しかも実際に導入が多かったのは、非専門的な後者の2業務のほうであった。

　では派遣法は何を想定していたのか。文書の中でまとまって明言されている箇所はないが、全体としては以下の類型が想定されていることがわかる。第一に中高年労働者のビルメンテナンス業での活用であり、その理由は「正社員と同じ労務管理手法にそぐわないから」である。第二に既婚女性の事務処理業での活用であり、その理由は「フレキシブルな働き方を望む声が大きい」、「再就職が困難な中高年女子に就業機会を与える」ことである。第三に専門的労働者の情報処理部門での活用であり、その理由は「専門的技能をもって、企業と距離を置きたい労働者が増えてきた」、「企業の側も社内で育成するのが困難な技術労働者へのニーズが高まっている」というものである。なお、実際の派遣労働では、第四の類型として、若年女性の事務処理業での活用があるが、これについては法制化のプロセスの中ではあまり扱われていない。しかしその後、大企業を中心に若年女性派遣労働者の一般職の代替としての活用が増大していく。

　つまり法制化の段階で既に、年齢と性別と技能レベルによって活用の仕方、活用する業務の種類というものが類型化されていたということがいえる。そして、

これらは同時に企業内での格差を肯定するシステムでありながらそれには触れずに、「余暇的労働」や「小遣い稼ぎ」といった就労意識の違いによって正当化し、問題のすり替えを行っている。さらにこうした諸類型をあえて一緒に論じることで、「フリーワーカー」の増大、専門的労働市場の形成といったポジティブな概観を持たせていたのである。

## 4. 派遣法成立後の派遣労働市場の変化

### (1) 人材派遣会社の増加と派遣労働市場の拡大

次に、派遣法成立によって派遣労働市場はどのように変化したかという第三の問いを明かにする。

まず、全体的には派遣法によって派遣事業がグレーゾーンから合法的なビジネスへと昇格したことによって、派遣労働市場が急速に拡大した。このことは、派遣法の成立した1985年前後に人材派遣会社が多く設立されたことからもわかる。また、総合商社や金融業などの大企業が派遣業の子会社設立に乗り出したりしたり、法制化を待って外資系派遣会社が日本に参入したりした。[45]

また、1985年の派遣法では派遣元の雇用者責任はある程度規定するものの、派遣先の使用者責任については指揮命令権を規定したのみという非常に緩いものであった。人材派遣協会によると、この点も派遣労働市場の拡大に貢献しているとのことである。[46]

その後、対象業務の緩和等を経て、今日まで事業規模も毎年高い成長率を記録し、派遣労働者数も増加の一途をたどっている。

### (2) 政策意図との乖離

では、こうして拡大した派遣労働市場は政策意図と合致したものであったのか。次の3点について検討する。

### 1) 専門的労働市場は形成されたか

先述のように、派遣法の審議過程で中職審や労働省職業安定局などは「専門的労働市場の確立」を強調していた。中でも高梨氏は論文や新聞など様々な媒体を通じて、派遣労働による「専門的職の市場、高賃金市場をどうつくるかが重要」であることを述べているが(高梨[1986])、実際に専門的市場は成立したのか。

労働省(現厚生労働省)へ毎年提出される「労働者派遣事業の事業運営状況」によると、派遣法施行直後の1987年及びその後の推移を見ると、一般事務を指す「事務用機器操作」、「ファイリング」が大部を占めている。伍賀 [1999] が指摘するように、専門職労働市場、高賃金市場が形成されたと評価することはできないといえる。

この背景にはもともと法制化の時点の実態が、専門的労働市場と呼ぶには無理があったという事情もある。対象業務を決定する際、労働省はなるべく専門性の高い業種に限定するという姿勢で望んだが、実態として事務処理派遣企業では「一般事務」の派遣を多く行っており、売上高の約3割を占めていたため、これを禁止することは業界に大きな打撃を与えるものと考えられていた。実際、業界団体の日本事務処理サービス業協会は、一般事務処理も適用対象業務に含めるよう1985年12月に労働省に要望書を提出している。

労働省は表立って一般事務を派遣業に含めることには反対であったため、最終的に一般事務は対象業務には入らなかった。しかし「文書ファイリング」といった一般事務的性格の強い業務を対象に含めることで、業界の要望を受け入れ、業界の活性化を図ったのである。これが、その後の派遣労働で一般事務的な専門性の低い業務が拡大していく布石となっていたのである。

2) ソフトウェア産業の要員派遣問題は解決したか

労働側で唯一法制化を望んでいたのは、ソフトウェア産業の劣悪な多重派遣の解消を望んでいた電機労連であった。労働省もそうした意図を汲んで派遣法によってルールを明確化し、多重派遣の解消や使用者責任の明確化を図った。では実際にソフトウェア産業の要員派遣問題は解決したのだろうか。

もともとソフトウェア産業は派遣労働にネガティブなイメージを持っており、折からの人材不足に加え、派遣労働を容認すれば新卒男子を集めることが難しくなるとの危惧を持っていた。

最終的にソフトウェア開発は対象業務に含まれることになった。しかしソフトウェア業界の対応は、派遣業者としての届出はするが契約形態は請負に切り換えるというのもであった。そして業界団体の予告通り、大手ソフト会社を中心に請負への切換えが起こった。例えばエヌジェーケー(本社東京)の場合、同年10月までに最新の設備を投入したソフト工場を完成させ、これまで顧客先に派遣して

いたソフト技術者約350人を収容し、請負によるソフト開発体制を整備した。

　また、派遣業の届出をしないところも見られた。コンピューターサービス（略称CSK）の場合、実際はソフト技術者の6割を顧客先に送り込んでいたが、労働省が発表した請負と派遣の区別の仕方を逆に利用する形で請負色を鮮明にした。また請負に転換するにあたり、総合的な技術力と豊富な資金力を確保するため、中小企業同士が結束する例も出てきた。

　このようにソフトウェア業界は派遣法を機に、派遣から請負へ、多重派遣から一次派遣へ、そして企業の淘汰という業界の再編を経験することになった。

　技術者にとっては、多重派遣が禁止され、またいくつかの会社では派遣要員の正社員化の動きもあり、労働条件の確保は一歩前進したといえる。しかし、逆に偽装請負や客先常駐などの問題は今日まで継続しており、長井［1990、1996］が明らかにしているように、派遣法以前の状態への逆戻りのケースも見られる。また政策意図との関連では、派遣法対象業務の中で最も専門的と期待されたソフトウェア技術者の派遣労働市場は、育たなかったといえる。

### 3）　中高年女子に就業機会を与えたか

　派遣法の制定を最初に提案した1980年の高梨提言では、労働力の高齢化、女性化の流れを受け、これらの層を念頭に置いた政策の必要性を説いていた。特に主婦の再就職希望者に対し、良好な就業機会を提供するものとして、パートバンクの設立や派遣労働の法制化などを提案した。また高梨［1986］も、派遣法は就業機会の少ない既婚女子に再就職のパートタイム的派遣労働の機会を提供するものであるという点を強調するとともに、働き方の価値観が多様化し、企業と距離を置いて働きたい女性が増えているということも強調している。

　では果たして、派遣労働市場はそのような既婚中高年女性に就業機会を提供したのか。

　派遣労働の最も多くを占め、90年代に入っても拡大を続けていくのは、一般労働者派遣事業（登録型）の事務処理を中心とした業務の女性である。その多くは25歳〜35歳、若年未婚者であり、企業の労務管理から見れば一般職の代替ともいえる。また、35歳以上になると途端に仕事の紹介がなくなるという「35歳定年説」が業界では常識となっているように、年齢による就業機会の不均等は改善されないままであった。つまり、既婚中高年女性に就業機会を提供するという政策意図は

達成されなかったといえる。

### (3) 派遣法制定後の派遣労働者の実態と女子雇用管理の変化

以上のように、派遣法制定時の三つの政策意図はどれも達成されなかったことがわかる。それでは派遣法制定後の派遣労働者の実態とはいかなるものであったのか。

先にも触れたように、派遣労働市場で最も多くを占めるのは、一般労働者派遣事業(登録型)の事務処理を中心とした非専門業務の女性である。これを対象とした調査(雇用職業総合研究所[1986])によれば、25歳～35歳が半数を占め、若年未婚者が多い。また、既婚者の再就職よりも、正社員からの直接の転職が多い。一部の中高年は、前職でも専門的な業務をこなし、結婚などの自己都合により前職を離職し、パートタイマー的派遣を希望している。しかし、多くの若年未婚者は、前職の専門レベルもそれほど高くなく、仕事の将来性に強い疑問を感じて離職し、年間を通じてコンスタントにフルタイムで勤務する常用フルタイマー型を希望している。また、正社員として就職できなかったために派遣を選択した者もいる。

つまり、派遣労働は労働者から見れば、企業における行き止まり的な雇用管理の受け皿といえる。しかし上記のような派遣労働の存在が逆に、企業の女子労働者に対する労務管理のあり方を変える一因となったのである。

80年代は女子労働者に対する労務管理のドラスティックな変化の時期であった。それは、女子若年労働者の勤続年数の増加、賃金負担の増加、女子の学歴の高度化、既婚女性を中心としたパートタイマーの増加、そして均等法及び派遣法の施行である。こうした諸要因によって、女子労働者に対する雇用管理は階層化していく。

関東経営者協会人事・賃金委員会は、1986年4月の『男女雇用機会均等法とこれからの雇用管理の方向』という報告書で、男女問わない複線型雇用管理の採用を提唱している。そして性別一般による処遇ではなく、能力主義による複線型労務管理、あるいはコース別人事制度に転換し、それによって均等法をクリアするということを明言している。

また女子の勤続年数増加、定着率の上昇に伴い、新規採用を手控え確実に期限を設定して契約することができる派遣労働者に切り換える動きが出てきた。同時

に、合理化・外注化の流れによって、派遣労働者に事務作業を、正社員にはより高度な仕事をさせようという意図も生まれた。

こうした複線型労務管理の導入と派遣労働者の活用という労務管理の新たな方向性は、就業意識の多様化という論理によって正当化されている。関東経営者協会の報告書でも就業意識の多様化が言及され、コース別雇用等は多様化している女子の就業意識にも対応できるものであり、女子労働者自身にとっても有益であると記されている。

『雇用管理調査』[1988]によれば、コース別人事制度を採用している企業と派遣労働者を受け入れている企業とは、ともに従業員5,000人以上の大企業、特に金融・保険業という点で一致している。均等法対策で生まれたコース別人事制度と、派遣法によって積極的に活用可能となった派遣労働とが両輪となって、大企業における女子の雇用管理を変えていったということがいえる。

## 5. 結　論

本稿の結論は以下の通りである。

第一に、フリーワーク論や労働市場の二元構造論などによって、周辺的労働力に対する言説がポジティブなものに変わっていたことと、労働政策においても内部労働市場の深化と外部労働市場の育成が両論併記となったことが、派遣労働の法制化の背景となった。

第二に、派遣法制定のプロセスは、単純な官僚主導でも財界主導でもなく、審議会や研究会という場における政労使の調整という形であった。各勢力が拮抗し議論が長引いた後、第一段階として派遣的労働者の保護を求める勢力による派遣法制化推進の動きがあり、第二段階として財界の要望によって規制の程度が抑えられ、結果的には規制の弱い派遣労働法が成立した。

第三に、派遣法成立によって派遣労働市場は拡大したが、専門的労働市場の形成、ソフトウェア要員派遣問題の解決、中高年女子への就業機会提供という労働省の政策意図は達成されず、逆に一般事務を行う若年女子が大部を占めた。しかし、逆に派遣法は同時期に制定された均等法とともに、企業における女子労務管理を変化させていくこととなった。

これらを政策主体である労働省に着目して再度見るならば、労働市場の変化に

対し、労働省はそれを様々なチャネルから認識し政策対応を試みるが、労使双方の抵抗により遅々として進まなかった。政労使の調整の産物としてできあがった法律は、帰結として労働市場を変化させたが、それは労働省が意図した方向とは異なる方向であったといえる。

以上、労働市場の変化が政策に影響を及ぼし、政策の変化がまた企業や労働市場に変化をもたらす、政策と労働市場との相互作用を明かにする試みを行った。

派遣法はその後、幾度もの規制緩和により対象業務が拡大され、さらに1999年のネガティブリスト化により専門的労働市場の確立という原則は崩壊した。さらに2003年6月には派遣法の根幹である製造業への禁止が解禁される改正案が通過した。そしてその政策過程も、総合規制改革会議等を中心とし、規制緩和を重視する新たなパラダイムとなっており、形式的なコーポラティズムさえ崩壊が見られる。こうした1990年代後半以降の動き、特に労働市場政策の展開及びそれによる企業と労働者双方の再帰的な行動については別稿で検討する必要がある。

〔注〕
(1) 派遣労働に関する先行研究の整理は伍賀［2000］に詳しい。
(2) 久米［2000］は、日本の労働政策過程の特徴を、公労使三者構成の審議会の多用であるとし、労働政策においては他の政策領域とは異なり、審議会は「隠れ蓑」以上の存在であるとしている。そして1980年代における審議会は、立法に先立つ三者利害調整の場として重要な役割を果たすコーポラティストスタイルであるとしている。
(3) Visser and Hemerick［1997］は、労働市場と政府の役割を動態的な視点で論じている。
(4) 拡大するパートタイマーの権利の保障のために、パートタイム労働法が整備されたのは1993年である。
(5) なお、この法律は「労働者保護立法」としてではなく「事業法」として立法化されたことにも留意する必要がある。何故「事業法」なのか、またその帰結については、別稿で検討する必要がある。
(6) 労働大臣官房国際労働課編著『海外労働白書 平成12年版』1999年。
(7) もちろんそれに加えて各国における労務管理の特徴とも不可分であることも見落としてはならない。またその際にジェンダー視点が必要であることも付け加えておきたい。
(8) 90年代の展開に関する既存の研究としては、連合総合生活開発研究所［2001］が参考になる。
(9) ただし、レーガン、サッチャー改革とこうしたフレキシビリティ論の因果関係については別稿が必要である。

⑩　代表的なものとしては、Clutterburk (ed.), *New Patterns of Work* [1985]; Curson (ed.), *Flexible Patterns of Work* [1986] など。

⑪　例えばApplegath, J. [1982]　これは日本にも1985年に翻訳・紹介されている（参考・引用文献参照）。

⑫　『週刊労働ニュース』[1985年9月25日]によれば、29ヶ国、500人を超す政労使の代表と研究者が参加し、また労働省をはじめ通産省、外務省、経済企画庁が後援、開会式では中曽根首相をはじめ、山口労相、黒川総評議長、田中日経連副会長、ILO、OECDの代表が挨拶した。

⑬　労働大臣官房政策調査部編 [1987]「経済社会環境の変化と日本的雇用慣行」研究会（1985年8月開始、主査　稲上毅）

⑭　稲上 [1989] は「異質化管理」について、これは表面的には格差化であるが、本源的には格差はないと強調している。

⑮　例えば関東経営者協会人事・賃金委員会の1987年『雇用形態の多様化とこれからの雇用管理の方向』では「複線型雇用管理」と雇用形態の多様化を提案している。

⑯　これは経済同友会労使関係プロジェクト「ME化の積極的推進と労使関係関係―中間労働市場の提案」（1984年10月25日）で提示された。

⑰　この中間的労働市場論が派遣法の制定を促進したということは、先行研究でも多く指摘されている。

⑱　雇用保険法（1974年）、雇用安定資金制度の導入（1977年）、それらによる雇用四事業（雇用安定、雇用改善、能力開発、雇用福祉）の制度化、特定不況産業離職者臨時措置法（1977年）、特定不況地域離職者臨時措置法（1978年）など。

⑲　1981年4月9日の労働省職業安定局長通達「今後の失業者就労事業の運営について」は、労働政策としての限界を明言し、「民間における雇用の安定や雇用の促進を基本とする各種の雇用失業対策の拡充、発展」を推進することを宣言している。

⑳　この計画の目標は、「今後に予想される急速な高齢化、産業構造の転換等に的確に対応するための労働力需給のミスマッチ解消を図り、質量両面にわたる完全雇用の達成と活力ある経済社会の形成を目指すこと」とされている。

㉑　なお、労働省ではその後昭和44年（1989年）に「パートタイム職業紹介業務取り扱い要綱」を作成し、パートタイム労働者の定義を「常用・日雇等雇用形態にかかわらず、1日、1週、または1ヶ月の労働時間が一般従業員より短い」者と定めた。

㉒　雇用者全体に占める割合は、1980年以降10％台の水準となった。また女子の雇用者に占めるパートの割合は1982年以降20％台となり、1987年には23.1％となっている。

㉓　1978年10月に労働省内に設置された労働力需給システム研究会（座長　高梨昌信州大学教授）の中でも、パートタイム労働者の職業紹介の拡充が提言され、これに基づいて「パートバンク」が設置された。

㉔　この要綱は、パートタイム労働者の定義の明確化を図りつつ、パートタイム労働者の処遇や労働条件などについて労使及関係者が考慮すべき事項を指針として示し、また労働省の構ずべき施策を定めたものであった。

㉕　その後10年近い年月を経て、1993年にパート労働法が成立することになる。

投稿論文

⑳ 本節の派遣法の制定過程については、紙幅の制約により詳述できなかった部分がある。詳細については拙稿［2001］（「派遣法制定過程に見る80年代労働政策の変化とその影響」）3章を参照されたい。

㉗ 90年代後半になって、イギリスではブレア政権で非典型雇用に関する規制の法律が制定され、アメリカでも非典型雇用に関する法律が準備される動きがある。イギリスについては倉田［1999］参照。

㉘ 脇田［1995］、伍賀［1999］ほか多数。

㉙ 関係労働者の訴えによって、労働省はマンパワージャパン社を1976年から1年間の調査を行ったが、何らかの処置を講じることはなかった。

㉚ 高梨氏は自他ともに認める「労働者派遣法の生みの親」であり、その後労働力需給システム研究会や中職審の労働者派遣事業等小委員会の座長を務め、具体的な立法作業や各委員の調整等を行った人物である。また1973年以降は96年まで中央職業安定審議会会長を務めるほか、労働省や総理府の様々な審議会や研究会の委員や会長などを務め、またパートタイマーに関する政策の中心的人物であった。しかし、1990年代後半の大幅な規制緩和に際しては、政策決定の第一線を退いている。

㉛ 1978年7月「民営職業紹介事業等の指導監督に関する行政監察結果に基づく勧告」

㉜ 同研究会の委員は、座長の高梨昌（信州大学教授、以下いずれも当時）、大宮五郎（中央労働委員会委員）、岡本秀昭（法政大学教授）、佐野陽子（慶大教授）、花見忠（上智大教授）の5人である。

㉝ 通称「高梨提言」と呼ばれている。

㉞ 公益側は会長の石川吉右衛門（千葉大学教授）、氏原正治郎（東京大学教授）ら6人、労働側は労働4団体（総評、同盟、新産別、中立労連）の各代表4人、使用者側は中宮勇一（日経連事務局長）、小野功（東京商工会議所　労働部長）ら4人、特別委員の労供事業実施労側は坂野哲也（全港湾書記長）ら4人、関係業界は浅井正一（社団法人全国ビルメンテナンス協会理事）、今井正明（日本民営有料職業紹介事業団体協会理事長）、竹内義信（マン・フライデー代表取締役）計3人から成る。

㉟ 電機労連は1974年に情報処理サービス企業の最大手コンピューターサービス（現CSK）を組織化して以来、情報サービス企業を積極的に組織化し、情報部会を設けていた。

㊱ 電機労連は1983年11月12日に大野明労働大臣に申し入れを行った。筆者が2003年に実施した電機労連の当時の担当者へのヒアリングによると、この申し入れに同席した加藤孝労政局長が逆に電機労連側に労働組合側の意見の集約を要望したとのことである。

㊲ この小委員会のメンバーは、公益側が小井土有治（日本経済新聞社論説委員）、高梨昌（信州大学経済学部教授＝座長）、人見康子（慶応大学法学部教授）の3名、労働側が三枝満慈郎（全国建設労働組合総連合副委員長・中立労連）、中根康二（全日本労働総同盟生活福祉室長、なお、幸重義孝全日本労働層同盟政策室長が代理出席した）、山本興一（全日本自治団体労働組合副委員長・総評）の3名、使用者側が郷良太郎（㈱ニチエン化工取締役社長）、鈴木慎二（日東紡績㈱取締役副社長）、錦織璋（全国中小

企業団体中央会常務理事)の3名の、計9名で構成された。
㊳　衆議院社会労働委員会の構成は、自民21(52.5%)、社会8(20.0%)、公明5(12.5%)、民社3 (7.5%)、共産2 (5.0%)、社民連1 (2.5%)であった(日本経済新聞社『国会便覧』昭和60年2月新版、8月新版)。
㊴　第102回国会衆議院の議席数は、自民264 (52.0%)、社会111 (21.9%)、公明59 (11.6%)、民社38 (7.5%)、共産27 (5.3%)、社民連3 (0.6%)、無所属6 (1.2%)であった(日本経済新聞社『国会便覧』昭和60年2月新版、8月新版)。
㊵　参議院社会労働委員会の構成は自民12 (57.1%)、社会4 (19.0%)、公明2 (9.5%)、民社1 (4.8%)、共産1 (4.8%)、社民連1 (4.8%)であった(日本経済新聞社『国会便覧』昭和60年2月新版、8月新版)。
㊶　第102回国会参議院の議席数は、自民143 (56.7%)、社会41 (16.3%)、公明25 (9.9%)、共産16 (6.3%) 民社12 (4.8%)、その他10 (4.0%)、無所属4 (1.6%)であった(日本経済新聞社『国会便覧』昭和60年2月新版、8月新版)。
㊷　1984年に8社により日本事務処理サービス協会が結成され、1986年12月に労働大臣認可「社団法人 日本事務処理サービス協会」となった。
㊸　通産省は大幅な需要拡大が見込まれる情報処理技術者の地位確保との関連で、情報処理産業の業界団体と同様の立場であった。警察庁は警備員との関連で難色を示し、結局、警備業務や防災・防火業務は対象業務に含まれなかった。
㊹　高梨氏自身は自分は「調整役に徹し、自らの労働市場や労働行政に関する理論を展開することはなかった」と記述しているが、これほどまで発想段階から理論的支柱、審議のとりまとめ、法案作成、付随する調査の実施、法案成立後の宣伝など複数の役割が1人に集中した例は他に見ない。なお、この点について国鉄改革における加藤寛氏と比較するならば、加藤氏が臨調方式での影響力を持っていたのに対し、高梨氏の場合は労働省内の常設委員会としての審議会等において影響力を持っていたため、労働省の意図と高梨氏の意図を明確に区分けすることが難しいということができよう。この点に関しては別稿が必要である。
㊺　日本経済新聞社が1986年に行った第2回「日本の人材ビジネス調査」によれば、1985年度の業界の売上規模は前年比35.7%増加している。
㊻　筆者が人材派遣協会にて2000年12月に実施したヒアリングによる。
㊼　『日経産業新聞』1986年3月11日。
㊽　『日経流通新聞』1986年1月20日。
㊾　86年1月下旬の「宣誓書」。ソフトハウス、計算センターの業界団体である情報サービス産業協会（略称JISA、会長＝谷沢一郎氏）はコンピューターメーカーの業界団体である日本電子工業振興協会（会長＝三田勝茂氏）と連名で、「派遣から請負へ脱皮するためメーカーと協力しながら体質変換をめざす」という内容の宣誓書を、通産大臣あてに提出した。
㊿　『日経産業新聞』1986年7月4日、『日経流通新聞』1986年7月21日。
(51)　「35歳定年説」はかつてはソフトウェア産業の技術者に関して俗にいわれていた。それが派遣法施行以降の女子派遣労働者の増加の中で、派遣先企業がなるべく若い女性

を派遣するように要求することが多く、35歳になると仕事の紹介が少なくなる現象を、「35歳定年説」というようになった。
㊷　派遣労働者の女性の実態については、志賀［1998］、中野［1999］、矢野経済研究所［1989］参照。
㊸　1985年以降の女子労働力の階層化を指摘したものは、大沢［1992］、伍賀［1997］、熊沢［1997］、上林［1999］などがある。

## 〔参考・引用文献〕

伊丹敬之・松永有介，1985，「中間労働市場論」『日本労働協会雑誌』1985年5月，No.312。
稲上毅，1989，『転換期の労働世界』有信堂。
氏原正治郎・高梨昌，1971，『日本労働市場分析』東京大学出版会。
大沢真理，1992，「産業構造の再編と『雇用の女性化』―1973〜85年」栗田健編『現代日本の労使関係』労働科学研究所出版部。
大森真紀，1995，「女性ホワイトカラーの現状と問題点」『現代日本のホワイトカラー［社会政策学会年報No.39］』。
小倉一哉，1999，「日本における非典型雇用の変化」『日欧シンポジウム：雇用形態の多様化と労働市場の変容』社会経済生産性本部。
加藤孝，1985，『構造変動期の雇用政策　第5次雇用対策基本計画の策定と展開』労務行政研究所。
加藤佑治，1980，『現代日本における不安定就業労働者』お茶の水書房。
加藤佑治・内山昂監修，労働運動総合研究所編，1998，『規制緩和と雇用・失業問題』新日本出版。
関東経営者協会人事・賃金委員会，1987，『雇用形態の多様化とこれからの雇用管理の方向』日本経営者団連盟広報部。
上林千恵子，1999，「多様化する就業形態」稲上毅・川喜多喬編『講座社会学6　労働』東京大学出版会。
熊沢誠，1997，「労働内容の性別分離をめぐって」『女性労働研究』1997.1, Vol.31。
久米郁男，1998，『日本型労使関係の成功』有斐閣。
―――，2000，「労働政策過程の成熟と変容」『日本労働研究雑誌』2000年1月，No.475。
倉田良樹，2000，「英国雇用関係法（1999）の成立とその背景：組合承認制度を中心に」労働省国際労働課『海外労働情勢月報』第505号。
伍賀一道，1988，『現代資本主義と不安定就業問題』お茶の水書房。
―――，1997，「『新・日本的経営』下の雇用の弾力化と女性労働」『女性労働研究』Vol.32。
―――，1999，『雇用の弾力化と労働者派遣・職業紹介事業』大月書店。
―――，2000，「非正規雇用―派遣労働を中心に」『大原社会問題研究所雑誌』2000年8月，No.501。
小林良暢，1986，「情報サービス業における労働者派遣の実態と課題」『季刊労働法』1986年夏季号，No.140。
雇用職業総合研究所，1986，『人材派遣業（事務処理）の女子労働者の仕事と生活に関す

る調査研究報告書』雇用職業総合研究所。
佐口和郎，1992，「『雇用問題』の転換―70年代における構図」栗田健編『現代日本の労使関係』労働科学研究所出版部。
佐藤博樹，1998，「非典型的労働の実態」『日本労働研究雑誌』1998年12月，No.462。
参議院事務局，1985，「第102回国会参議院社会労働委員会会議録」20, 22, 23, 25号。
参議院社会労働委員会調査室，1985，「参議院社会労働委員会審議要録」。
志賀寛子，1998，「都市銀行の働く女性」藤井治枝・渡辺峻編著『日本企業の働く女性たち』ミネルヴァ書房。
島田陽一，1999，「日本の非典型雇用の法政策」『日欧シンポジウム：雇用形態の多様化と労働市場の変容』社会経済生産性本部。
社団法人日本人材派遣協会，1998，『日本における人材派遣業の歩み―協会設立10周年を迎えて―』社団法人日本人材派遣協会。
ジョン・アップルガス（川喜多喬訳），1985，『ワーキング・フリー』有斐閣。
新川敏光，1989，「デュアリズムと現代日本の政治経済」『レヴァイアサン』5号。
人材派遣業研究会，1985，「業務処理請負事業の実態に関する統計的調査結果の概要」。
菅野和夫，2000，『労働法 第五版』弘文堂。
鈴木宏昌，1999，「非典型雇用の日欧比較」『日欧シンポジウム：雇用形態の多様化と労働市場の変容』社会経済生産性本部。
諏訪康雄，1999，「労働市場と法」『季刊労働法』190・191合併号。
高梨昌，1979，「雇用政策と失業問題を問う」『エコノミスト』1979年2月6日号。
―――，1980a，「インタビュー 職安法の抜本的見直しを提言して」『職業安定広報』労働省職業安定局編，1980年4月21日。
―――，1980b，「『不安定雇用労働者』問題」『日本労働協会雑誌』1980年6月，No.225。
―――，1982，『転換期の雇用政策』東洋経済新報社。
―――，1985，「人材派遣業の立法化構想―とりまとめにいたる経緯と争点」『ジュリスト』1985年3月1日号，No.831。
―――，1989，『新たな雇用政策の展開：昭和50年代の雇用政策』労務行政研究所。
―――，1999a，「派遣法改正の論点」『季刊労働者の権利』1999年1月，Vol.228。
―――，1999b，『雇用政策見直しの視点―安易な規制の緩和・撤廃論を拝す』労務行政研究所。
―――，2001，『詳解 労働者派遣法』日本労働研究機構。
武石恵美子，1986，「人材派遣業（事務処理）の女子労働者の仕事と生活に関する調査」『雇用職業研究』No.26，雇用促進事業団。
中央職業安定審議会，1984，「労働者派遣事業小委員会報告」11月17日。
辻中豊，1987，「労働界の再編と86年体制の意味―労組・自民・政府3者関係 1975〜1987―」『レヴァイアサン』1号。
津田眞澂，1987，「新二重構造時代は到来するか」『日本労働協会雑誌』No.331。
戸木田嘉久・三好正巳編，1997，『規制緩和と労働・生活』法律文化社。
長井偉訓，1990，「情報サービス産業における偽装的請負の展開と中間搾取問題」静岡大

　　　　学『法経研究』第39巻。
長井偉訓, 1996,「情報サービス産業における『90年代不況』とソフトウェア技術者の雇用問題」『愛媛経済論集』第15巻第2号。
────, 1997,「労働市場の弾力化戦略と日本的労使関係」『日本労働社会学会年報』8号。
仲野(菊地)組子, 2000,『アメリカの非正規雇用』桜井書店。
中野麻美, 1999,「派遣労働の実態と派遣法『改正』の課題」『季刊労働者の権利』1999年1月, Vol.228。
ニジェール・ギルバートほか編(丸山恵也監訳), 1996,『フォーディズムとフレキシビリティ─イギリスの検証』新評社。
西野史子, 2001,「派遣法制定過程に見る80年代の労働政策の変化とその影響」一橋大学大学院社会学研究科修士論文。
仁田道夫, 1999,「雇用政策の回顧と展望」『日本労働研究雑誌』1999年1月, No.463。
日本経営者団体連盟, 1995,「新時代の『日本的経営』」。
日本労働研究機構, 2000,『調査研究報告書No.132　労働力の非正規社員化、外部化の構造とメカニズム』日本労働研究機構。
派遣事業研究会, 1989,「一般労働者派遣事業の就業実態調査結果(派遣という新しい働き方に関する実態と要望に関する調査)」。
法政大学大原社会問題研究所, 1985,『日本労働年鑑　第55集』労働旬報社。
堀江孝司, 2002,「女性の就労をめぐる政策と政治─フレキシビリゼーション・平等・再生産─」一橋大学大学院社会学研究科博士論文。
矢野経済研究所, 1989,『急成長する人材派遣業の現状と展望』矢野経済研究所。
連合総合生活開発研究所, 2001,『労働組合の未来をさぐる』。
労働者派遣事業問題調査会, 1984,「労働者派遣事業問題調査会報告書」2月15日。
労働省職業安定局, 1984,「業務処理請負事業における派遣的労働の実態(職業別労働力実態調査結果)」。
労働省職業安定局民間需給調整事業室編, 1999,『平成10年度版　図表 労働者派遣事業』雇用問題研究会出版。
労働大臣官房政策調査部編, 2000,『平成11年就業形態の多様化に関する総合実態調査報告』大蔵省印刷局。
脇田滋, 1995,『労働法の規制緩和と公正雇用保障─労働者派遣法運用の総括と課題─』法律文化社。
渡辺勇策, 1985,「情報処理産業の現状と法制化への意見」『ジュリスト』1985年3月1日号, No.831。
Atkinson, J., 1985, "The Changing Corporation", Clutterbuck, D. (eds.), *New Patterns of Work*, Aldershot: Gower.
Barker, K. and Christensen, K. (eds.), 1998, *Contingent Work*, Cornell University.
Esping-Andersen, G., 1999, *Social Foundations of Postindustrial Economies*, Oxford University Press (渡辺雅男・渡辺景子訳, 2000,『ポスト工業経済の社会的基礎

市場・福祉国家・家族の政治経済学』桜井書店).
Esping-Andersen, G. and Regini, M. (eds.), 2000, *Why Deregulate Labour Market?*, Oxford University Press.
Gonos, G., 1998, "The Interaction between Market Incentives and Government Actions", Barker, K. and Christensen, K. (eds.), 1998, *Contingent Work*, Cornell University.
Osterman, P., 1999, *Securing Prosperity*, A Century Foundation Book Princeton University Press.
Visser, J. and Hemerick, A., 1997, *A Dutch Miracle*, Amsterdam University Press.

投稿論文

⟨Abstract⟩

## The Interaction between Labour Market and Labour Policy
—— The Case of Temporary Work Law ——

Fumiko Nishino

(Graduate Student, Hitotsubashi University)

The main aim of this article is to discuss the role of labour policy in causing the rapid increase in the number of temporary jobs focusing on the Temporary Work Law (1985) in Japan: the formal name is Law for Securing the Proper Operation of Worker Dispatching Undertakings and Improved Working Conditions for Dispatched Workers. It particularly attempts to answer three questions: why and how was it legislated?, and what kind of impact has it had on the labour market of our time?

The conclusions are as follows: First, the paradigm of labour policy has changed since the 1980's, under the influence of economic change, the free-work theory and new labour market theory. Some of the policy targets, including the promotion of external labour market and temporary work, were pursued in the middle of the 1980's.

Second, although almost all foregoing studies sounded rather simple, the process of legislating the Temporary Work Law was actually complicated. The initiative was neither taken solely by the bureaucrat nor by the business interest. In the first place, interested groups demanded legislation of the Law for the protection of temporary workers, and then business groups checked the process. So, the Temporary Work Law became patchy in the end.

Third, the labour market for temporary job has fexpanded considerably since legislation. However, the Ministry of Labour missed the policy targets. Because the job market for professionals was not developed properly and most temporary workers were still young, female and non-professional.

# 出稼ぎから通勤へ

―― 新潟県越路町の酒造出稼ぎの変化 ――

伊賀　光屋
(新潟大学)

## はじめに

　わが国の高度成長後の出稼ぎの動向については、①その送出地をみると、東の岩手、青森、秋田、北海道、西の沖縄の比重が一層高まり縁辺化が進んでいること、②通年の出稼ぎ専業者の比重が高まり、兼業農民の出稼ぎが減少していることが明らかにされている(渡辺・羽田編、1977, 1987；渡辺編、1992)。また、兼業農家の動向については、①高度成長期に専業農家がほぼ消滅し、高度成長前半には第一種兼業農家、後半以降には第二種兼業農家が増加したこと、②兼業種別にみると、自営業は一貫して減少、出稼ぎ、および人夫・日雇いは昭和40年代にピークをむかえた後、減少に転じ、恒常的勤務は一貫して増加していることが明らかにされている(田代、1984)。

　本稿では、戦前に日本の最大の出稼ぎ者移出県であった新潟県において、現在でも残っている出稼ぎの最大業種である酒造出稼ぎに焦点を当てて、雇い入れ先の酒造メーカー側の要因(装置産業化)と、送出元の母村側の要因(農村工業化)とを考慮して酒造労働者の「出稼ぎから通勤へ」の変化を説明したい。

## 1. 新潟県の出稼ぎの歴史的動向

　中央職業紹介事務局「大正十四年　出稼者調査」(昭和2年)によると、大正14年の道府県(東京府をのぞく)における他管外への出稼ぎ者総数は78万5,376人(うち男45万4,066人、女33万1,310人)であるが、そのうち新潟県は15万5,145人で、二番目の島根県の3万9,233人を大きく引き離して一番であった。また、中央職業紹介事務局「昭和三年中に於ける道府縣外出稼者に關する調査概要」(昭和5年)に

よると昭和3年の全国道府県外出稼ぎ者の総数は90万5,824人であるが、新潟県はやはり11万8,382人と二番の鹿児島県の4万8,132人を大きく引き離して一番であった。こうした傾向は、中央職業紹介事務局のその後の調査報告書でも続き、昭和5年には9万2,092人、昭和7年には4万2,615人でいずれも一位をキープしていた。中央職業紹介事務局の調査は遺漏も多かったと思われる。新潟県統計書によると、明治42年には9万1,879人であったものが大正4年頃から急増し昭和2年に最大の19万6,223人に達し、以後減少して昭和15年には13万7,507人になる。これは中央職業紹介事務局の数値をいずれの年度においても上回っている。新潟県の戦前の出稼ぎ者数はほぼ13万〜20万人であったとみてよいであろう。他府県でも遺漏が少なからずあったと思われるが、新潟県は西の鹿児島県や広島県とならんで戦前の代表的な出稼ぎ県であったといえよう。

　業種別にみると若年女子は製糸、紡績、機業への出稼ぎ、成年男子は北海道・樺太への漁労出稼ぎ、北海道・福島への農耕出稼ぎ、福島・栃木などへの酒造出稼ぎなどが特に多かった。これらはいずれも季節出稼ぎであり、この他に通年・半代出稼ぎをも含めて考えると、東京を中心とした関東圏へ、米搗き、湯屋男、板前、床屋、土方日雇い、女中など多くの新潟県人が出稼ぎに出ていた。この時期の出稼ぎ者は年季出稼ぎが農漁家の結婚前の女子で、半代出稼ぎが次三男やオジ中心で、季節出稼ぎが世帯主及び跡取りであったといえよう（伊賀，1983）。

　戦後は昭和30年代後半から、高度経済成長の影響で、製造業部門への出稼ぎ者の増加を背景として、出稼ぎ者数の増加がみられ、農林業センサスでは昭和40年に4万3,175人、公共職業安定所の斡旋数では昭和43年に2万6,103人とピークに達した（ただし、戦後の出稼ぎ統計には年季出稼ぎや半代出稼ぎは含まれないので、数値は大幅に減少している）（新潟県商工労働部職業安定課，1982）。

　当時、新潟県の農家は直系家族制を基本として、「米単作経営＋兼業」という家族戦略（Moch et al., 1987）を標準的に採用していた（臼井，1985）。高度成長期までに傍系成員の排出はほぼ終わり、出稼ぎ者を含めた兼業者はもっぱら世帯主夫婦や跡取り夫婦の中から出るようになる。そして、親の世代は主に出稼ぎ・日雇い兼業を、跡取り世代は恒常的勤務兼業をするようになった（伊賀，1994）。

　昭和40年代後半からは、農村地域への企業立地と交通網の整備による通勤圏の拡大などから、若年層を中心とした地元就労の機会が増え通勤兼業者が増えて

いった。一方、出稼ぎは季節雇用で不安定である上、従来の出稼ぎ者の高齢化が進み、漸次減少していった。

　昭和46年の農村地域工業導入促進法に基づき、新潟県内では県策定も含め平成5年度までに81市町村で農村地域工業等導入実施計画が策定され、平成6年3月31日現在で、76市町村で146地区の農工地区（工業団地）が計画実施されている。導入企業は739企業で、操業中の企業は649企業である。そして、34,499人の雇用が確保され、うち地元雇用が27,955人、農家からの雇用が11,170人に及んでいる（新潟県商工労働部産業立地課, 1995）。

　団地進出企業のうち、新潟県内企業は567社に達している。これに対して県外企業は172社で、県外企業率は23.3％であり、東京都からの進出企業は86社（11.6％）にすぎない。そして大半が同一市町村および近隣市町村からの進出である。つまり、地元企業のスプロール化が行われたことになる。しかし、農家にとっては、その効果はあったといってよく、通勤可能な企業が出稼ぎ地帯に生まれていった。このことは、「農村地域工業等導入基本方針策定等調査」にもあらわれている。農工制度に基づく工業導入が、人口の定住や若年層の定住に効果があったかとの問いに、かなりあるとした市町村は1割前後にすぎなかったが、出稼ぎ、日雇い等の不安定就業が減少したかとの問いには約65％の市町村で減少していると答えている。つまり、地元新規学卒者の就労定住にはあまり効果はみられないものの、兼業者の季節出稼ぎや日雇いから通勤の常用への転化、第一兼から第二兼への転化を進める効果があったと考えられる（新潟県商工労働部, 1996）。

　高度成長前半期には、出稼ぎ・日雇い兼業による第一種兼業農家の増加と恒常的賃労働者兼業による第二種兼業農家の増加とが平行して進み、高度成長後半期には、出稼ぎ・日雇いの減少および停滞による一兼の減少、恒常的勤務の急増による二兼の急増がみられた。低成長期には、ほぼ恒常的勤務の二兼（土地持ち労働者層）が、新潟県の農家を代表しているといっても過言ではなくなってきている。このように、戦後高度成長期までの新潟県の米作農家の平均的姿であった、第一種兼業農家が消滅しつつあるのと平行して、出稼ぎも新潟県から消滅しようとしている。出稼ぎ者数は安定所紹介件数では昭和58年に、市町村推計では61年に1万人を下回り、平成7年度は安定所紹介件数で2,406人、市町村推計で3,120人へと激減している（新潟県商工労働部職業安定課, 1996; 渡辺・羽田編, 1987）。

投稿論文

　平成7年度の出稼ぎ者の業種別構成を10年前の昭和60年と比較してみると、建設業が2,304人(27.1%)から452人(18.8%)へと実数で約5分の1に、食品製造業が578人(6.8%)から177人(7.4%)へと実数で約3分の1に、輸送機械製造業が1,109人(13.0%)から40人(1.7%)へと実数で約28分の1にと大きく減少し、構成比で減少または停滞する中で、酒造業は2,546人(29.9%)から1,326人(55.1%)へと実数で半減したものの構成比では大きく増加し、現在では唯一残っている出稼ぎ業種といっても過言ではない[1]。そして、この酒造出稼ぎにも常用通勤工化の波が押し寄せている。そこで、本稿では戦前から新潟県を代表する出稼ぎ業種であり、今日も残っている酒造出稼ぎの通勤工化の動向を詳しくみてみたい。

## 2. 酒造労働の変遷：季節出稼ぎとしての酒男から通勤常用労働者としての酒造工へ

　まず、酒造工程の変遷とそれに伴う酒造労働の変化を、おもに新潟県の蔵を念頭に置いて述べてみよう。

　明治末から昭和30年代までの時期は、精米機精米－手足による洗米－釜による蒸米（ジョウマイ）－筵の上での自然放冷－タメオケによる人力搬送－箱麹による製麹（セイギク）－山廃もと－三段仕込みの冬季醸造－槽による圧搾などの工程を経て清酒が作られていた。

　精米機は大正8年に作られた竪型研削式精米機が普及し出した。それ以前は碓屋といわれる精米業者が米搗きの出稼ぎ者を雇い精米を受託していた。精米機が蔵に入ると搗き屋(精米係)が三交代で昼夜精米をするようになっていった。

　洗米は洗い場で二斗ほどの桶に米を入れ足や手で水洗いした。これは働きの若衆が担当した。洗米後、水に浸漬し吸水させる。

　蒸米は仕込みを朝飯前に行うために、朝の4時頃から行われた。釜屋が前日に釜に水を張り、その上に甑をのせ、洗米した米を入れておく。米は、麹米、もと米、掛け米で品種が異なるが、その順に麻布で仕切りをして重ねておく。当日、朝3時頃釜屋は起きて、釜に火を入れ、蒸気があがってから50分程度蒸す。蒸し上がった米は、捻り餅といって、釜屋が竹の表面で擦り潰して餅にしたものを杜氏が食べて蒸かし具合をみて、良しとした場合は、釜屋が半役の上にタメオケを置き、順次蒸米を掻い出し、それを働きらが運び出し、筵や布の上に広げて手で攪

拌して冷ました。
　そして、放冷された米は、麹用は麹室に引き込む。もと用は酒母室の仕込み樽に搬入する。また、掛け米用は醪の仕込み蔵に運び仕込み樽に運び入れる。これらはみな働きの若衆の仕事であった。
　製麹は、摂氏35度位に冷ました蒸し米を麹室の台の上に広げて堆積し、種麹(モヤシ)を散布し、床揉みといって手の平の土手ですり混ぜる。それを堆積した後、しばらくしてから切返しといってボール大に固まってきた米の塊をほぐしていく。そして、深夜の作業時間に蓋といわれる箱の上に1.5kg位ずつ盛り、棚に積んでいく。麹がハゼ込みを始めると温度が上がるので、蓋を上下に積み替える。明け方にまた仲仕事といって、ハゼ込みが均等になるように手でほぐして積み替える。その後また次の日の深夜に同じ作業をして、2昼夜経った朝に出麹といって、醪仕込みのために搬出する。つまり、今日仕込む醪のための麹は2日前に引き込んで製麹したものを使うことになる。製麹は麹屋と呼ばれる三役の一人の指揮で行う。
　もと造りは、山廃仕込みで行われていた。山廃仕込みは生もとのもと擦り作業(山卸作業)を簡略化したもので、明治42年に考案され順次普及していったものである。これは、もと仕込みの2時間ほど前に麹と水を混ぜて水麹を造っておく。仕込みはそれに蒸米を加え、棒で攪拌する荒櫂(アラガイ)の作業を行い、その後、もと擦りといって三人で櫂を用いて蒸米や麹米を擦り潰す。その後、打瀬(ウタセ)といって麹の活動を促進させる。この櫂入れは2時間おきに3回行う。仕込みの時の品温は12～13度である。仕込み7日後ころ、品温が5度位になったら、暖気樽(ダキダル)を用いて、品温を高めていく。桶の中では硝酸還元菌が亜硝酸を生成し、その環境のもとで乳酸菌が増殖し他の菌を死滅させ、乳酸菌自体も自分の生成した乳酸の濃度が上がって死滅する。その状態のところに酵母を入れる。酵母は乳酸に強くどんどん増殖して、1cc当たり1億個にも増える。こうして、もとは膨れて湧溢する。12～13日頃にもと分けして、20日頃に醪仕込みに用いる。だから、ある日に仕込む醪に用いる酒母(もと)はその20日前に仕込んであったことになる。もとは三役の一人であるもと屋が担当した。
　醪仕込みは、冬季間に限る寒仕込みであった。これは、厳冬期には雑菌の繁殖が押さえられ腐造を防ぐことができたからである。仕込み法は三段仕込みが一般

的であった。これは、すでに室町末期に南都諸白で行われていたもので、元禄期には灘で改良され現在の初添（添）－踊り－仲添（仲）－留添（留）が完成していた。初添は、仕込み総量の約7％に当たるもとを入れておいた仕込み樽に仕込み総量の約15％の麹と掛け米と水を入れる。もとの量と初添の麹＋掛け米の量と水の量はそれぞれほぼ等量であり、品量はもとの三倍になる。仕込み樽にそれらを入れたら櫂で掛け米や麹米をほぐすように攪拌する。翌日は踊りといってその樽は作業をせず、酵母の発酵を促進する。3日目に仲添といって、初添の麹米＋掛け米量の倍量、すなわち仕込み総量の28％の麹米＋掛け米と水を加える。さらに4日目には仲添の倍量、すなわち仕込み総量の50％の麹米＋掛け米と水を加える。以後、20～22日後に、醪は完成する。この間留めの4日後位に高泡といって、仕込み樽から溢れるくらいに発酵が盛んになる。この泡消し作業のため交代で深夜に起きなければならなかった。

　できあがった醪は、槽長（センドウ）が指揮をして、麻袋に醪3升位ずつ入れて木の槽に重ね入れ重石をして絞り出した。亀口から出た酒の澱を除去し濾過して清酒ができあがる。貯蔵タンクに入れる前に蛇管を釜の中に入れ、約60度の湯の中を間接的に通して殺菌した。

　このように、昭和30年代までの酒造りは、おもに道具を用い、若年労働力を多用し、深夜作業も省けない労働であった。昭和40年頃から、農家の跡取り層の流出が始まる中で、それまで蔵人のリクルートを一手に任されていた杜氏が村の若衆を連れて蔵に入ることが不可能になっていった。そうした中で、蔵の機械化が始まっていった。

　機械の開発を全国レベルでみると次のようであった。洗米機は大正年間に発明されていたが、昭和30年に新型が開発された。連続蒸米機は横型が昭和37年、竪型が39年に開発された。連続蒸米放冷機は昭和32年に開発された。製麹機は明治末に開発されるも普及せず、昭和30年に新型が大手に普及しだした。ホーロータンクは大正15年に出現した。濾圧式連続醪圧搾機は昭和43年に完成した。熱交換プレート殺菌装置は昭和40年にできた。そして、掛け米、麹米の空気圧送装置は昭和33年に開発された。

　新潟県の蔵への機械の普及をみると、昭和30年代後半から放冷機、麹切り返し機、が導入された。ついで、昭和40年代後半から、自動圧送装置、冷房装置、自動

絞り機、自動瓶詰め機が普及し出した。昭和50年代後半からは自動蒸米機、自動製麹装置、が普及し出した。そして、60年代に入ると。大手ではコンピューター制御のコンティニュアス・フロー・システムの蔵が出現している。

大手蔵ではもはや出稼ぎがみられず従業員は完全に常用通勤工化している。一方、中小蔵では、出稼ぎ者が通勤工と混在している。そこでこうした蔵の機械化とそれに伴う労働の変化についてふれてみたい。現在の中小蔵の標準的な工程を持っているN社の場合(伊賀, 1997)をみると、

自動精米機による精米－自動洗米機による洗米－従来釜による蒸米－放冷機による放冷－空気圧送装置による原料搬送－自動製麹装置による製麹－速醸もと－主力品の本醸造による醪製造－自動絞り機による圧搾

といった流れになっている。中小蔵では、自動精米機や自動製麹装置がある蔵はそれほど多くなく、精米は業者委託、製麹は従来の箱麹をする蔵の方がまだ多い。また、もと造りは大正6年に開発された速醸もとが、新潟では戦後に山廃もとに代わって普及し出し、現在も多くの蔵で行われている。速醸もとは、水麹に乳酸を加え、そこに直ちに酵母を入れておく。しばらくして、麹米、掛け米を加え攪拌して7日間位で仕込み終える方法である。この際、麹米や掛け米の温度を下げずに、最初から40〜50度で仕込む高温糖化法というやり方もある。

こうした工程の変化により、まず蒸米が午前9時頃から、そして醪の仕込みが午前10時頃からとなり、朝飯前の仕事が大幅に減った。また、自動絞り機や自動製麹装置の導入で午後5時以降の労働も大幅に減少した。こうして、中小蔵でも交代の泊まり込み要員を置けば8:00〜17:00の8時間労働が可能となってきている。

この中で、出稼ぎ労働にもっとも大きな影響を与えた機械化は、まず、昭和40年代以降に登場した泡消し機、自動製麹装置、自動絞り機の三つである。これらは、酒造りから深夜労働を除去する効果があった。もちろんこれらの導入によって完全に深夜作業がなくなるわけではないが見回り程度の軽微なものになっていった。

今一つは、洗米機、自動圧送装置、自動瓶詰め機の導入により、出稼ぎの働き(若衆)が大幅に不要になったということである。これらの機械の導入によって、蔵周辺の地元採用のオカアチャン達によって、瓶詰め、ラベル貼り、出荷準備な

どの作業が行われるようになった。

そのために、従来の蔵人は杜氏が統率する釜屋、麹屋、酛係り、二番、もと屋、頭に若干の働きが加わるだけになり、瓶詰めなどの作業を担当する部門の労働者は杜氏の統率下から脱した。こうして、蔵人の高齢化は加速されていった。

また、これとともに、杜氏や蔵人の不足から廃業に追い込まれる蔵が続出し、蔵は装置化や酒造技能の内部化をはかり、出稼ぎに頼らず常用工の採用を進めている。こうして、年間雇用の従業員による四季醸造が大手を中心に進んできている。

## 3. 新潟県の蔵の現状：四季醸造化と装置産業化

そこで、この点を、新潟県の蔵を中心に詳しくみてみよう。

平成7年10月に県内105メーカーすべてに従業員と生産設備に関する調査票を配り、うち36社(有効票34票)から回答を得た。以下の分析はその結果に基づいている。

まず、酒造メーカーをいくつかの類型に分けてみよう。

日本酒造組合中央会は昭和40年代初頭の「清酒製造業の経営合理化及び企業近代化等恒久的企業対策に関する調査研究」や浅羽二郎の類型(近藤編, 1967)を参考として新潟県の酒造メーカーを生産量から、次の五つのクラスに分類した。

 特A；2000kl以上
  A；1500kl以上、2000kl未満
  B；700kl以上、1500kl未満
  C；100kl以上、700kl未満

表1 新潟県酒造メーカー・タイプ別出荷額

( )内%

|  | 40億以上 | 15～39億 | 7～14億 | 1～6億 | 1億以下 | 不明 | 合計 |
|---|---|---|---|---|---|---|---|
| 特A | 3(100.0) |  |  |  |  |  | 3(100.0) |
| A |  | 2(66.7) | 1(33.3) |  |  |  | 3(100.0) |
| B |  |  | 4(50.0) | 1(12.5) | 1(12.5) | 2(25.0) | 8(100.0) |
| C |  |  |  | 14(93.3) |  | 1(6.7) | 15(100.0) |
| D |  |  |  | 1(33.3) |  | 2(66.7) | 3(100.0) |
| 不明 |  |  |  |  |  | 2(100.0) | 2(100.0) |
| 合計 | 3(8.8) | 2(5.9) | 5(14.7) | 16(47.1) | 3(8.8) | 5(14.7) | 34(100.0) |

D；100kl未満

この分類に基づき、各クラスのメーカーの企業的特徴をみてみたい。

**表1**は生産数量別の出荷額を示している。これより、生産数量と出荷額はほぼ相関し、100klで約1億円に相当することが分かる。これは、新潟では桶買による系列化は一部を除いてほとんどみられないためである。

**表2**は生産数量別に蔵の種類をみたものである。これから、Bクラス以上で三季、四季蔵がみられることが分かる。

**表3**は、生産数量別に装備している機械・装置類をみたものである。特Aクラスでは、すべての蔵で連続蒸米機、麹切返し機、自動製麹機、蒸米冷却装置、浄水

表2　新潟県酒造メーカー・タイプ別酒造期間

( )内%

|  | 在来蔵(10～3月) | 三・四季蔵(通年) | 合　計 |
|---|---|---|---|
| 特A | 1(33.3) | 2(66.7) | 3(100.0) |
| A | 1(33.3) | 2(66.7) | 3(100.0) |
| B | 5(62.5) | 3(37.5) | 8(100.0) |
| C | 15(100.0) | 0 | 15(100.0) |
| D | 3(100.0) | 0 | 3(100.0) |
| 不明 | 2(100.0) | 0 | 2(100.0) |
| 合　計 | 27(79.4) | 7(20.6) | 34(100.0) |

表3　新潟県酒造メーカー機械装備率

(%)

|  | 特A | A | B | C | D |
|---|---|---|---|---|---|
| 連続蒸米機 | 100.0 | 100.0 | 75.0 | 0.0 | 0.0 |
| 麹切り返し機 | 100.0 | 100.0 | 87.5 | 73.3 | 66.6 |
| 自動製麹機 | 100.0 | 66.6 | 50.0 | 46.7 | 33.3 |
| 蒸米放冷機 | 100.0 | 100.0 | 100.0 | 86.7 | 100.0 |
| 浄水機 | 100.0 | 66.7 | 75.0 | 66.7 | 33.3 |
| 空気清浄機 | 66.7 | 0.0 | 12.5 | 6.7 | 0.0 |
| 火入殺菌機 | 100.0 | 100.0 | 87.5 | 73.3 | 33.3 |
| 仕入蔵冷房装置 | 66.7 | 100.0 | 100.0 | 53.3 | 33.3 |
| ホーロータンク | 100.0 | 100.0 | 100.0 | 100.0 | 100.0 |
| ステンタンク | 66.7 | 66.7 | 62.5 | 46.7 | 100.0 |
| 水圧圧搾機 | 66.7 | 0.0 | 50.0 | 46.7 | 33.3 |
| 自動圧搾機 | 100.0 | 100.0 | 100.0 | 80.0 | 33.3 |
| 原料圧送装置 | 100.0 | 100.0 | 100.0 | 60.0 | 0.0 |
| 自動瓶詰機 | 100.0 | 100.0 | 100.0 | 73.3 | 33.3 |

器、火入殺菌機、ホーロータンク、自動圧搾機、原料自動圧送機、自動連続瓶詰機を装備している。また、Aクラスのすべての蔵で特Aクラスの装備のうち自動製麹機と浄水器を除いたすべての機械類を装備している。Bクラスでは、蒸米冷却装置、自動圧搾機、原料自動圧送機、自動連続瓶詰機をすべての蔵で装備している。Cクラス、Dクラスではホーロータンク以外の機械・装置類がすべての蔵でみられるわけではない。原料自動圧送機は「働き」の労働をかなり軽減するし、バッチ生産から連続生産への第一歩を示す装置であるので、特A、A、BとC、Dとの間に装置産業化の点からみた懸隔が存在する。また、自動製麹装置の導入は伝統的な杜氏の技術が一部機械に代替されることを意味するので特AとAの間には在来技術からの脱却の点で懸隔が存在するといえる。要するに、技術の点からみると、特AとA、BとC、Dの三つのクラスに分けるのが妥当である。C、Dは在来の製法を伝統的な杜氏集団に委ねるのに適合的な機械・装置類を装備しており、一方特Aは近代装置産業的製法を技術者集団に委ねるのに適合的な機械・装置類を装備している。A、Bはその中間段階にあるといえる。

　以上の、生産数量別の分析から、現在の新潟県の清酒醸造業の企業類型は次の三つからなるといえよう。

　　Ⅰ　トップクラスのメーカー；

　特Aがこれに当たり、TVなどで広告し、大手卸を通じて全国的に製品を流通させている。蔵の装置化が進み、四季醸造へ移行している。従来の出稼ぎ型蔵人に代わり、社員化した通年雇用、通勤型の酒造労働者が、社内に蓄積された技術により陶冶されている。自動製麹機の導入により杜氏の技術から技師の技術への移行が進もうとしている。蔵人は杜氏をはじめ、頭、麹屋、もと屋、釜屋、二番、槽頭の役人がフルメンバーで揃っており、県内最大メーカーの朝日酒造をはじめ数社では蔵が二つあるので、杜氏をはじめ役人が二セット存在する。また、これらのメーカーでは働きの数も多く、蔵人（社員）は20～30人いる。また、一般酒造工の中に一級技能士資格を持つ者がかなりいる。

　　Ⅱ　中堅クラスのメーカー；

　A、Bクラスのメーカーがこれに当たる。県内に広く流通する製品を造っている。地方版のコマーシャルに力を入れ、県酒販などを通して販売する。原料圧送装置、自動連続瓶詰機を基本に、働きの省力化が進んでいる。その他、連続蒸米

機などを装備する企業も存在する。蔵は伝統的杜氏集団と通勤型酒造労働者の混成された職場となっている。杜氏をはじめ、役人がフルメンバーで存在するが働きの数が少ない。

Ⅲ　伝統的地酒メーカー；

地元市町村を中心に流通する製品を造り、蔵は在来の工法を守っている。原料自動圧送機も6割の蔵でしか装備されておらず、自動圧搾機と蒸米冷却装置の普及が進んでいる程度である。杜氏は出稼ぎ型が多く、役人層も出稼ぎ者がかなり残っている。ただし、働きは季節通勤型や臨時雇い型が中心である。杜氏はいるが、役人はフルメンバーではない。つまり、麹屋を杜氏が兼ねたり、もと屋を頭が兼ねたりして役人がⅡクラスの半分程度しかいない場合がある。しかもDクラスではさらに働きの数が極端に減ってくる。

表4は杜氏、役人(頭、麹屋、もと屋、釜屋、二番、槽頭)、働き(一般酒造工)について、メーカーの生産数量別に各雇用形態を示したものである。これから、杜氏は、小さい蔵ほど季節雇いの出稼ぎ者の比重が高く、A、B、Cクラスには通年雇用の出稼ぎ者もおり、特Aになると通年雇用(常用)の通勤者が多いことが分かる。役人になると季節雇用の出稼ぎ者の比重は杜氏よりも概して低くなり、C、

表4　企業規模別・役職別・雇用形態及び出稼ぎ・通勤の別

( )内%

|   |   | 特A | A | B | C | D | 不明 | 合　計 |
|---|---|---|---|---|---|---|---|---|
| 杜氏 | 通年雇用・通勤 | 1(33.3) | 1(33.3) | 3(30.0) | 4(23.5) | 1(25.0) | 0 | 10(26.3) |
|  | 季節雇用・通勤 | 2(66.7) | 1(33.3) | 3(30.0) | 3(17.6) | 1(25.0) | 1(100.0) | 11(28.9) |
|  | 通年雇用・出稼ぎ | 0 | 1(33.3) | 2(20.0) | 3(17.6) | 0 | 0 | 6(15.8) |
|  | 季節雇用・出稼ぎ | 0 | 0 | 2(20.0) | 7(41.2) | 2(50.0) | 0 | 11(28.9) |
|  | 小　計 | 3(100.0) | 3(100.0) | 10(100.0) | 17(100.0) | 4(100.0) | 1(100.0) | 38(100.0) |
| 役人 | 通年雇用・通勤 | 7(35.0) | 4(19.1) | 27(50.9) | 12(18.5) | 0 |  | 50(30.1) |
|  | 季節雇用・通勤 | 13(65.0) | 15(71.4) | 18(40.0) | 36(55.4) | 5(71.4) | 0 | 87(52.4) |
|  | 通年雇用・出稼ぎ | 0 | 0 | 0 | 0 | 0 | 0 | 0 |
|  | 季節雇用・出稼ぎ | 0 | 2(9.5) | 8(15.1) | 17(26.1) | 2(28.6) | 0 | 29(17.5) |
|  | 小　計 | 20(100.0) | 21(100.0) | 53(100.0) | 65(100.0) | 7(100.0) | 0 | 166(100.0) |
| 働き | 通年雇用・通勤 | 6(21.4) | 13(39.4) | 41(63.1) | 30(49.2) | 0 | 0 | 90(44.1) |
|  | 季節雇用・通勤 | 22(78.6) | 20(60.6) | 21(32.3) | 31(50.8) | 14(100.0) | 3(100.0) | 111(54.4) |
|  | 通年雇用・出稼ぎ | 0 | 0 | 0 | 0 | 0 | 0 | 0 |
|  | 季節雇用・出稼ぎ | 0 | 0 | 3(4.6) | 0 | 0 | 0 | 3(1.5) |
|  | 小　計 | 28(100.0) | 33(100.0) | 65(100.0) | 61(100.0) | 14(100.0) | 3(100.0) | 204(100.0) |

Dクラスでは季節雇用の通勤者、Bクラスでは通年雇用の通勤者にとって代わられている。働きになると、季節出稼ぎ中心の蔵はなくなり、小さい蔵で季節雇用の通勤者が、大きい蔵で通年雇用の通勤者が多くなる。このように、職位の上の者ほど伝統的な杜氏集団によるリクルートの方式が残っているものの、下位の者では杜氏によるリクルートに代わって蔵の方で現地採用を進めていることが分かる。また規模の大きい蔵ほど装置化の進展に合わせて、「杜氏の技術」から「会社の技術」への転換を進めるために、蔵人の常用化(社員化)を進めている。このように、蔵の装置化に対応して、蔵人の従業員化が進んでいるといえる。

表5は、杜氏、上三役(頭、麹屋、もと屋、装置化された蔵のもろみ主任はここに含めた)、下三役(釜屋、槽頭、二番)、働きの平均年齢、勤続年数、酒造経験年数、技能士率、女子率などをみたものである。これから次のことが分かる。

杜氏は、平均年齢60.8歳、酒造経験年数39.4年、現企業勤続年数25.6年で7割の者が一級技能士であり、季節出稼ぎ者が28.9%いる。

上三役は、平均年齢52.9歳、酒造経験年数26.0年、現企業勤続年数17.7年で3割の者が一級技能士であり、季節出稼ぎ者は20%弱である。また、女子が6%いる。

下三役は、平均年齢51.5歳、酒造経験年数18.7年、現企業勤続年数12.5年で1割の者が一級技能士であり、季節出稼ぎ者の比率は14%強である。

働きは、平均年齢41.5歳、酒造経験年数13.1年、現企業勤続年数11.0年で1割の者が一級技能士であり、季節出稼ぎ者は2%弱であり、女子は3割弱いる。また表4にみられるように季節雇用通勤者が54.4%いて、季節出稼ぎ者と併せると6割弱を占める。

表5 新潟県酒造メーカー職階別従業員特性

|  | 杜氏 | 上三役 | 下三役 | 働き |
| --- | --- | --- | --- | --- |
| 平均年齢(歳) | 60.8 | 52.9 | 51.5 | 41.5 |
| 平均勤続年数(年) | 25.6 | 17.7 | 12.5 | 11.0 |
| 酒造経験年数(年) | 39.4 | 26.0 | 18.7 | 13.1 |
| 一級技能者率(%) | 70.6 | 29.3 | 11.1 | 10.6 |
| 女子率(%) | 0.0 | 6.0 | 0.0 | 28.9 |
| 通年通勤者割合(%) | 26.3 | 28.8 | 32.3 | 44.1 |
| 季節出稼ぎ者割合(%) | 28.9 | 19.2 | 14.5 | 1.5 |

このように、杜氏、三役、働きともに、伝統的出稼ぎ集団によって蔵人がリクルートされていた時代と較べると、高齢化が進み、酒造経験・勤続年数ともに長期化している。さらに、出稼ぎが減り通勤化が進んでいる。また、女子化も進んでいる。

　現在企業勤続年数の酒造経験年数に占める割合をみると、杜氏で65.0％、上三役で68.1％、下三役で66.8％、そして働きで84.0％となっている。このように、特に働き（一般酒造工を含む）で現在在職している企業以外で酒造工の経験がない、子飼いの従業員が増えていることが分かる。

### 4. 母村の変化：出稼ぎ者の村から通勤者の村へ

　こうした蔵の変化に対応して、出稼ぎの村も次第に通勤者の村へと変化しつつある。そこで、新潟県越路町飯塚を例にあげて、その実態を詳細にみてみよう。飯塚調査は酒造従事者および元従事者を対象として行った非構造的インタビュー法と各戸の家族・経営面積などの項目についての質問紙法とを併用して平成9年7〜9月に実施した。飯塚を取り上げた理由は、昭和39年に近藤康男のグループが越路町の杜氏調査を実施しており比較が可能であるためである。さて、新潟県の杜氏は古くは吉川町・三和村を中心とした頸城杜氏、柏崎市や高柳町を中心とした刈羽杜氏、越路町や寺泊町を中心とした三島杜氏の三系統に分かれ、刈羽杜氏はすでに衰退している。現在では、交通の利便性や地方労働市場の発達からみて、一方の極に出稼ぎ杜氏が中心で杜氏組織が崩れていない村（吉川町の各集落）、他方の極に通勤杜氏が中心で酒造出稼ぎ者が激減している村（寺泊町野積の各集落）がある。吉川町ではほとんどの杜氏が60歳代と比較的に若く、また付近に通勤可能な企業が少ないためや吉川高校に醸造科が存在したためなどの理由から酒男が再生産されている。野積ではほとんどの杜氏が70歳代と高齢で引退者が多く、またモータリゼーションの結果新潟市の通勤圏に入り跡取り層が酒造業以外の業種に就労するようになっていて杜氏組織そのものが崩壊過程にある。飯塚はちょうどその中間に位置しているといえる。

　表6は農林業センサス集落票からみた越路町の各地区および岩塚地区内の一集落である飯塚の農家戸数と日雇い・出稼ぎ兼業農家数、恒常的勤務兼業農家数および兼業従事者数の推移を示してある。飯塚を含めて越路町では1970年代前半に

表6　越路町地区別農家戸数、日雇・出稼ぎ兼業戸数、恒常的勤務兼業戸数および兼業従事者数

| | | 1970 | 1975 | 1980 | 1985 | 1990 | 1995 |
|---|---|---|---|---|---|---|---|
| 来迎寺 | 農家戸数 | 684 | 644 | 612 | 569 | 496 | 450 |
| | 恒常的勤務 | 339 | 445 | 456 | 462 | 431 | 384 |
| | 日雇・出稼ぎ | 286 | 130 | 88 | 39 | 33 | 14 |
| 石津 | 農家戸数 | 208 | 208 | 191 | 190 | 166 | 149 |
| | 恒常的勤務 | 86 | 129 | 129 | 142 | 135 | 133 |
| | 日雇・出稼ぎ | 97 | 64 | 50 | 30 | 145 | |
| 塚山 | 農家戸数 | 328 | 308 | 292 | 257 | 230 | 214 |
| | 恒常的勤務 | 131 | 187 | 187 | 204 | 184 | 181 |
| | 日雇・出稼ぎ | 169 | 100 | 82 | 28 | 27 | 14 |
| 千谷沢 | 農家戸数 | 97 | 81 | 68 | 58 | 54 | 47 |
| | 恒常的勤務 | 26 | 47 | 43 | 43 | 45 | 42 |
| | 日雇・出稼ぎ | 66 | 27 | 21 | 11 | 81 | |
| 岩塚 | 農家戸数 | 644 | 609 | 587 | 559 | 463 | 343 |
| | 恒常的勤務 | 226 | 352 | 366 | 421 | 360 | 275 |
| | 日雇・出稼ぎ | 337 | 170 | 149 | 66 | 51 | 27 |
| 飯塚 | 農家戸数 | 146 | 137 | 137 | 120 | 100 | |
| | 恒常的勤務 | 36 | 59 | 59 | 79 | 73 | |
| | 日雇・出稼ぎ | 89 | 51 | 45 | 27 | 11 | |
| 飯塚兼業従事者数 | | | | | | | |
| 男 | 恒常勤務 | 51 | 85 | 102 | 97 | 98 | 68 |
| | 出稼ぎ | 91 | 61 | 46 | 31 | 22 | 16 |
| | 日雇・臨時 | 17 | 20 | 24 | 20 | 8 | 6 |
| | 自営兼業 | 34 | 32 | 30 | 17 | 19 | 11 |
| 女 | 恒常勤務 | 51 | 63 | 65 | 79 | 74 | 57 |
| | 出稼ぎ | 1 | 0 | 0 | 0 | 0 | 0 |
| | 日雇・臨時 | 19 | 36 | 19 | 10 | 5 | 4 |
| | 自営兼業 | 32 | 13 | 17 | 10 | 7 | 4 |
| 越路町計 | 農家戸数 | 1,961 | 1,850 | 1,750 | 1,633 | 1,429 | 1,203 |
| | 恒常的勤務 | 808 | 1,158 | 1,181 | 1,272 | 1,155 | 1,015 |
| | 日雇・出稼ぎ | 955 | 504 | 390 | 174 | 133 | 61 |

注）兼業種別農家戸数は1995年以降集落単位の集計がなされていない。そのため飯塚の1995年データは得られない。
出所）各年度の農林業センサス集落カードおよび同新潟県統計書より。

日雇い・出稼ぎ兼業よりも恒常的勤務兼業が多くなったことが分かる。

しかし、1996年現在でも、飯塚集落は杜氏8名、副杜氏1名、頭3名、もと屋4名、麹屋2名の合計18名の酒造従事者（通勤者、出稼ぎ者併せて）を送り出す、代

表的な酒男の村である。

　まず、近藤康男の調査時点の越路町の概況からみてみよう。来迎寺地区は農業経営規模の大きな中農上層が多く最近になって酒造出稼ぎ者が増えており、岩塚地区(飯塚を含む)は耕地が少なく養蚕の普及とともに小作化も進み早くから出稼ぎが盛んであったが長岡への通勤が可能となるに連れて中農下層以下の脱農化が進んでおり、また塚ノ山地区は長岡への通勤圏の外にあるために酒造出稼ぎへの依存度が最も強いとされた。

　そして、出稼ぎ先の職場の職階制と母村の農家階層には密接な対応関係があるとした。すなわち、戦前の地主階層は早くから役場や教員の口を確保し地元での就労を可能としていた。一方、小作人は米と養蚕と出稼ぎとで生計をたてていたが、戦後農地解放とともに、中農上層から杜氏が、中農下層や貧農から働きや役人が多く出たとする。そして、こうした杜氏制度の封建的性格、蔵の劣悪な労働条件や安い給料、そして不安定な雇用（杜氏が蔵人をリクルートするので杜氏に睨まれると職を失う）さらには出稼ぎ労働の家族生活への悪い影響(子供が父親になつかないなど)から、若者が働きの募集に応じなくなっていった、というのである(近藤，1967：333-348)。

　その後、昭和40年代から村の中では比較的経営規模の大きい第一種兼業農家が杜氏を出し、経営規模の小さな第二種兼業農家では岩塚製菓やヨネックスなどの地場企業をはじめ長岡地域の企業へと常勤の通勤者を出すという階層分解が生まれていった。しかし、近年こうした姿も、一方で杜氏の高齢化や若い酒男のリクルートの不可能化により、また他方で稲作経営の変化(受委託の進展)により、大きく変わりつつある。

　変化の方向の第一は、「米単作経営＋酒造出稼ぎ」を続けていた比較的経営規模の大きい中農層が、

　①依然として「米単作経営＋酒造出稼ぎ」を続ける農家
　②受託や買い増しにより経営面積を広げ、新しい上層農あるいは「新しい担い手」として専業化や農業法人化の道を目指し、「水稲＋園芸or野菜・雑穀」の複合経営に乗り出す農家
　③田畑を委託し酒造以外の地元企業に常用労働者として通勤する土地持ち労働者

投稿論文

表7　飯塚の耕作面積別農家戸数、酒造従事者・経験者を含む戸数割合

| 耕作面積 | 戸数 | 現役酒造従事者のいる戸数割合 | | 酒造従業経験者のいる戸数割合 | |
|---|---|---|---|---|---|
| 5町以上 | 2戸 | 1(戸) | 50.0(%) | 2(戸) | 100.0(%) |
| 2〜5町 | 7 | 2 | 28.6 | 7 | 100.0 |
| 1〜2町 | 8 | 3 | 37.5 | 7 | 87.5 |
| 7反〜1町 | 13 | 4 | 30.8 | 12 | 92.3 |
| 4〜7反 | 16 | 4 | 25.0 | 11 | 68.8 |
| 4反以下 | 69 | 3 | 4.3 | 33 | 47.8 |
| 農家計 | 115 | 17 | 14.8 | 72 | 62.6 |
| 非農家 | 71 | 0 | 0.0 | 20 | 28.2 |

注)ここでの農家とは耕作地を有する家をさしているので農林業センサスと一致しない。
出所)1996年農家台帳耕作地集計表と同年の聞き取り調査に基づく。

に分解していることである。そして、現在①の農家も酒造出稼ぎ者本人が高齢化によって引退すると、子の世代は②か③に転化せざるを得ない。その際に、生産調整や「新しい担い手」の育成の行政目標からして②は少数にとどまり、大半が③となっていくことが予想される。表7は経営面積別にみた酒造従事者のいた、およびいる家の割合である。これから、酒造経験者のいた家の比率は圧倒的に農家で高く、また経営規模の大きな層で高いことが分かる。そして現在酒造従事者を出している家の比率も中・上層農で高いことが分かる。こうした「米単作経営＋酒造従業」の家で、子が恒常的勤務で農外就労すると、親の加齢とともにその家の経営面積は減少し、親の引退を契機に一気に土地持ち労働者化していく。農家台帳上耕地を所有していても、実際には経営や耕作を委託して小作料を取ったり、互助会方式で減反割り当てを一手に引き受けて補償費を取ったりする、事実上の非農家である。その一方で、子が農業を継ぐ場合、脱農していく家の圃場を借り入れ「新しい担い手」として急速に成長する農家が生まれているのである。そこで、①、②、③の事例をそれぞれ一つだけ紹介してみよう。

①の事例：酒造出稼ぎを続けている事例
　Nn家
　　N氏の経歴
　　　昭和2年1月12日生まれ。父は村で雑貨屋を兼業で営んでいた。
　　　昭和16年飯塚尋常小学校を卒業後、夏は家の手伝い、冬は出稼ぎの生活を

始めた。昭和16〜18年長野県飯田市田口政次郎商店に働きとして入蔵。

昭和19年下伊那郡の酒造家の統合により、下伊那酒造設立。同社喜久水蔵に入る。

昭和22年飯田大火で喜久水蔵が焼失し、同社八幡蔵に移る。麹屋の助手を務める。(杜氏田中慎一氏；飯塚の美乃川組の一派である喜久水組の親方)

昭和26年同社駒場蔵に麹屋として入る。(杜氏小林政司氏)

昭和29年から長生社に杜氏として入蔵し、以後42年間一貫して同社の杜氏を務める。

現在耕作面積1町3反

同居家族は本人と妻の2人。長男は高田市で勤めている。

②の事例：耕作面積を広げ専業化している事例

Na家

N氏の経歴

昭和33年6月8日生まれ。父は福井県越の華酒造、京都黄桜酒造に出稼ぎ。

昭和51年長岡農業高校卒業後黄桜入社。

昭和53年父の目の病により帰宅し、農業を継ぐ。同時に岩塚製菓に勤め土日に農業を行っていた。

昭和56年受託が増え耕作面積が7町ほどになったので、Nn氏の紹介で長岡市の和貴泉酒造に冬季間通勤し頭まで務める。

平成4年から共同経営の話がまとまり、平成6年からファーム・リンクルを設立しこれに加わる。ファーム・リンクルは昭和62年の岩塚農業興社(育苗センター)が発展したもので、N氏(代表)、M氏(水稲責任者)、T氏(園芸責任者)を役員とし、N氏母、M氏妻、T氏妻を従業員としその他に近村の主婦のパート4人を雇って、水田25町、畑10町を耕作し、その他に作業委託田5町を受託耕作している。作物は田でコシヒカリ、五百万石、コガネモチ、畑で蕎麦、甘藷、大豆、育苗ビニールハウスで百合、とう菜を栽培する複合経営である。また冬季対応として平成8年から蕎麦加工工場を始め総合生協に出している。年間販売額は平成8年度で約6,300万円である。田畑は役員分も含めてすべて会社が流動促進により借入し

ており、参加農家を募り規模拡大を目指している。

平成8年からは完全に農業専業になっている。

同居家族は本人、父、母の3人。

③の事例：土地持ち労働者化した例

Wm家

W氏の経歴

昭和16年4月27日生まれ。父は長野県長生社で杜氏をしていたが29年に死亡。昭和29年小学校卒業と同時に、埼玉県「武蔵鶴」に働きとして入蔵（杜氏吉岡行雄氏）

昭和30～32年岐阜県「兄花」酒造に働きとして入蔵。(杜氏田中政吉氏)

昭和33～43年富山県本江酒造に入蔵。(杜氏渡辺吉雄氏)釜屋、槽長、もと屋助手などを行う。

昭和44年水原白龍酒造に入蔵。(杜氏佐藤源司氏)

昭和45年結婚。妻が出稼ぎをやめてほしいといい岩塚製菓に働きに出る。妻も岩塚製菓に勤める。岩塚製菓では、二乾－紐揚げ－精米－焼き窯－條練――乾－伸し機－罅入れの順に仕事を変わった。

平成7年病気で退社。妻は現在も勤続。

現在耕地なし。

同居家族は本人、母、妻、長男、長女の5人。長男は長岡の食品会社に勤務。

変化の第二の方向は、飯塚でも酒造出稼ぎ者が通勤常用工化しているということである。**表8**は飯塚の現在の役職別出稼ぎ・通勤別酒造従業者数である。通勤者が杜氏3名、その他2名いるが、彼らはいずれも県外酒造出稼ぎの経験がある。この事例を一つあげてみよう。

表8　飯塚の出稼ぎ・通勤別酒造従事者数

|  | 杜氏 | その他酒造従事者 |
|---|---|---|
| 出稼ぎ | 6 | 7 |
| 通勤 | 3 | 2 |
| 内出稼ぎ経験者割合 | 100.0% | 100.0% |

出所）1996年の聞き取り調査に基づく。

通勤常用化した酒造従業員の例
　Ta家
　　T氏の経歴
　　　昭和5年5月2日生まれ。曾祖父は飯塚で初めて酒造出稼ぎに出た先駆者。祖父要吉も上州各地に出稼ぎに出る。父芳治は福島の斡旋屋を頼って郡山の蔵に入り、その後内藤徳次郎の配下となり、福井県、愛知県の各蔵で杜氏を歴任した大杜氏(飯塚の美乃川組の一派である田中組の親方)である。
　　　昭和20年飯塚尋常高等小学校卒業後、特年兵志願。
　　　昭和24年長岡農業高校卒業。
　　　同年長野県喜久水酒造に働きとして入蔵(杜氏田中慎一氏)。釜屋、麹屋を歴任。
　　　昭和30〜32年愛知県高松酒造に入蔵(杜氏父芳治氏)。頭を務める。
　　　昭和33〜45年福井県「若狭富士」で杜氏。
　　　昭和45年県醸造試験所伝習生になり、同年直ちに栃尾の諸橋酒造に杜氏として入る。
　　　平成3年酒の搬送中交通事故で入院。それがもとで杜氏を辞す。
　　　平成5年から現在まで脇野町中川酒造でもと屋。
　　現在耕地面積7反
　　同居家族は本人、妻、長男、同妻、孫2人、長女の7人家族。長男は越路町役場勤務。

　さて、このように酒造出稼ぎの村でも年々出稼ぎ者が減り、代わって地元の蔵や、地元の企業や役所に常用で通勤したり、はたまた農業で専業化するものが出てきている。出稼ぎを現在も続けている人々を含めて、彼らが共通してあげるその理由は、出稼ぎの辛さである。大正期－昭和初頭に生まれた現在70歳前後の人々は今でも出稼ぎを続けている。彼らが学校を卒業するころ村では、
　「家に残っていたらあの若いのどうして行かないんだろうとかさ、何が悪くて使う人がないんだろうとか色んな風評がたつ」といわれ、「この地域の風習では、長男は家を継いで農業に就き出稼ぎも当然するものと思っていた。」そして、「私

らの年代の人はこの道しか無いと思っていた」とか「小学校の時作文で早く杜氏になりたいと書いたのを覚えている」といわれる。しかし、実際に酒男として出稼ぎに出るようになると、皆が喜んで出たわけではなく、見送りの家族らと来迎寺の駅に行く道すがら次第に口数が少なくなり、汽車が駅を出た後も、3駅たっても4駅たっても誰一人口を開く者は無かったという。

　こうした家族と別れての生活を昭和世代は疑問視し始め、「半年も家族別れみたいなことをして、やっていくのは本当の暮らし方かなあ」と思い、ある者は醸造試験所の技師の力を頼り、ある者は機械化が進み通勤の従業員を求める酒屋を探し地元の蔵に通勤するようになる。その際、杜氏の職を捨てても通勤できる蔵に移った者は少なくない。

　また、戦後の教育を受けた世代になれば、積極的に地元企業の通勤の口を探すようになり、また地元企業の成長によりそれが可能になってきたので、杜氏が将来の夢ではなくなっていった。

　そして、多くの農民が第二種兼業農家となり、生産調整もあって労働力上からも機械装備上からも3反前後少しの耕地では就農がペイしなくり、委託が進むと、それらの耕地を受託して専業で農業をしうる可能性が一方で出てくる。こうして、「新しい担い手」育成の政策目標に合致する農業法人が誕生する。その経営者達は「専業で食べていける」ように「一軒ではできないが寄ればできる」との思いで、複合経営を目指し、有機農業や直播などの新しい栽培管理の方法や生協と提携しての販路拡大などにチャレンジしている。

　一方、新人に社内教育を施し、また県酒造大学校等にも出席させて杜氏達の現存するうちに彼らから技能を伝承させるように努める蔵も出てきている。こうして、出稼ぎ杜氏集団が持っていた酒造りの技能が次第に社内化されつつある。こうした動きには、蔵の主人が息子を高校や大学の醸造科に入れて後継者とする場合と若手の蔵人を通年雇用の社員として杜氏のいる間に技能伝承させる場合がある[3]。また、柏陽会とか美乃川組といった杜氏集団が自らリクルート機能を発揮した時代は終わったが、技師は相変わらず門下生を各蔵に紹介するようになっている。これも、すべての蔵が蔵人に代わる社員組織を作ればなくなっていくだろう。

　以上のように、農村工業化は出稼ぎ希望者の減少と杜氏による蔵人リクルート機能の低下とをもたらし、それに対応して蔵は装置化と雑役の現地採用とを進め

た。そして、蔵の装置化は蔵人の通年雇用を可能にし、モータリゼーションとともに杜氏や役人といった技能工ですら出稼ぎから通勤へと勤務形態を変えていった。そのため、杜氏集団の持っていた技能伝承機能も蔵に受け継がれていきつつある。

〔注〕
(1) 全国的にも酒造出稼ぎ者は減少しており、日杜連の会員数の動向をみると、杜氏は昭和48年に2,968人、昭和58年に2,245人、そして平成8年には1,504人へと、三役および一般会員は昭和48年に16,849人、昭和58年に10,042人、そして平成8年には7,028人へと減少してきている（丹治，1984；日本酒造杜氏組合連合会，1996）。また、こうした酒造出稼ぎ者の減少により、通年雇用社員化に乗り遅れた中小の酒造場では人手不足で廃業に追い込まれているところも少なくない。全国の酒造場は明治33年に14,731あったが、大正9年には9,791に減じ、戦時統制による統合のために昭和18年には3,247に激減し、昭和57年には2,772となっている（丹治，1984）。新潟県の蔵は、明治33年に561あったが、大正9年には417となり、昭和15年には285となった。また平成8年には105場となっている。
(2) 共同調査者は新潟大学教育人間科学部助教授内田健氏である。調査に協力していただいた、越路町飯塚の佐藤源司氏、田中昭氏、丸山繁氏、内藤五郎氏、佐々木梯一氏、内藤章次氏、鷲頭政男氏にここで謝意を表します。
(3) こうした対応は新潟県以外の都道府県でもみられる（中京大学商学部付属研究所，1984；伊藤，1986）また、越後杜氏が縄張りとしていた関東甲信局管内の蔵では比較的に出稼ぎ者が減っていない南部杜氏に取って代わられる動きもある。

〔参考文献〕
中京大学商学部付属研究所，1984，「三重県清酒製造業界の現状と問題点」『中小企業研究』6号，1-103頁。
伊賀光屋，1983，「方面委員による定住化活動—都市先住者と来住者」『新潟大学教育学部紀要』第25巻第1号，133-155頁。
―――――，1994，「高度成長と兼業化」間宏編『高度経済成長下の生活世界』文眞堂，123-145頁。
―――――，1997，「参与観察『蔵』—蔵人の労働と生活」『新潟大学教育学部紀要』第39巻第1号，129-147頁。
伊藤康雄，1986，「地方清酒製造業界の現状と課題—主として飛騨（岐阜）地域を中心として—」『中小企業研究』8号、96-143頁。
井森陸平，1972，『酒の社会学的研究』ミネルヴァ書房。
近藤康男編，1967，『酒造業の経済構造』東京大学出版会。
松田松男，1999，『戦後日本における酒造出稼ぎの変貌』古今書院。
松本春雄編，1961，『新潟県酒造史』新潟県酒造組合。

Moch, L.P. et al., 1987, "Family Strategy", *Histrical Methods*, 20 (3), 113-125.
中村豊次郎, 1981, 『酒造りの今昔と越後の酒男』野島出版。
新潟県商工労働部職業安定課, 1982, 『出稼労働者の現状と対策について』。
―――――――――――――, 1996, 『新潟県の出稼労働者の現状と対策』。
新潟県酒造従業員組合連合会, 1986, 『越後杜氏の足跡』。
新潟県商工労働部, 1996, 『農村地域工業等導入に関する調査検討報告書』。
新潟県商工労働部産業立地課, 1995, 『農村地域工業等導入事業進捗状況』。
日本酒造杜氏組合連合会, 1996, 『実態調査資料』。
大島清編, 1975, 『米の生産調整―日本農業への衝撃―』御茶の水書房。
桜井宏年, 1982, 『酒造業の歴史と産業組織の研究』中央公論事業出版。
田代洋一, 1984, 「日本の兼業農家問題」松浦・是永編著『先進国農業の兼業問題』農業総合研究所, 165-250頁。
丹治幹雄編, 1984, 『清酒製造業の現状と課題』大蔵財務協会。
臼井晋, 1985, 「稲単作・兼業の構造と展開」臼井編『兼業稲作からの脱却』日本経済評論社, 4-26頁。
矢野晋吾, 1996, 「酒造『出稼ぎ』労働移動の性格と村落構造―八ヶ岳南麓村における事例考察」『村落社会学研究』第3巻第1号, 33-44頁。
渡辺栄・羽田新編, 1977, 『出稼ぎ労働と農村の生活』東京大学出版会。
―――――――編, 1987, 『出稼ぎの総合的研究』東京大学出版会。
―――――――編, 1992, 『辺地における社会経済構造と出稼ぎに関する研究』。
和田照男編, 1995, 『大規模水田経営の成長と管理』東京大学出版会。

出稼ぎから通勤へ

⟨Abstract⟩

## From Migrant Worker to Commuter
―― The Changing Situation of Migrant Worker of
Sake Brewing at Koshiji-cho, Niigata ――

Mitsuya Iga
(Niigata University)

I examined the process of change from migrant worker to commuter in sake brewing. It was found that it related to the introduction of continuous flow process production at breweries and the industrialization of rural villages.

There were a great number of migrant workers in Niigata Prefecture before World War Ⅱ. But, the number of part-time farmers increased and the number of migrant workers decreased rapidly with the rural village industrialization after the 1970's. Sake brewing workers, who accounted for nearly half of migrant workers in 1995 in Niigata Prefecture, aged and decreased in number. Corresponding to this, brewing makers introduced continuous flow process production, and began to adopt brewing workers in their own districts.

The class of peasant proprietors, who cultivate rice in summer, and go out to sake brewing work in winter, differentiates into new upper farmers who farm on a large scale, and small landowner workers who do not farm and are employed in nonagricultural sectors.

Now, sake brewing workers no longer work away from the prefecture. And more and more they commute to their breweries.

日本労働社会学会年報第14号〔2003年〕

# 出稼ぎブラジル人と日本人の労働と文化変容
―― 過疎地における自動車用ワイヤーハーネス製造職場を事例として ――

浅野　慎一（神戸大学）
今井　博（神戸大学大学院生）

## 序　課題と方法

　本稿の課題は、"国内生産の限界地"といわれる過疎地で自動車用ワイヤハーネス製造に従事するブラジル人出稼ぎ者と日本人労働者の労働－生活・文化変容[1]の実態を解明し、その意義を考察することにある。

　1990年の出入国管理法改正以降、ブラジルなど南米から日系人とその配偶者の出稼ぎが急増した。現在、約23万人のブラジル人が日本で就労しているといわれる。ブラジル人の日本での最大の就労先業種は、ほぼ一貫して自動車製造業である。日本での集住・就労地域も、東海（愛知県・静岡県等）・北関東（栃木県・群馬県等）等、自動車産業の立地とほぼ一致している。しかし、1990年代後半以降、自動車産業では海外移転が本格化し、下請部品メーカーでも淘汰と海外・国内過疎地への移転が進んできた。これに伴い、ブラジル人労働者の増加率も、従来の自動車産業の集積地域よりむしろ、遠隔地・過疎地の方が高くなってきている[2]。

　従来、ブラジル人の集住地域である東海・北関東の都市部を主なフィールドとして、多数の実証研究が蓄積されてきた[3]。そこでは、ブラジル人内部の階層分解、定住化、エスニック・コミュニティの形成、エスニック・ビジネスの展開、日本人住民との共生や疎隔等、重要な知見が示されている。しかし近年、ブラジル人の増加が顕著な過疎地の実態解明は必ずしも十分ではない。過疎地の現実は、集住地域の単なる"後追い"ではない。そこには集住地域とは異なる独自の現実が展開している。また従来、同じ職場で働く日本人とブラジル人の労働－生活実態とそれに基づく社会関係・文化変容の質を、トータルな生活過程論の立場から貫通的に捉えた労働社会学的研究は、意外に少ない。本稿では、こうした点に焦点を当

てて分析・考察を試みたい。

　本稿が素材とする調査は、2001年11月、四国のある山間の過疎地に位置する自動車用ワイヤハーネス製造企業で実施した。この町の人口は毎年減少の一途を辿り、現在約1万7,000人、住民の平均年齢は49.2歳、老年人口割合は32.2％の超高齢社会である。対象企業は1990年以降、自動車メーカーの3次下請としてワイヤハーネスを製造している。この町では最大の職場の一つで、常雇約120名、パート約60名、それ以外に派遣労働者が就労している。派遣労働者は調査時点で約130人、うち約50名がブラジル人である。調査方法は、管理職への聞き取りと職場での参与観察、及び、ブラジル人（派遣）・日本人（常雇）の労働者それぞれ34名、計68名へのインテンシヴな面接聞き取りである。聞き取りは日本語で行い、質問紙は日本語とポルトガル語を併用した。

## 1. 生産工程・労働過程の特徴

　自動車用ワイヤーハーネスとは自動車の電気回路を構成する組立電線で、製品によって多様だが、幹線で約200本の電線を配線・結束した製品である。以下まず、その生産工程・労働過程の特徴をみておこう。

### (1) 生産工程と"Just in Time"

　自動車用ワイヤーハーネスの生産工程は典型的な労働集約的ラインである。約15～40分で一周する各ラインに、8～20人の作業者が配置されている。作業者は約2分の持ち時間内に、幾種類もの電線、端子、コネクター、チューブ、テープ等を、手作業で接続・結束する。ここでは徹底した動作分析に基づく効率化が図られ、また各ラインでは3～4種類の製品を同時生産するので、作業者はそれにも柔軟に対応しなければならない。いわば、極めて細分化・断片化された単純作業の複雑な組み合わせを、秒刻みで遅滞なく、1日約240回以上、反復するのである。ここでは、持続的な精神的集中力、素早くたゆみない手の動き、そして立ち続けの体力が求められる。

　元請企業からの受注量は、"Just in Time"の徹底に基づき、数週間単位で大幅に変動する。その変動幅は、ラインの加速、既存従業員の残業等で対応できる範囲を大幅に超え、作業員数の増減で対処するしかない。繁忙期には閑散期の約2.8

倍の作業員数が必要で、逆に閑散期にはそれだけの作業員を削減・解雇せざるを得ない。しかも原材料(電線・端子・コネクター・チューブ・テープ等)は元請が決めた価格で元請から供給される。そこで対象企業の経営努力の余地は加工費、特に人件費の削減にほぼ限られている。

### (2) 労働力編成

このような労働集約型の生産工程だからこそ、ワイヤーハーネス製造は人件費の安い過疎地に移転され、中高年・女性労働者によって担われてきた。しかし過疎地の労働市場は、短期間での大幅な生産変動に柔軟に対応するには限界がある。対象企業も、内職への発注、度重なるパート社員の臨時募集、事務職員の現業化等、様々な努力をしてきたが、限界に達した。そこで1996年、派遣労働者の導入に踏み切った[4]。閑散期の最低限の受注量を地元の常雇とパートで担い、繁忙期の受注には派遣で対処するという労働力編成を確立したのである[5]。

派遣労働者の導入は当初から、日本人・ブラジル人の双方で実施された。日本人の派遣労働者は、地元通勤者である。ブラジル人は、ブラジル及び日本全国から集められた。ブラジル人の調達は、もちろん日本人派遣労働者の不足を補うという一面もあった。しかしむしろ、若年層が多い日本人の派遣に比べ、ブラジル人の方が無断欠勤が少なく、頼りになると当初から考えられていた。労働集約型工程では、労働者の出勤率が決定的な意味をもつ。対象企業では当初、ブラジル人の出勤率を95％、日本人派遣のそれを80％と想定していた。なお調査時点で対象企業は4社の派遣会社から臨時工を受け入れ、うち1社がブラジル人専門の派遣会社であった。

しかし、こうしたブラジル人を含む派遣導入による対処も、すぐまた限界に達した。"Just in Time"のさらなる徹底とコストダウン攻勢、そして海外移転による国際競争の激化の中で、対象企業は廃業・閉鎖の危機に瀕していた。こうした危機感は、調査時点でも既に経営者だけでなく、一般従業員の間でもひしひしと感じられた。

### (3) 作業配置・協業

さて、日本人とブラジル人、正社員と派遣労働者は、各ラインに混在して配置

投稿論文

される[6]。従って、作業の質・量・速度にあまり差はない。また作業に関する労働者の自己裁量の余地もほとんど皆無なので、民族文化・雇用形態の差が客観的な労働過程に直接影響することも少ない。あるブラジル人は、「日本人とか外人とか関係なく、ただ言われたことだけやればいいという感じ。工夫や参加が初めから必要とされていない」と語る。作業中の会話は原則として禁止され、また実際、秒刻みの作業の中では会話する余裕もないので、作業者間の交流は希薄である。

ただし、各ラインのリーダー・トレーナーには、一定の自己裁量・判断の余地がある。リーダー・トレーナーはいずれも日本人の常雇である。リーダーは、ライン速度の調整、作業者の配置決定、作業の指導と再配分等を行う。トレーナーは、作業者に部品を供給したり、遅れた作業者に遊軍的に援助に入る。こうしたリーダー・トレーナーと一般作業者の間では、日本人・ブラジル人を問わず、労働過程で直接の交流がある。あるリーダーは、「生産量に応じて仕事を配分し、能率も上げなければならない。人が変わり、出勤人員も変わるので、全体のバランスをとるのが大変。不満や愚痴も聞き、気を使って色々考えている」と語る。また別のリーダーは、「個人の能力を考えながら、どこにどの人を配置しようかと考えて、うまくいくと楽しい。仕事ではやっぱり『自分がやった』という充実感が大事だ。今の仕事はやりがいがある」と語っている。

## 2. 基本属性、生活史、労働−生活過程

さて次に、日本人とブラジル人の労働者の基本属性、生活史、労働−生活過程の特徴をみよう(**表1・2**)。

### (1) 基本属性と生活史

まず、日本人労働者は平均42.7歳で、女性が多い。地元出身または結婚等で来住し、地元に長年在住している。学歴は高卒が多く、紡績・繊維製造等の現業労働者として平均2.2回の転職を経て、10年以上前に常雇で現職に就いている。リーダー・トレーナーも女性が多く、その属性や経歴は一般作業員とあまり差はない。

これに対し、ブラジル人は、生産量の大幅変動に対応して、派遣業者が全国またはブラジルから調達した流動的労働者である。毎年3月に受注が激減するため、雇用期間は「年度切」(1年未満)が多い。もちろん欠勤率・トラブル(交通事故・ケ

## 表1 基本属性、生活史、労働－生活過程

(人)

| | | 日本人 | ブラジル人 | | | |
|---|---|---|---|---|---|---|
| | | | 計 | カップル | 血縁 | |
| | | | | | 監督 | 他 |
| 性別 | 女性 | 29 | 16 | 11 | 2 | 1 |
| | 男性 | 5 | 18 | 11 | 3 | 3 |
| 平均年齢(歳) | | 42.7 | 26.6 | 24.3 | 29.6 | 38.3 |
| 最終学歴 | 大・専卒 | 3 | 4 | 5 | － | － |
| | 高卒 | 23 | 17 | 12 | 1 | 1 |
| | その他 | 8 | 13 | 5 | 4 | 3 |
| 平均転職回数(回) | | 2.2 | 2.8 | 3.1 | 2.8 | 1.3 |
| 平均現職年数(年) | | 10.6 | 1.2 | 0.3 | 3.1 | 1.3 |
| 職務 | リーダー | 6 | － | － | － | － |
| | トレーナー | 5 | － | － | － | － |
| | 一般作業者 | 23 | 34 | 22 | 5 | 4 |
| 月収 | 30万円以上 | 2 | 1 | － | 1 | － |
| | 20万円以上 | 4 | 11 | 10 | 1 | － |
| | 10万円以上 | 25 | 20 | 11 | 3 | 3 |
| | 10万円未満 | 1 | 2 | 1 | － | 1 |
| 労働条件 | 給料が安い | 12 | 4 | － | 1 | 1 |
| の問題 | 仕事がきつい | 15 | 13 | 9 | － | 1 |
| | 残業が多い | 8 | 1 | － | － | － |
| | 残業が少ない | 1 | 19 | 13 | 4 | 2 |
| | 差別がある | － | 9 | 5 | 3 | 1 |
| 仕事で重 | 雇用の安定 | 23 | 8 | 6 | － | 2 |
| 視する点 | 高所得 | 4 | 13 | 8 | － | 3 |
| | 仲間 | 21 | 14 | 8 | 3 | － |
| | やりがい | 10 | 13 | 8 | 2 | 3 |
| | 技術習得 | 6 | 13 | 7 | 3 | 1 |
| 経験 | 生かせる | 3 | 12 | 8 | 1 | 3 |
| | あまり生かせない | 14 | 19 | 14 | 2 | 1 |
| | 全く生かせない | 15 | 1 | － | 1 | － |
| 生活上の | 経済的に苦しい | 11 | 5 | 3 | － | － |
| 問題 | 子供の教育 | 10 | 1 | － | 1 | － |
| | 多忙 | 8 | 1 | 1 | － | － |
| | 言葉の不自由 | － | 17 | 13 | 2 | 1 |
| | 問題なし | 7 | 9 | 7 | － | 2 |
| 生活水準 | 高い・やや高い | － | 2 | 2 | － | － |
| | 平均的 | 23 | 22 | 16 | 3 | 2 |
| | やや低い | 9 | 8 | 4 | 1 | 2 |
| | かなり低い | 2 | 1 | － | 1 | － |
| 将来職業 | 現職 | 31 | 1 | － | 1 | － |
| 指向 | 起業 | － | 15 | 10 | 2 | 2 |
| | 専門職 | － | 6 | 5 | 1 | － |
| | 未定 | 3 | 12 | 8 | － | 2 |
| | 計 | 34 | 34 | 22 | 5 | 4 |

注)ブラジル人の転職回数・主な職歴＝来日後。生活水準＝来日前。
　労働条件の問題、仕事で重視する点、生活上の問題＝25％以上が選択した項目のみ表示。
　無回答・NA＝表示していない。
　血縁＝血縁グループ。監督＝現場監督の血縁グループ。
出所)実態調査より作成。

**表2 ブラジル人に関する基本属性等**

(人)

| | | 総数 | カップル | 血縁 監督 | 血縁 他 |
|---|---|---|---|---|---|
| 世代 | 日系2世 | 5 | 3 | 2 | ― |
| | 3世 | 21 | 13 | 3 | 3 |
| | 非日系 | 8 | 6 | ― | 1 |
| 来日前職業 | 自営 | 1 | ― | 1 | ― |
| | 販売事務 | 8 | 5 | 1 | 2 |
| | 製造 | 7 | 6 | ― | 1 |
| | 専門職 | 4 | 4 | ― | ― |
| | 学生 | 8 | 2 | 3 | ― |
| | その他・無職 | 6 | 5 | ― | 1 |
| 来日年 | 1993以前 | 8 | 4 | 2 | 1 |
| | 1994〜 | 10 | 5 | 2 | 2 |
| | 1997〜 | 6 | 6 | ― | ― |
| | 2000〜 | 10 | 7 | 1 | 1 |
| 来日回数 | 1回 | 14 | 7 | 3 | 3 |
| | 2回以上 | 20 | 15 | 2 | 1 |
| 平均滞日年数(年) | | 4.0 | 3.5 | 6.2 | 5.2 |
| 来日目的 | 住宅 | 26 | 17 | 4 | 3 |
| | 起業資金 | 22 | 14 | 4 | 2 |
| | 生活費 | 20 | 10 | 3 | 4 |
| | 日本を知る | 10 | 4 | 1 | 3 |
| | 治安経済悪化 | 18 | 12 | 2 | 2 |
| 経済生活変化 | とても豊かになった | 14 | 10 | ― | 3 |
| | やや豊かになった | 11 | 7 | 2 | ― |
| | 変わらない | 4 | 2 | 2 | ― |
| | やや苦しくなった | 3 | 2 | ― | 1 |
| 平均送金額 | 2000$以上 | 4 | 5 | ― | ― |
| | 1000$以上 | 4 | 2 | ― | 1 |
| | 1000$未満 | 14 | 9 | 1 | 2 |
| | 送金なし | 8 | 4 | 3 | ― |
| 計 | | 34 | 22 | 5 | 4 |

注)来日目的=25%以上が選択した項目のみ表示。
　　無回答・NA=表示していない。
　　血縁=血縁グループ。監督=現場監督の血縁グループ。
出所)実態調査より作成。

ンカ・恋愛問題のいざこざ)・作業能力等によって雇用期間には個人差がある。しかし大枠では当初から短期雇用が想定されている。1年以上の雇用は例外で、逆に年度途中の突然の解雇は頻繁にある。

　会社側はもともとブラジル人に「年度切」・短期雇用を想定しているので、その属性や経歴にはほとんどこだわらない。そこで、ブラジル人労働者の学歴、来日

前の職業階層、在日年数等は、いずれも極めて多様で、「小卒も大卒も、銀行マンやサッカー選手も、農民も失業者も、肩を並べて働いている」。男女も半々で、日系人だけでなく、配偶者の非日系人もいる[7]。ただ彼／彼女らは短期間で仕事に慣れる必要上、平均26.6歳と若く、日系では3世が多い。また来日後、多くが、製造・土木の不熟練労働の職場を転職してから現職場に入ってきている。平均滞日年数は約4年で、その間の転職回数は平均2.8回に及ぶ。いわばブラジル人は、日本の労働市場では、経歴・経験・属性をほとんど配慮・評価されずにシャッフルされてきているのである。

### (2) 労働条件とその受けとめ方

さて次に、労働条件とその受けとめ方をみよう。

日本人（常雇）は、月収10～20万円、普段は8時間労働である。彼女らは、「給料が安い」、「仕事がきつい」、「残業が多い」等の問題を感じている。「残業が多い」というのは、女性が多く、家事育児との両立が大変との理由もある。リーダー・トレーナーで「仕事がきつい」のは、工程全体や人間関係を管理する気疲れ、生産性をあげなければならない精神的プレッシャーも含まれる。そして日本人（常雇）は、雇用の安定を最も重視している。生産の海外移転に伴う工場閉鎖に大きな不安を抱き、「ここを変わりたくない。ここで仕事を続けられるなら何でもする」と語る人もいる。また、現在の仕事が将来の職業展望に生かせるとは、ほとんど思っていない。彼女らは、現職場を死守すべき最後の職場とみなしている。

これに対し、ブラジル人は、男性で月収20万円以上、女性で10～20万円である。男性の比率が高く、しかも職制でないことをふまえれば、この賃金は日本人と同水準またはやや高いといえる。これは、残業が多いせいもあるが、時給でも日本人派遣とは同基準で、日本人パートよりはるかに高い。ブラジル人の時給は女性で1,000円、男性1,100円だが、日本人パートの時給は650～800円である[8]。日本人パートの経験加算は1年で時給5円なので、10年のベテラン・パートでもブラジル人よりはるかに低時給である。

ブラジル人が直面している主な労働問題は、「残業が少ない」、「仕事がきつい」、「差別がある」等である。彼／彼女らは、短期間にできるだけ稼ごうと自ら進んで残業するため、日本人とは逆に「残業が少ない」ことに強い不満を感じている。彼

／彼女らの仕事上の関心は、高所得・仲間・やりがい・技術習得・雇用の安定等、多様に分散している。雇用の安定に関心をもつ場合も、それは日本人のように工場・地域の命運と一体のものではない。自らが突然解雇されることへの不安である。ただし彼／彼女らは決して、終身雇用を望んでいるわけではない。彼／彼女らにとって、ある意味で「転職＝常態」である。またもともと「出稼ぎ」は将来に備えた準備・ステップにすぎない。そこで彼／彼女らの中には、現在の職場での単純な職務経験は直接、生かせなくても、日本での就労体験そのものは何らかの意味で「将来に生かせる」と感じている者がいる。

### (3) 生活過程と生活条件

では次に、生活過程と生活条件をみよう。

まず、日本人(常雇)は長年、地元に定住し、持家が多い。女性の共働きが大きな位置を占め、自らの生活水準を「平均的」または「やや低い」と評価している。生活上の問題は多岐にわたるが、「経済的に苦しい」、「子供の教育の問題」、「忙しすぎる」等が多い。

これに対し、ブラジル人は、来日前の生活水準を日本人と同様、「平均的」または「やや低い」と評価している。しかし来日後、送金・貯金により、来日前に比べて「豊かになった」と感じている。あるブラジル人は、「日本に来て母国に家が2軒建った。1軒は自分が住むためで、18m×10m位の広さで2階建。1階は広いフロアで店として使える。もう1軒は人に貸すために建てた。送金は月に1,000ドルを超えることもある。もう2年位仕事をすれば、母国で店を開けるだろう。トラックの部品、タイヤ等を販売する店を経営したい」と語る。

調査地ではブラジル人は、会社が契約した賃貸アパートに夫婦等で2人住まいである。家具は少なく、生活費は節約されている。現在の生活問題は、「言葉の不自由」以外、目立つものは少ない。要するに、もともと出稼ぎ先での仮住まいという割り切りがみられる。将来は母国で起業したり、専門職に就くことも含め、多様な職業展望・希望をもっている。現在の出稼ぎ生活は、そうした夢の実現のための手段・ステップと割り切っている。

### (4) ブラジル人の多様性——カップルでの就労者と血縁グループでの就労者——

最後に、ブラジル人労働者の多様性を指摘しておかねばならない。前述のごとく、ブラジル人労働者の属性・経歴は、極めて多様であった。しかしそれを明確に類型化することは容易ではない。我々は当初、学歴、来日前の職業階層、年齢、来日年次、滞日年数、来日後の職歴等、様々な指標での類型化を試みた。それらの多様な類型は、いうまでもなく、対象者のブラジル人の生活・社会関係・意識のある局面を説明・理解するのに役立った。しかしそれらの各指標に基づく諸類型はしばしば相互に錯綜・矛盾し、彼／彼女らのトータルな生活の像を結ぶものとはならなかった。そしてそれはある意味で当然だったのである。なぜなら、彼／彼女らは日本の労働市場において、こうした基本属性・経歴をほとんど配慮・評価されることなく、シャッフルされて一様に不熟練労働に従事してきたからだ。むしろこの点にこそ、彼／彼女らの属性・経歴の最大の特徴があるといえよう。

そこで、本調査対象者のブラジル人の労働－生活の現状にみられる多様性を最も包括的に分析する機軸は、シャッフルの基礎単位、即ち、現在の職場に、誰と一緒に採用されたかという点に見出すことができる。対象企業では、ブラジル人の多くは、カップル単位(夫婦・婚約者・親子・きょうだい等)、または、4～5人の血縁グループ単位で採用されている。単身での採用は、日本人の配偶者など3名だけである。カップルやグループ単位で採用するのは、直接には、以前に発生した恋愛をめぐるいざこざ・暴力沙汰の防止のためとされている。ただしそれ以外に、宿舎費の節約、ある程度の身元保証、ブラジル人側もカップル・グループで同じ職場で働くことを望み、会社側もまとまった人数の調達が容易になるといった事情もある。

この中でまず、カップル単位の就労者は22名と大きな位置を占める。彼／彼女らは多くが高卒で、一部に大学・専門学校卒の専門職出身者を含み、来日前の生活水準は平均的である。来日は1997年以降と比較的最近である場合が多く、来日後も母国と日本を往復しているので、滞日年数は平均3.5年と短い。日本では平均3.1回と頻繁に転職しており、現在の職場も入職して平均4カ月しかたっていない。そこでまだ仕事に慣れず、「仕事がきつい」と感じている。彼／彼女らの仕事に対する態度は多様で、将来の起業のために進んで残業する者、「仕事をきっちりしたい」とまじめに取り組む者もいれば、日本での生活の享楽(車・遊び等)を重視し、無断欠勤や仕事の手抜きをする者もいる。ただし短期間に稼ごうと残業は積極的

にこなしており、特に男性の月収は20万円以上と高く、毎月2,000ドル以上を送金するケースもある。しかし転職・移動が多いこともあり、必ずしも満足に貯金できていない場合も多く、ある日本人は「頻繁に転職するブラジル人は生活が苦しいみたい」と語っている。

これに対し、血縁グループ単位の就労者は9名で、男性の中卒・低学歴者が多く、来日前の生活水準はやや低い。1996年以前に来日し、その後、帰国せずにずっと日本に滞在してきたケースが多く、滞日年数は平均約5.8年と長い。また日本では一定の職場に比較的長期間定着する傾向があり、現職場でも1年以上働いている場合が多い。彼／彼女らは総じて、まじめに仕事をこなしていると評価されている。ただしカップル単位の就労者に比べると残業時間が少なく、月収もやや低い。

さらに、対象企業には血縁グループが二つあり、それぞれ明確な個性をもっている。

一つは、ブラジル人の現場監督の血縁グループ（5名）で、監督本人を除けば平均22.5歳と若く、現在の職場に平均3.1年と最も安定した雇用を確保している。母国への送金はほとんどなく、日本での生活充実・貯金を重視している。

これに対し、もう一つの血縁グループ（4名）は中高年になってから来日した人々で、現在平均38.3歳である。現在の職場での雇用期間は平均約1.3年と、現場監督のグループに比べるとかなり短い。残業は少なく、最も低賃金である。ただし日本での生活費を節約し、母国に一定額を送金をしており、出稼ぎで「とても豊かになった」と感じている。また現在の職場での経験が将来、「生かせる」と特に肯定的に受けとめている。

## 3. 社会諸関係

次に、社会諸関係の実態をみよう（**表3**）。

### （1）日本人（常雇）の社会関係

まず、日本人（常雇）は、地元に親戚・知人・友人が多く、中には数代にわたる家どうしの交際もある。職場にも10年来の同僚が多い。ただし、様々な問題の相談相手は「いない」という人が半数弱を占める。また、人間関係の悩みも多く、「同僚

## 表3 社会諸関係

(人)

| | | | | 日本人 | ブラジル人 計 | カップル | 血縁 監督 | 血縁 他 |
|---|---|---|---|---|---|---|---|---|
| 相談相手 | 労働問題 | 日本人 | あり | 20 | 7 | 3 | — | 3 |
| | | | なし | 14 | 27 | 19 | 5 | 1 |
| | | ブラジル人 | あり | — | 14 | 8 | 3 | 2 |
| | | | なし | 34 | 20 | 14 | 2 | 2 |
| | 生活問題 | 日本人 | あり | 18 | 2 | 1 | — | 1 |
| | | | なし | 16 | 32 | 21 | 5 | 3 |
| | | ブラジル人 | あり | — | 12 | 8 | 3 | 1 |
| | | | なし | 34 | 22 | 14 | 2 | 3 |
| 関係 | うまくいっている | | | 21 | 23 | 16 | — | 4 |
| | うまくいっていない | | | 1 | 7 | 3 | 4 | — |
| 気をつけていること | | ある | | 9 | 16 | 7 | 4 | 3 |
| | | ない | | 21 | 16 | 13 | 1 | 1 |
| 言葉で困ること | | ある | | 15 | 26 | 16 | 5 | 4 |
| | | ない | | 15 | 7 | 5 | — | — |
| 差別・偏見 | | ある | | 1 | 24 | 16 | 3 | 2 |
| | | わからない | | 20 | — | — | — | — |
| | | ない | | 12 | 9 | 6 | 1 | 2 |
| 日本語 | 読み書き | できる | | | 12 | 9 | 2 | — |
| | | あまりできない | | | 18 | 10 | 3 | 3 |
| | | できない | | | 4 | 3 | — | 1 |
| | 会話 | できる | | | 18 | 10 | 4 | 2 |
| | | あまりできない | | | 15 | 11 | 1 | 2 |
| | | できない | | | 1 | 1 | — | — |
| 計 | | | | 34 | 34 | 22 | 5 | 4 |

注)関係＝日本人とブラジル人の関係。
　無回答・NA＝表示していない。
　血縁＝血縁グループ。監督＝現場監督の血縁グループ。
出所)実態調査より作成。

とは愚痴の言い合いで終わることが多い。夫も仕事の話は聞いてくれない。何を言っても通用しない」、「仕事での問題は誰にも相談しない。夫も同じ職場だけど相談しない。職場の同僚と愚痴はいうことあっても、それぐらい。仕事の中で人間関係で問題が生じることはしょっちゅう。女性が多いので。職場の中で足の引っ張り合いも多く、いやになる」等の声がある。

　日本人常雇の労働組合は、賃上げ、合理化への対処、作業配置等をめぐる団体交渉を年に数回、行っている。ただし労組にとっても「工場閉鎖の回避・職場の生き残り」は至上命令で、労資間に敵対的対立はない。また労組は、ブラジル人を含

む派遣労働者の導入に反対せず、むしろ事業量に応じた調節的雇用を要求するが、しかし労組の加入資格はあくまで日本人常雇だけに限っている。

### (2) ブラジル人の社会関係

　これに対し、ブラジル人は雇用も解雇もカップル・血縁グループ単位なので、さしあたりの利害や社会関係もカップル・血縁グループ毎に分断されている。仕事・生活上の相談もほとんどその内部でなされ、その内部は極めて親密である。「いつも一緒にいるので、ブラジルにいた時より、もっと仲良くなった」と語るケースもある。

　一方、こうしたカップル・血縁グループの枠を超えたブラジル人の社会関係は、極めて希薄である。彼／彼女らは流動性が高いため、互いに初対面で、せいぜい数カ月の付き合いしかない。また、解雇の順序をめぐり、互いに緊張関係がある。「日本にいるブラジル人は、お金、お金ばかりでちょっと危ない。ブラジルにいるブラジル人と違う」、「私は他のブラジル人を信用しない」との声も多い[10]。ある日本人は、「彼ら（ブラジル人）は自分達さえ良ければという気持ちが強く、お互いにバラバラ。仲がいいのは彼女と二人だけのこと」と語る。なお、地元には他にブラジル人を雇用する企業もないので、企業の枠を超えたブラジル人の地域コミュニティもない。そしてこうした孤立傾向は、流動性が高いカップル就労者で特に顕著である。

　ブラジル人の現場監督は、一面ではブラジル人の相談相手・リーダー的存在だが、他方で、ラインでの生産労働には全く従事せず、ブラジル人の採用・解雇処理や私生活を含む労務管理に当たっている。また現場監督自身、解雇の順番の決定等で一定の発言力をもち、自分の血縁グループや自分に従順な者を優遇している。当然、ブラジル人労働者全体の組織化には消極的である。現場監督は、「まじめに働けば、私と意見は違わないはず。私と意見が違うのは、まじめに働かないということ」と語る。他のブラジル人には、現場監督への反発や、「逆らったらクビにされる」との警戒感も強い。ある日本人労働者は、「ラインでは通訳（現場監督）に逆らったらクビにされるという噂があり、ブラジル人は皆、ビビっている。せっかくの腕のいい人が（現場監督に切られて）少なくなっている」と語る。総じて、現場監督を中心にブラジル人全体が一枚岩にまとまる関係にはないのである。

### (3) 日本人とブラジル人の社会関係

　日本人とブラジル人の社会関係も、総じて希薄である。日本人(常雇)からみると、ブラジル人は繁忙期のみ職場にいる存在で、しかもその顔ぶれはつねに入れ替わる。ブラジル人からみても、日本人とは短期間の職場での付き合いにすぎず、しかも職場ではつねに秒刻みの作業に追われている。昼休みも日本人とブラジル人は、特に決められているわけではないが、自然に別のテーブルで食事をとる。退社後の交流も少ない。

　ただしそれでも、両者の間で一定の交流・関係が培われていることもまた、事実である。日本人がブラジル人に仕事上の指導をしたり、逆にブラジル人が日本人に仕事上の質問・相談をすることもある。そして日本人とブラジル人は双方とも多くが、互いの関係が「うまくいっている」と評価しているのである。

　ここにはいくつかの要因がある。

　まず第1は、同じラインで必然的に協働がなされていることである。ラインの作業目的は単純明快で、双方は好むと好まざるとにかかわらず、スムーズな作業進行のパートナーにならざるを得ない。同じラインで働けば、まじめさ、努力、苦労の有無は暗黙のうちにわかる。日本人(常雇)には、ブラジル人が若い日本人の派遣よりまじめだという評価がある。また日本人のリーダーやトレーナーが作業が遅れたブラジル人を援助することもあれば、逆にトレーナーの日本人女性が重い材料を運搬していると、ブラジル人男性が自発的に手伝うこともある。あるトレーナーは、「日本の男に対して印象が悪くなった。ブラジル人に比べると、日本の男は冷たい。私が重たい荷物で苦労しているのに、日本の男は『Aちゃん、力持ちやなぁ』とせいぜい冷やかすだけ。ブラジル人は『アナタ女ノ子、重タイダメ、ワタシ男、大丈夫』といってすぐ動いてくれる」と語る。

　第2は、雇用不安の共通性と異質性である。日本人とブラジル人は、互いに仕事を奪い合う競争相手ではない。むしろ日本人常雇からみれば、ブラジル人は、職場存続・工場生き残りに不可欠な労働力だ。逆にブラジル人からみると、当面の競争相手は同じブラジル人であり、日本人常雇は仕事の相談相手・援助者である。またブラジル人にとっては、自らの雇用安定のため、日本人との良好な関係形成が有効である。いわば日本人とブラジル人は、双方の雇用安定にとって他方

が不可欠の存在であり、しかも雇用形態が明確に異なるので、直接の競争関係にはない。対象企業の労働組合の対応は、この関係を象徴的に物語る。即ち前述のように、労働組合はブラジル人労働者の導入に決して反対しないが、しかしブラジル人労働者を組合員には決してしないのである。

そして第3に、地域的特性もある。過疎地の、特に女性・中高年は、道であった時に見知らぬ人にでも挨拶する等、日常的な人当たりがよい。過疎化が進む中、地元の商店にとっても、ブラジル人は大事な顧客である。ブラジル人の中には、「ここの日本人は優しい。都会と違う」との声が多い。

しかし同時に、こうした表面的には良好な関係の中でも、日本人とブラジル人の間では、様々な温度差・齟齬がある。日本人には、ブラジル人との関係が「うまくいっている」と感じている人が圧倒的に多く、「特に気をつけていること」は少ない。言葉で困ることも約半数が「なし」と答え、差別は「あるかないかわからない」または「ない」と感じている。これに対し、ブラジル人では、日本人との関係が「うまくいっていない」という回答も一定の位置を占め、半数が日本人との交際で「誤解されないように」等、気をつけていることがある。言葉で困ることも多く、差別は「ある」と感じている。総じてブラジル人の方がストレス・葛藤が大きいのである。

このような日本人とブラジル人の関係の希薄さや齟齬は、必ずしも言葉や文化の壁によるだけではない。確かに、仕事を覚えるには一定の言語コミュニケーションが不可欠だし、関係の希薄さの大きな要因の一つは言葉の壁ではある。ブラジル人の多くは「言葉で困ることがある」と感じている。しかし、日常の作業は身体で慣れる内容で、指導も言葉より「やってみせる」方が有効だ。作業中は日本人どうしでも会話はできない。逆に、同じラインで働けば、言葉はわからなくても、双方の苦労・努力の有無は暗黙裡にわかる。また、仕事のきつさ・雇用不安等、本当に深刻・切実な問題は、言葉で話しても解決できない。むしろ、それらを言葉で解決しようとすれば、「いいわけばかり」になったり、実際の雇用・労働条件の問題を「言葉ができないせい」にすり替えることにもなる。ブラジル人が短期で解雇されるのは、「日本語ができないから」ではなく、「日本人常雇でないから／派遣だから」である。またそうした不満を達者な日本語で訴えても解決しない。むしろ達者な日本語で日本人と直接交渉することは、ブラジル人の現場監督からも、ま

た日本人常雇からも、快く受け入れられない。こうした現実をブラジル人は直感的に理解・熟知している。だから、「日本語は話せるが、できるだけ話さないようにしている」、「日本人とは話をしない。黙っている方がよいことが多い」と語るブラジル人も少なくない。またある日本人は、「ブラジル人は通訳（現場監督）から日本語を喋るなと言われている。うまい日本語を喋ったら首にされるという噂がある」と語る。さらに多少、日本語に習熟しても、日本語でのコミュニケーションを前提にする以上、日本人に比べて不利であることに変わりはない。実際、言葉の問題や相談相手の有無、日本人との関係がうまくいっているかどうか、日本人との交際で気をつけていることや差別体験の有無等、いずれについてみても、ブラジル人の日本語能力水準との間にはほとんど相関がないのである。

　こうした事実の一端は、日本人と関係が最も希薄で、しかも様々な齟齬を感じているのが、客観的には最も日本語能力水準が高い、現場監督の血縁グループのブラジル人であることにも窺える。彼らは滞日年数が最も長く、日本語能力の水準は高い。しかし、日本人に仕事・生活上の相談をすることはなく、日本人との関係が「うまくいっていない」と感じている。これに対し、客観的には日本語能力水準が低い中高年の血縁グループのメンバーは、日本人に様々な労働問題を相談し、日本人との関係が「うまくいっている」と感じている。ブラジル人と日本人との関係の希薄さ・齟齬は、言語・文化の壁やその克服という文脈だけでは把握し得ないのである。

### （4）リーダー・トレーナーの日本人とブラジル人の関係

　そしてこうした社会関係の齟齬・矛盾の焦点に立つのは、日本人常雇の中でも、リーダーやトレーナーである。リーダー・トレーナーの日本人とブラジル人の間には、様々な対立・葛藤がある。

　まずブラジル人の側には、「難しい仕事ばかり回される」、「自分ではよくがんばっているのに、認めてくれない」、「ミスのペナルティを全部、押し付けられる」等、多くの不満がある。中には、「リーダーが仕事しろと言ったら、私はイヤと言う。リーダーの仕事は少ないから、リーダーなんか要らない」と反発したり、「わかっていても、わざとわからないふりをする」と語るブラジル人もいる。ブラジル人が、「差別がある」と感じるのも、主にリーダー・トレーナーとの関係において

である。あるブラジル人は、「私は毎日、毎日、ずっと仕事だから疲れて頭が痛い。うまく対応できないこともある。すると日本人の中には『ブラジル人、馬鹿野郎』とかいう人がいる。この会社でも、そういう差別はある。毎日感じる。私は物じゃない、人間だ」と語る。別のブラジル人は、「日本が私達ブラジル人を労働者として必要としていながら、差別をするべきではない。なぜ日本人は、私達を同じように扱わないのか」と怒る。これらは「日本人」の差別行為として語られているが、実際にそこで念頭におかれている「日本人」とは、職場で日常的に接触・交流するリーダー・トレーナーにほかならない。

　一方、リーダー・トレーナーの側からいえば、こうしたブラジル人の不満の大部分は誤解に基づくものだ。また「我々(リーダー・トレーナー)は生産量をあげるために必死になっている」のに、ブラジル人達は「ミスをしたら、他の人にどんなに迷惑をかけるかまで突っ込んで考え」ず、「時間さえすぎればいい、お金さえもらえればいいと考えて仕事をして」おり、「注意すると、その場でハイハイと聞くけど、後ですぐに手を抜」く。「日本語ができるのに、わからないふりをする人がいる」、「わかっているのに、わからないといって、難しい仕事を避けるずるい奴がいる」ことも、リーダー・トレーナーは既に見抜いている。総じてリーダー・トレーナーからみれば、ブラジル人は、日本人常雇に比べ、「会社のために働くなんていう気持ちはなく、ましてリーダーやトレーナーのために働くという気持ちはない」ので、その指導・管理には気苦労が多いのである。

　しかしそれにもかかわらず、ここで留意すべきことは、このような葛藤・対立・差別に満ちた、しのぎの削り合いの中でこそ、相互の信頼・協力関係が醸成されているという事実である。ブラジル人は、日本人とは異なり、残業を自ら積極的に望む。若い日本人の派遣に比べれば欠勤も少なく、仕事ぶりもまじめだ。前述のように、トレーナーの重労働を手伝ってくれるブラジル人もいる。生産量の目標達成に責任を負わされ、「ぎりぎりの状態で必死にやっている」リーダーやトレーナーにとって、ブラジル人はやはり「残業を頼んでもいやな顔ひとつせず、人情に厚く、頼りになる」部下であることも、また事実なのである。リーダー・トレーナーとブラジル人の関係は、「良好」と「敵対」といった二者択一では捉えきれない。良くも悪くも相互に協力・依存・配慮するしかない「深い」関係といえよう。あるリーダーは、「注意するとキレたり、何かが気に食わないという理由でケンカする

こともある。そういう時はラインを止めてなだめる。ひどい時は個室で話を聞く」と語る。そして実際、ブラジル人と親密な信頼関係を形成している日本人は、リーダー・トレーナーだけに限られているのである。

　このような信頼関係の形成においても、言語能力の意義を過大に評価はできない。確かに、仕事の指導には最低限の言語コミュニケーションが必要で、日本人リーダーの中には、言葉のストレスを強く感じつつ、ポルトガル語を学ぶ者もいる。しかし指導上、言葉以上に重要なのは、「作業を実際にやって見せながら、相手の顔・目を見て、わかっているかどうか確認しながら」進めることである。また、必ずしもポルトガル語を学んでいないリーダーの中にも、ブラジル人と信頼関係を培っている者がいる。リーダーが様々な配慮をする時、例えば「(ブラジル人の)夫婦とか、恋人同士が同じラインにいるので、片方が焼きもちやいて泣いたりすると、仕事を止めてまで慰めに行くので、仕方ないけど『早くしてネー』と思って見守る」時、そのリーダーは言葉でその状況を理解したわけでもないし、言葉でその行為を承認したわけでもない。ここで重要なのは、異文化としての他言語の習得水準より、まずは双方の労働－生活に基づく協働の必要性、そしてその上で、トータルに相手の仕事・生活を配慮する想像力と意欲・精神的余裕の有無である。それは、異文化としてのラングではなく、ヒトが普遍的にもつ言語・コミュニケーション能力としてのランガージュ[12]ともいえる。それゆえ、ブラジル人と深い関係をもつリーダー・トレーナーであればあるほど、また日本人と良好な関係をもつブラジル人であればあるほど、「言葉(ラング)で困ることがある」と語る。即ち、信頼関係をさらに発展させようとする意欲をもっているからこそ、初めて「言葉の問題で悩む」のである。

　こうしたリーダー・トレーナーの日本人とブラジル人の信頼関係は、ほとんどの場合、職場でのスムーズな職務遂行の域を出ない。しかしごく一部には、仕事を超えたプライベートな人格的関係に踏み込む場合もあり、解雇されたブラジル人の再就職先を日本人リーダーが探してやったり、相互に恋愛感情を抱く場面もみられる。あるリーダーは、「私は彼らと人間関係を作ることで仕事がスムーズにできると考えているが、会社は『情が生まれると仕事がしにくくなるから付き合うな』という。でも私は、仕事は仕事、遊びは遊びと割り切ってるので、プライベートで遊んだりする。今、解雇されたブラジル人に言われて、仕事を探してあ

げている」と語る。

## 4. 異文化接触・文化変容

では次に、日本人・ブラジル人の双方がいかなる文化変容を遂げているかを明らかにしよう(**表4**)。

**表4 異文化接触・文化変容**

(人)

| | | | 日本人 | ブラジル人 | | | |
|---|---|---|---|---|---|---|---|
| | | | | 計 | カップル | 血縁 | |
| | | | | | | 監督 | 他 |
| 労働面 | 長所 | まじめ | 13 | 25 | 16 | 3 | 4 |
| | | 協力 | 3 | 9 | 6 | — | 2 |
| | | 従順 | 5 | 18 | 12 | — | 3 |
| | | 責任 | 1 | 19 | 12 | — | 4 |
| | | 公平 | 4 | 14 | 10 | — | 2 |
| | 短所 | 無責任 | 17 | 4 | 2 | 1 | — |
| | | 差別 | 1 | 13 | 7 | 3 | 2 |
| | | 工夫なし | 8 | 16 | 12 | 2 | 1 |
| 生活面 | 長所 | 経済的に豊か | 6 | 19 | 11 | 3 | 3 |
| | | 教育福祉 | — | 18 | 12 | — | 4 |
| | | 家族のつながり | 16 | 5 | 4 | — | 1 |
| | | 政治の安定 | — | 9 | 8 | 1 | — |
| | | 治安の安全 | 1 | 12 | 10 | — | 1 |
| | | 規則順守 | 1 | 18 | 10 | 2 | 3 |
| | 短所 | 住宅狭い | 5 | 14 | 10 | 1 | 1 |
| | | 友達少ない | — | 8 | 4 | — | 2 |
| | | 人間冷たい | 1 | 20 | 11 | 3 | 3 |
| 自己成長 | | あり | 6 | 33 | 21 | 5 | 4 |
| | | なし | 22 | — | — | — | — |
| 母国・母国人 | 印象 | 変化あり | 5 | 21 | 13 | 2 | 3 |
| | | 変化なし | 28 | 12 | 9 | 2 | 1 |
| 相手国・相手国人 | 印象 | よくなった | 4 | 8 | 4 | 1 | 1 |
| | | 変わらない | 29 | 15 | 11 | 2 | 1 |
| | | 悪くなった | — | 8 | 6 | — | 2 |
| 日系ブラジル人意識 | | 強くなった | | 16 | 12 | 1 | 2 |
| | | 変化なし | | 14 | 8 | 3 | 1 |
| 計 | | | 34 | 34 | 22 | 5 | 4 |

注)労働面・生活面＝日本人からみたブラジル人、ブラジル人からみた日本人の長所・短所。25％以上が選択した項目のみ表示。
　自己成長(日本人がブラジル人から、ブラジル人が日本人から学んだ点)
　無回答・NA＝表示していない。
　血縁＝血縁グループ。監督＝現場監督の血縁グループ。
出所)実態調査より作成。

## （1）日本人からみたブラジル人——日本人の文化変容——

　まず日本人は、ブラジル人について、「個人差が大きく、一概にはいえない」ことを強調する。その上で、ブラジル人に固有の長所・短所は「あまりない」と感じている。せいぜい、若い日本人の派遣労働者に比べれば「まじめ」で、常雇に比べれば「無責任」との印象が若干多い程度である。ブラジル人から学ぶべき点も「特にない」と感じている。ブラジル人と接して、日本社会やブラジル人に対する考え方が変わったかをたずねても、「変わらない」あるいは「個人差が大きいので何ともいえない」との回答が多い。総じて、一方でブラジル人内部の個人差・多様性が重視され、他方ではブラジル人に対する無関心が垣間見られる。

　このような日本人のブラジル人に対する認識には、いくつかの背景がある。

　まず第1に、日本人がブラジル人と接するのは主に職場・労働過程のみで、しかもその秒刻みの労働過程には民族文化・個人の個性が入り込む余地が極めて少ない。

　第2に、ブラジル人は属性・経歴を問わず、シャッフルされて現職場にきているので、その属性や経歴は客観的にも極めて多様で、しかも短期間で顔触れがどんどん入れ替わる。そこで日本人は、一方ではブラジル人内部の個人差・多様性には気づきやすく、他方でブラジル人一人一人の人格には無関心になりがちである。

　そして第3に、日本人の多くは、ブラジル人に対して、スムーズな職務遂行以上のことを最初から期待していない。そこで、仕事に対するまじめさ・作業能力が、ブラジル人に対するほぼ唯一の評価基準となる。ブラジル人の個人差・多様性を強調する日本人も、多くの場合、その個人差とは、そうした基準に基づく評価であり、それ以外の側面での個人差にはほとんど無関心だ。そしてこのような日本人のまなざしは、ブラジル人に対してだけでなく、日本人どうしにも通底する。前述のごとく、日本人労働者が地域・職場に厚い社会関係をもちつつ、しかし相談相手がいない場合も多いという事実は、こうした日本人の認知枠・評価基準と無縁ではないだろう。

　ただし、こうした中でもリーダー・トレーナーの日本人の一部は、ブラジル人との深い関係・交際を通して、人生観や生き方、日本社会の問題を問い直している。また、ブラジル人と接する中で、ブラジル人への印象を改善したケースもみられ

る。さらに一般作業者も含め、多くの日本人は、ブラジル人の生活上の長所として「家族・親戚のつながりの強さ」をあげ、日本人の人間関係の質を反省していた。あるトレーナーは、「彼ら(ブラジル人)の陽気さに助けられたというか、落ち込んでいた時、彼らの陽気な姿を見て励まされた。彼らはいつまでもグジグジしていない。……ブラジルの若い夫婦は本当に仲がいい。自分の家族は夫が仕事で帰りが遅いので、食事もずっと別々だけど、彼らはどこに行くのもいつも一緒で、家族の絆が強い」と語る。また別のリーダーは、「彼らは、すごく子供や家族を大事にしている。日本人も『家族と一緒に生活したい』という気持ちになれたらいいと思う。ブラジル人に最初会った時、一歩ひいていた。でも今は、彼らと一緒に仕事をして良かったし、彼らの方が一緒に仕事がしやすい。ブラジル人は貧しいが、人をすごく大切にする」と語っている。

## (2) ブラジル人からみた日本人——ブラジル人の文化変容——

一方、ブラジル人は、日本人の労働態度に、「まじめ」、「責任感が強い」、「上司の指示に従順で、規則をよく守る」、「誰に対しても公平で差別をしない」等、多くの長所を見出している。また日本での労働体験を通して、「まじめに仕事をするようになった」、「他の人と協力しながら仕事をするようになった」、「仕事に対する責任感が強くなった」、「上司の指示に従順で、規則をよく守るようになった」、「誰に対しても公平で差別をしないようになった」等、日本人の長所として評価する点とほぼ重なる形で、自分自身もまた変化・成長したと感じている。「ブラジルでは仕事がなかったが、日本では働いたので責任感が強くなった」との声もある。

生活面でも、ブラジル人は、日本社会・日本人に、「経済的に豊か」、「教育や福祉の充実」、「規則をよく守る」、「治安がよい」等、多くの長所を見出している。またその一方、「人間が冷たい／友人が少ない」、「住宅が狭い」という短所も感じている。総じてブラジル人は、日本人・日本社会の長所・短所を明確に認識し、またそれと表裏一体で、母国・ブラジル人の長所・短所も認識し、日本と母国の社会に対する認識を、よくも悪くも大きく変化させている。また日系人およびブラジル人としての自覚を双方とも、来日前より強めている。

このように、日本人より、ブラジル人の方が大きな文化変容を遂げていることの背景には、もちろんブラジル人が移動する側・マイノリティということもある。

しかしそれだけではない。彼／彼女らは来日後、頻繁に転職する中で、日本のどの職場にも共通する文化・特徴を感じとってきた。また、自らの雇用継続の可否をかけて、一方で日本の職場に共通する規範に、他方で職場でともに働く日本人個々人の具体的人格、特に仕事へのまじめさだけでなく、自分との関係、理解・援助・配慮等を含む人格に強い関心をもたざるを得なかった。そこでブラジル人には、一方で単なる個人差に解消しきれない「日本の職場／日本人」の特徴が、同時に他方では個人差に埋没しない具体的人格としての日本人個々人への深い関心が生まれていると思われる。だからこそブラジル人は、葛藤・苦悩も大きいが、学ぶもの・文化変容も大きい。技術的に単純で、自己裁量が入り込む余地がほとんどない現在の職場での体験でさえ、「将来の役に立つ」、「自分自身が成長した」と前向きに受けとめることができるのである。またこうしたブラジル人の目からみると、「仕事のまじめさ」だけを基準として他人と接する日本人は「人間が冷たい／友人が少ない」と映るのも当然といえよう。

このような文化変容はブラジル人全体にみられるが、中でも日本人と最も深い信頼関係を形成している中高年の血縁グループのメンバーに最も顕著である。逆に、自らの血縁グループ内部で密接な関係を培い、日本人や他のブラジル人との関係が希薄な現場監督のグループのメンバーでは、こうした文化変容は少ない。

## まとめにかえて──グローバリゼーション下での協働の可能性──

さてこれまで、日本人・ブラジル人のそれぞれについて、労働－生活・社会諸関係・文化変容の実態を分析してきた。ただし、こうした両者の差異・異質性を前提とした観点からの分析だけでは、おそらく不十分だろう。

即ちまず、これまでの分析結果は、日本人とブラジル人の労働－生活・社会関係・文化変容が、単に国籍や国民文化の違いというより、生産工程や雇用形態、地域労働市場等、総じて生産様式に基礎づけられたものであることを物語っていた。また文化変容が進む前提には、文化的な異質性だけでなく、トータルに相手のことを洞察する想像力・意欲、協働等、人間または労働者としての同質性が横たわっていることも明らかとなった。

こうした観点からみると、"国内生産の限界地＝過疎地"に位置する対象企業は、元請企業による激烈なコスト削減要請によって閉鎖・廃業の危機に直面し、日本

人とブラジル人の労働者、さらに対象企業の経営管理職もまた、この同一の枠組みの中で、それぞれ異なる役割を果たしているにすぎない。日本人労働者は、徹底した低賃金、細分化・断片化された単純労働の極限的なスピードアップによる労働強化に苦痛を感じていた。ブラジル人労働者は、"Just in Time"の下での生産量の激変を乗り切るための調節弁として、短期雇用・突然の解雇を余儀なくされていた。経営管理職は、人件費削減以外に経営努力の選択肢をほとんど許されない中で、企業の生き残りに責任をもたされていた。ブラジル人が常雇でなく派遣に限られ、短期雇用・突然の解雇を強いられるのは明白な国籍差別で、ブラジル人の中に当然、不満・批判がある。しかし、受注量の激変に対応したブラジル人派遣の解雇は、対象企業が下請企業として生き残るには不可欠の方策だ。またそもそもブラジル人派遣の雇用自体、最初からそうした受注量の激変への窮余の対応策でもある。さらに突然の解雇を強いられるのは、ブラジル人だけでなく、日本人派遣も同様である。そして実際に工場が閉鎖された場合、最も深刻な打撃を被るのは、移動困難な過疎地の中高年・女性の日本人労働者であろう。

　こうした諸点をふまえると、「日本人＝マジョリティ・強者」、「外国人＝マイノリティ・弱者」といった単純な図式は、あまり通用しないことがわかる。ブラジル人は、一方で確かに、南北格差の中で国境を越えた移動を余儀なくされた労働者だ。しかし同時に彼／彼女らは、自らの体力・才覚を駆使して国境間移動を実現し、高所得・自己実現を追求する能動的な主体でもある。実質賃金は、少なくとも雇用期間中はブラジル人の方が高い。両国の物価の差を考慮すれば、なおさらだ。日本での差別や、日本人と同様の厳しい労働は、彼／彼女らの人生全体の中では一時的・エピソード的体験だ。帰国後の階層上昇・自己実現(起業・専門職としての就職)の可能性も相対的には高い。日本人の目に、ブラジル人が「楽観的」と映るのは、単に国民文化のせいだけではない。そこには、現実の生活展望の裏付けがある。ブラジル人を含む外国人労働者の多くは、母国での最底辺ではない。それを最底辺とみるのは、「先進」諸国内部の労働市場に視野を閉ざしたナショナルな認知枠にほかならない。

　ブラジル人は、前述のように、日本人の仕事ぶりに、まじめさ・従順さ・責任感等の「長所」を見出している。しかしそれは日本人が感じている労働問題、即ち残業の多さ、仕事のきつさ、低賃金等を受容する態度の現れでもある。過疎地の中

高年・女性の日本人には、それ以外に選択肢がない。またブラジル人は、日本人の生活に経済的豊かさ・教育福祉の充実等を見出していた。しかしそれは日本人があげた生活問題、即ち経済的苦しさ・教育福祉の貧困という認識と、正反対・好対照をなす。まさに日本人の生活実感とブラジル人の日本社会認識は乖離している。ここには、グローバリゼーションの下での南北格差と地域産業空洞化の錯綜がある。

そこで、日本人とブラジル人の関係を、単なる「強者 vs 弱者」ではなく、グローバリゼーションの渦中でともに「生命－生活 (life)」を脅かされ、それに対する異議申し立て・連帯・協働が可能な主体間の関係という視点から捉えることが重要になる。それが問われなければ、本質的な意味で文化変容の意義と内実を明らかにしたことにならないのである。

ただし、実際には、こうした意味での文化変容を明確な形で捉えるのは容易ではない。我々の調査当日、7名のブラジル人が突然、解雇通告された。これに対するブラジル人の反応は様々で、全体として突然の解雇への不安が広がる一方、「解雇された彼らは悪かった／ふまじめだった／トラブルメーカーだった（自分達とは違う）」との声も多く聞かれた。解雇された側は、「私、いつもがんばった。休みもなく働いた。でもクビになった」、「ここにはブラジル人どうしの差別がある」と語っていた。大多数の日本人労働者は、無関心であった。ブラジル人の突然の解雇は、日本人にとって自分達とは無関係な"日常茶飯事"にすぎない。また日本人は、前述のように、ブラジル人個々人に人格的関心をもたないので、突然の解雇は、ブラジル人一般に早晩ふりかかる宿命としか受けとめない。前述のように日本人の労働組合は、ブラジル人労働者の雇用を守らないのである。

ただ、このような中でも、一部のブラジル人は、「生産は、安いものを大量に作って競争していくんじゃなくて、本当に必要なものだけを適正価格で作っていくようにすればいいんです。そうすれば、こんな突然の解雇なんて必要なくなる」と、元請企業のコストダウン攻勢と"Just in Time"の生産方式を批判していた。また一部の日本人も「残業の多い時とない時との差がありすぎる」等、同じ批判を口にしていた。さらに一部の日本人のリーダー・トレーナーは、前述のように、解雇されたブラジル人の職探しに奔走していた。

もとより、こうした意識や行動が、今後、彼／彼女らの「生命－生活 (life)」の発

展的再生産にどのように結実していくかは、現時点では明らかではない。我々の調査の約1年後、当該企業は廃業・閉鎖を余儀なくされた。残留していたブラジル人17名は、遠隔のやはり過疎地の関連企業に配置転換された。日本人労働者にも同様の配置転換案が提示されたが、実際に移動することができた日本人は皆無であった。彼／彼女らは、地元での再就職を模索している。今回の調査で確認し得た日本人・ブラジル人双方の文化変容が、それぞれの新たな環境の中でいかなる意味をもつかについては、今後の研究課題とせざるを得ない。

〔注〕
(1) 「文化変容」概念は極めて多義的に用いられてきた。最も一般的なRedfield, et. [1936] によれば、それは特定の文化を共有する集団の変化である。これに対し、Hallowell [1955] 等は、諸個人を単位とした変化を文化変容研究の中心課題に据える。ただしそれらはいずれも、文化レベルの変容を、トータルな生活過程やマクロな社会構造変動と連鎖させて捉える視点が希薄である。本稿では、文化変容を、諸個人の「生命－生活（life）」の発展的再生産過程を基礎におき、そこでの矛盾克服に向けた態度・行為、及び、広義の協働様式の変化の一環として把握したい。こうした文化変容論については、先行研究の検討も含め、浅野［1997：2・33-34・441］を参照。
(2) 1990〜2000年の間に、ブラジル人の外国人登録者は全国平均で4.5倍に増加した。特に増加が著しいのは、島根（51.2倍）、石川（24.8倍）、富山（20.3倍）、岩手（19.9倍）等である。集住地域の愛知、静岡、栃木、群馬等の伸び率はいずれも全国平均を下回る。もとより集住地域への集中は依然として顕著だが、同時に周辺地域への拡大がみられるのである。なお、本稿の調査地である四国での増加率も6.9倍と全国平均を上回っている。
(3) 渡辺編著［1995］、小内・酒井編著［2001］、都築［1998］等。同じ職場で働く日系人と日本人の関係に関する貴重な研究として、大久保［2003］、五十嵐［2003］等がある。前者は、日系人と日本人の労働力編成における分断を明らかにし、後者は日本人が日系人・パキスタン人に対する人種的ステレオタイプを克服していく道筋を解明している。ただし、労働力編成や人種的認知枠の克服が研究主体にとっていかに重要な課題であっても、それが直ちに実際の日本人・日系人の労働者にとっても重要課題であるとは限らない。労働者は、労働力編成の改変や対面状況での人種・民族的差別を解消するために働き、生きているわけではない。ここで重要なことは、まず何より、実際の労働者の「生命－生活（life）」の発展的再生産過程と主体性をありのままに把握し、それとの関わりで、労働力編成や人種差別のありようを考察することであろう。またそのためには、諸個人のトータルな労働－生活、社会関係、文化変容を貫通的に捉えた生活過程論からのアプローチが不可欠になる。こうした課題設定と方法論については、浅野［1997：31-34］を参照。
(4) 1996年当時は、まだ人材派遣法は改正されていない。同法改正後も、ワイヤーハー

(5) ネス等の製造業務は人材派遣が認められていない。そこで形式的には、特定ラインを任せる業務請負の形をとっている。日系人の雇用形態の諸類型については湯本 [2001a]。日系人の短期・間接雇用の急増については大久保 [2003：285・288]。

(5) 大久保 [2003：276・289] は、景気変動に関係なく外国人の就労が「構造化」され、外国人と日本人の労働市場が「分断化」されたと指摘する。また日本人正規労働者の「補完」機能と、日本人非正規労働者の「代替」機能を外国人が担っていると述べる。これらの指摘は概ね、本稿の事例にもあてはまる。ただし本稿の事例では、景気変動は企業の存続そのものを直撃し、結果的に外国人雇用にも大きな影響を与える。外国人労働者の雇用ではなく、それを前提とした企業・工場それ自体が元請企業にとっての景気変動の調節弁なのである。

(6) 日系人と日本人の生産ラインでの配置の諸類型については、湯本 [2001b：137-138]。

(7) 既存研究ではしばしば、「日系人」という用語が、非日系の配偶者も含めて広義に用いられてきた。それは、「日系人とその配偶者」だけに合法的就労が認められ、実際に日系が多いという事実を重視したものと思われる。しかし本来、配偶関係や合法的就労の可否はエスニシティとは無関係だ。非日系の人々を日系人というエスニック・カテゴリーに括ることには慎重であるべきだろう。

(8) 対象企業とブラジル人専門の派遣会社との契約時給額は通訳・宿舎等、多様な諸条件との関連で頻繁に変化するが、概算で女性で1,450円、男性で1,550円である。

(9) ただし、こうした夢の実現が容易ではないことについては、イシ [2003：391]。

(10) ブラジル人相互の緊迫関係については、デ・カリヴァリョ [2003：378-379]。

(11) 「馬鹿」という表現をめぐる誤解については、イシ [1995：156]。

(12) ソシュール [1972]。

〔参考文献〕

浅野慎一、1997、『日本で学ぶアジア系外国人』大学教育出版。
小内透・酒井恵真編著、2001、『日系ブラジル人の定住化と地域社会』御茶の水書房。
フェルナンド・ソシュール、1972、（小林英夫訳）『一般言語学講義』岩波書店。
渡辺雅子編著、1995、『共同研究 出稼ぎ日系ブラジル人』（上・下）明石書店。
五十嵐泰正、2003、「『外人』カテゴリーをめぐる4類型」岩崎信彦・他編『海外における日本人、日本のなかの外国人』昭和堂。
アンジェロ・イシ、2003、「『ポスト・デカセギ時代』の日系ブラジル人による国際戦略の挑戦」岩崎信彦・他編、同上書、昭和堂。
────、1995、「日系ブラジル人からみた日本での労働」渡辺雅子編著、前掲書、（上）明石書店。
大久保武、2003、「地域労働市場における日系人労働者の存在と役割」岩崎信彦・他編、前掲書、昭和堂。
ダニエラ・デ・カリヴァリョ、2003、「日本の日系人コミュニティ」岩崎信彦・他編、同上書、昭和堂。
都築くるみ、1998、「エスニック・コミュニティの形成と『共生』」『日本都市社会学会年

報』16号。
湯本誠、2001a、「企業の階層性と外国人雇用」小内透・酒井恵真編著、前掲書、御茶の水書房。
———、2001b、「外国人労働者の職場生活」小内透・酒井恵真編著、同上書、御茶の水書房。
Redfield, R. et, 1936, "Memorandom for the Study of Acculturation", *American Anthropologist*, 38.
Hallowell, I.A., 1955, *Cultural and Experience*, Philadelphia: University of Pennsylvania Press.

⟨Abstract⟩

## Labor and Acculturation of *"Dekasagi"*-Brazilians and Japanese Workers —— A Case-study of an Automotive Wire Harness Manufacturer in a Low Population District ——

Shinichi Asano (Kobe University)
Hiroshi Imai (Graduate Student, Kobe University)

The purpose of this paper is to investigate the conditions of the labor-life and acculturation of "Dekasegi"-Brazilians and Japanese workers in an automotive wire harness manufacturing plant.

The production of automotive wire harness is a typically labor-intensive process. The number of orders received from a principal contractor company changes sharply based on the thorough "Just in Time" production system. Then, the firm begins production with the local regular employees and part-time workers during the low season and copes with the increased orders received in the busy term by hiring temporary workers including Brazilians.

The results of our investigation indicate some problems as follows; Japanese laborers were suffering due to low wages and the prolonged intensive labor. Moreover the closure of a factory involved with production overseas was now causing great uneasiness among them. On the other hand, Brazilians were stationed in the work place without of any evaluation their past careers and experiences, and were also discharged in a short period of time. It is possible to say that simple diagrams, such as "Japanese=majority (strength)", and "foreigner=minority (weakness)", are not accepted or rather, there is complication of a North-South gap in the proceeding of globalization and hollowing out of local industry.

Another thing to note is that a stable reliance / cooperation relationship was formed between Japanese and Brazilians in the workplace. Both groups reflected upon each other's view of life and society, and thought that they had changed and grown in such a relationship. But most Japanese laborers were indifferent to the frequent dismissal of Brazilians. Among Brazilian employees, there were conflict of interests and competition, and they have not united. After our investigation, this firm failed to keep up with the international competition and was closed.

# 明治中期「鉄工社会」における
# 「労働」と「相互行為」

勝俣　達也
(筑波大学大学院生)

## はじめに

　第一次大戦後の重工業大経営において、企業内福利厚生などの労務管理施策や工場委員会の成立とともに離職率が低下し、職工が自らを企業内に定着させていった過程は、戦後日本の長期雇用慣行、あるいは日本型福祉国家の「原型」として関心を集め、多くの理論的・実証的研究がこの問題と関連して蓄積されてきた。現在、戦後日本の雇用システムや労使関係が転換期に立っているという視点から見れば、現時点におけるこのシステムの自明性は、「もはや崩壊した」といわれて久しいが、その一方で戦後経験されている高度成長期や企業社会の相対的な安定性を意識した視点に立てば、この歴史における「原型」の存在は一見すると自明に見えてしまう。しかし、この「原型」は、そのまま大正期において自明に存在していたわけではなく、その時代の社会状況あるいは歴史的に積み重ねられてきた社会的な文脈の中でこそ実践的な意味をもつものであったはずである。労使関係の歴史的な過程における職工の実践や主体性がいかなるものだったのかという問題意識から、本稿では、大正期の重工業大経営における安定雇用の成立を歴史的に規定したとして注目されてきた、明治期の職工社会を分析する視角について理論的な考察を行う。

## 1．研究史および本稿の課題

　戦前日本に関する労資関係史や労働史では、長期雇用慣行の「原型」が大正期において成立した遠因を、イギリス・モデルとの比較から隅谷三喜男が指摘して以来注目されてきた、明治期における「熟練工という範疇が社会的な規模で成立し

なかった」こと、あるいはその帰結としての「職業別組合の不在」という歴史的事実に求めてきた。以下、こうした論理を展開する代表的な議論として、兵藤釗、二村一夫、熊沢誠各氏の議論を取り上げ、各氏における労使関係の歴史的展開や労働者の主体性をとらえる論理の中に、この問題がどのように位置づけられているかということを検討しつつ、本稿の理論的な課題を明らかにしていきたい。

戦前の労資関係史の古典というべき兵藤の研究 [1971] は、大正期において工場委員会制度および安定雇用が成立する過程を、間接管理体制から直接管理体制へという労資関係の展開としてとらえる。この過程を生きた職工の主体性については、客観主義的に規定される「階級意識」としてとらえる当時の研究史から距離をとろうとしながらも、全体としては生産過程における技術的な要因によって説明がなされている[1]。実証的な歴史記述がとらえる主体性のリアリティは、生産過程に規定される「階級意識」という概念をこえたところで存在する一方で、「職業別組合の不在」という歴史的事実についても、生産過程における技術的な要因が主な説明要因となっている。すなわち、本稿でも後に検討する鉄工組合が職業別組合たりえなかった理由を、日清戦後の新しい技術の導入とともに熟練の獲得が容易になったため、職人的徒弟制度がほとんど崩壊し、労働市場の管理を通じて労働条件を規制しうる条件がすでに存在していなかったことに求めている［兵藤, 1971：176］。

一方、こうしたマルクス主義的な文脈と一定の距離をとりつつ、そこからこぼれる労働者の行動様式や主体性をとらえようとする議論が存在してきた。二村一夫 [1988] は、労働争議史研究を、労働組合の日常活動やひいては労資関係の歴史的展開を動態的にとらえるための研究と位置づけ、足尾暴動についての徹底的な実証研究を行った。そこでは、友子同盟のような伝統的な社会関係の影響力を記述することで、歴史的・社会的・文化的要因を軽視する労働運動史を批判すると同時に、近代化論的な「原子化された個人」という労働者像を批判し、階級意識に還元されない〈差別に対する怒り〉などの多様な労働者意識・心性をとらえようとした。二村は、「職業別組合の不在」「熟練工の社会的範疇としての不在」という問題についても、兵藤や池田信 [1970] などの生産過程における技術的要因を重視する議論を批判して、そもそも日本には近世以来クラフト・ギルドの伝統が存在しなかったという社会組織の歴史的・文化的連続性を重視する［二村, 2001][2]。

熊沢誠 [1993] は、「離陸」という概念によって、主に明治末期から大正期にかけて、労働者が擬似共同体への加入を誘う「経営家族主義」に同意し、下層社会から企業組織の一員として自らを位置づけていこうとする主体的な過程をとらえようとし、その過程が伝統的共同体との紐帯があったからではなく、むしろ押し出されて孤立の状況にあったからこそ成立したととらえる。熊沢は「離陸」を規定する条件として、(1)国家が国民を統合する枠組み、(2)産業の需要する労働力の質と量、(3)労働者のエトス、の三点をバランスよく挙げている。しかし、具体的に近代日本における「離陸」のあり方を規定した要因としては、「在来工法に対して外在的な重工業の技術体系」と、「見習職工を標準化する職業別組合の不在」という歴史的状況を並記するにとどめ、両者の関係には言及していない [熊沢, 1993：51]。伝統的な社会組織の影響力を実証的にとらえ、かつ歴史主義的に重視する二村に対し、熊沢は技術的要因と社会的・組織的要因を折衷し、いずれかに還元する決断を行っていない。とはいえ、熊沢が自らの中心的な関心を(3)のエトスの問題に限定し、(1)と(2)については(3)に関わる限りで論じるという分析の枠組みを採用していることから、相対的に自律的な労働者組織や労働者の主体的な意識に注目する点では、二村と共通している。

　以上に検討してきたように、兵藤の労働市場における社会的要因を生産過程に還元する階級意識論と一定の距離をとりつつ、二村や熊沢は労働者の心性あるいはエトスを問題にしてきた。しかし、そこでは「原型」あるいは「離陸」を規定する「技術的要因」と「社会的要因」の緊張関係を念頭におきつつも、それらの要因が各々の論者が注目する労働者の主体性や社会意識に内在的に関連づけられていないため、それを媒介にして形成される労使間の秩序における緊張がとらえられていないという問題が存在している。エトスを問題にする熊沢においても、「自分たちの『公』としての共同体を求めながら働く庶民」にとって、個人の労働の成果が「仲間たちの生活がそこに依っている企業の盛衰を左右すると教える労務管理を無視し得なかった」[熊沢, 1993：67] という労働者のエトスが、「外在的な技術体系」や「職業別組合の不在」といった要因とどのように関連しているのかは明確ではない。そのため、庶民から見た「公」としての生活共同体と、ヒエラルキーをともなって成立する労務管理システムとしての経営組織との間にある「落差」と「合意形成」を問題化しにくい。また二村においても、クラフト・ギルドの伝統の不在

投稿論文

という近世からの連続性を重視する文化論的なアプローチと、実証研究を通じてとらえられた当事者の〈差別に対する怒り〉や、身分意識を再生産していく実践的な過程との間には距離が存在している。つまり、産業化が進展するまさにその過程で、当事者が強く影響を受けるであろう生産過程における技術的要因や、彼らの組織をとりまく社会的・政治的状況が、外在的な条件としてではなく、彼らの主観的な相互作用を媒介にした労使の秩序形成(3)のダイナミズムの中でとらえられていない。本稿の課題は、いわば労働者の社会意識や主体性を「組織」や「技術」との関連で論じ、主観的に意味づけられた社会関係としての労使関係において、どのような矛盾と一貫性を引き受ける緊張が存在していたのかを理論的な問いとして論じることである。具体的には、日本の「離陸」を条件づけた「職業別組合の不在」という要因に関連して、しばしばその代替物として注目されてきた鉄工組合およびその背景にある「鉄工社会」について、これまでの労働史研究の成果のリアリティをふまえつつ、それをとらえる理論的な視角について検討したい。

以上、兵藤、二村、熊沢各氏の議論を検討し、本稿が注目する理論的課題を明らかにしてきた。ところで、ここに取り上げた諸氏の議論のあいだの関連、および本稿が提示した理論的課題は、初期のJ.ハバーマスによる理論的試みに関連づけることでその位置づけがより明らかになると思われる。ハバーマスは、マルクス主義における「生産力」と「生産関係」による古典的図式を、ヘーゲルにおける「労働」と「相互行為」という概念によって相対化しつつ、後期資本主義社会についての議論を射程に入れて、再構成しようとする。本稿では、鉄工組合についての歴史研究の蓄積を、上述のような理論的課題に照らして再検討したのちに、そこでとらえられた理論的問題をハバーマスの議論と突き合わせて検討することで、本稿の課題の社会理論上での位置づけを明らかにする一方で、事例の分析を通じてハバーマスの社会理論に対しても一定の批判的検討を加えていきたい。

## 2.　明治中期の「鉄工社会」

本稿が、明治中期の鉄工組合[4]および「鉄工社会」を対象とする理由は、それらが上述のような研究史において注目されてきたという理由にほかならない。しかし、それと同時に、鉄工組合が成立する日清戦後期においては、ストライキの頻発が社会問題として注目されはじめた時期であったということにも注目しておきたい。

この新しい社会問題としての労働問題の意義について、当時の新聞は種々の論説を展開しており[労働運動史料委員会, 1963：4]、労使のコミュニケーションは、社会的に注目されつつ、何らかの社会的な意味づけを与えられはじめていた。本節と次節においては、こうした時期の「鉄工社会」およびそこから生まれた鉄工組合の運動の意義について、既存の歴史研究にほぼ全面的によりつつ再検討する。あらかじめ論点を示しておくならば、本稿が注目するのは、池田[1970]および三宅[1978]によって指摘された、鉄工組合に関係した職工たちがもっていたという「工業化適応的」な性格である。この概念を展開することが、労使関係が社会システムとして成立する歴史的な過程を、技術や労働者組織といった要因と関連させつつ論じるための手がかりとなる。

　以下本節では、明治中期の「鉄工社会」および鉄工組合について議論するにあたっての最小限の定義と歴史記述をしておきたい。まず対象としての「鉄工」および「鉄工社会」の定義についてであるが、しばしば引用される『職工事情』の定義によれば、「鉄工」は造船業・車両製造業・各種機械製造業に従事するものの総称であり、職種としては旋盤工・組立工・仕上工・鍛冶工・製罐工・鋳物工・木工・塗工等がある。これらは在来産業の技術との連続性をもつものと「新たに起こりたる技術」に属するものに分けることができる[農商務省, 1903→1998：21-22]。明治期において頻繁に移動を繰り返していた[5]「鉄工」相互の間で、緩やかな同職意識に基づくネットワークが存在したことは、東條[1990]の同職集団論が明示的に取り上げた点であり、東條[1994]が示した図1がそれを端的に表現している[6]。この「鉄工」の集団を「鉄工社会」と呼ぶことにするが、本稿で扱いうるのは、鉄工組合との関わりにおいて見えてくる範囲の「鉄工」の集合であり、さしあたって同職集団としての「鉄工社会」のうちの一部、それも大工場に所属する層が中心とならざるをえない。しかしながら機械工業に従事する「鉄工」の数自体がそもそも少ない当時にあって、東京砲兵工廠や石川島造船所[7]、芝浦製作所、日本鉄道など関東を中心に主要な官民の大工場を巻き込んで組織された鉄工組合の、「鉄工社会」全体に対する影響力が、決して小さくなかったであろうことは想像に難くない。

　図1が示すように、「鉄工」が労働者組織として集団的な関係を形成するあり方には、多様な可能性が存在している。以下に示した、池田による現場監督者の権限に関する諸類型も、「親方」を中心とする労働者の組織が、経営体に対してもつ

投稿論文

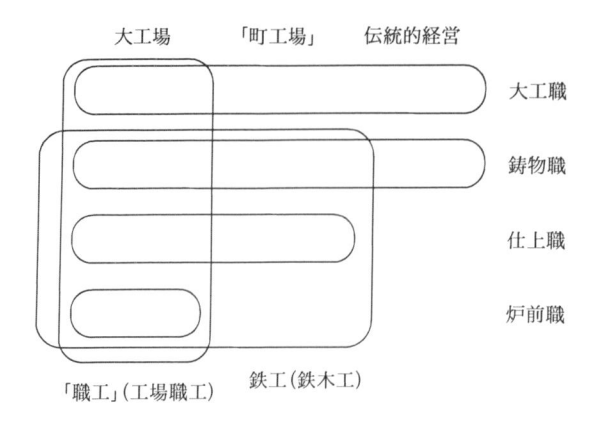

図1 同職集団および「鉄工社会」

出典）東條由紀彦・栗田健「近代日本社会における労働者集団の考察」『明治大学社会科学研究所紀要』第34巻第1号(1994)より抜粋。

多様な関係を示している［池田, 1970：24-28］。

　Ⅰ型：親方＝子方制度：親方は多くの徒弟をもっており、徒弟は雇用契約を工場と直接結ぶが、日常生活を含めて、事実上親方に付属している。鍛冶工など在来職種との連続性をもつ職種に多いが、親方は旋盤や仕上についての知識をもつ場合もある。

　Ⅱ型：親方(職長)請負制度：職長が企業から仕事を請負い、配下の労働者を指揮し、利益を配分する裁量をもつ。中規模以下の工場において相当数を占める。

　Ⅲ型：本来の職長制度：採用・昇格昇給・日給額決定・職場の作業管理に決定権ないし発言権をもつ。旋盤・仕上・組立といった新しい職種が大部分を占める。

　最後に、鉄工組合に関連しながらそれに先行して存在した労働者組織について、上の現場監督者の諸類型および鉄工組合との関わりを示しつつふれておきたい。鉄工組合がきわめて短期間にその勢力を拡大させることができた理由が、参加した職工の間に存在していた様々な組織基盤にあることは、池田［1970］および三宅［1978］によって明らかにされてきた。ここでは池田［1970］にしたがって「同盟進行組」「工業団体同盟会」「職場の互助組織」の3つを挙げておく。第1の「同盟進行

明治中期「鉄工社会」における「労働」と「相互行為」

組」(以下「進行組」)は、西洋の技術を直接「伝習」された「最古の西洋鉄工」で、親方職工の中の親方職工ともいうべき小沢弁蔵・相田吉五郎らによって明治22年につくられた。彼らの結集した理由は、しばしば引用される「趣意書」によれば次のようなものである。

「今我同業社会の状態を顧るに、<u>数年の辛苦鍛錬に依て得たる所の技量も、僅かに雇主の恩恵に由て今日を凌ぐが如く、故に其職権地に落て亦更に振はず</u>……我同業者は宜しく茲に反省し、協力一致して互いに交誼を全ふし、連絡を通じ我同業社会の今日の面目を一新し、其地位と権利とをして益強固ならしめざるべからず。之れ小生等申合規約を設け、以て一大結合をなし、同業者の安全を図るらんとする所以なり。」[片山, 1901→1977：125-126]

この組織の特徴として池田は3つの特質を挙げている。まず第1に相田や小沢自身が鍛冶工であったように、明らかにⅠ型の親方職工の指導する組織であったこと、第2に相互扶助のための自立工場を目指していたこと、第3に工業化に対して適応的な考え方をもっていたことである。ここでの「工業化適応的」な考え方は、技師の進出にともなって、親方も知識を求めなければその地位が危うくなるという危機意識によるものであった。「進行組」は、数名の親方の「不義」によりのちに解散するが、この組織の成員と鉄工組合との関係は深く、小沢弁蔵は鉄工組合の本部救済部長となって石川島造船所内の支部結成に関わる一方、「進行組」の発起人千代松只蔵は、鉄工組合の創立委員になっている[池田, 1970：34]。

第2の「工業団体同盟会」(以下「同盟会」)は明治30年、労働組合期成会発足の直前に結成されている。池田によれば設立の動機は、工場における職工規則による無闇な処分などの支配強化に対処するための団結にあるとしている[池田, 1970：35]。「進行組」との相違点としては、第1に村松民太郎ほか会の指導者層の中心が、新来職種である旋盤工であり、Ⅲ型の親方職工であったこと。第2に「同盟会」が組織した範囲のほとんどが東京砲兵工廠などの官営工場、とりわけ軍工廠であったこと。第3に「進行組」と同じく自立工場の開業を目指したが、「進行組」においては基金積立の段階で解散したのに対して、「同盟会」の方は明治33年に小石川表町に実現していることが挙げられている[池田, 1970：36]。「進行組」との共通点お

よび相違点についてはのちに改めてふれるが、以上から、「同盟会」が「進行組」とは質的に異なる組織基盤をもっていたことが確認されよう。この「同盟会」は鉄工組合の成立において決定的な役割をはたしている。「同盟会」会長村松民太郎は、高野・片山とともに労働組合期成会の初代幹事になっており、何より鉄工組合創立時の13支部のうち8支部までが東京砲兵工廠内の支部であって、東京砲兵工廠内の組合員は創立時には全体の67％を占めている［三宅，1978：31］。

　第3に「職場の互助組織」が挙げられる。これには非公式および公式のものがある。前者においては、仲間うちで死亡者や負傷者が出た場合に、「奉加帳」なるものをまわして日給額に応じた醵金をし、被災者またはその家族におくるという習慣が見られるのに対して、後者の場合は団体を組織しており、役員機構、醵出金、扶助金の額を規約に定めているところもあったうえ、それにも労使双方醵出の場合と職工醵出の二通りがあった［池田，1970：37, 62］。鉄工組合はこれらの互助組織とも一定の関係をもって組織されており、次章に取り上げる日本鉄道大宮工場につくられた第2支部は、役員クラスのメンバーにおいて、同工場内の共済組合である共救会と相当に重複が見られる［池田，1990：7］。にもかかわらず両者には対抗関係の可能性も存在していた。それは共救会の発起人である真吉五郎技手の職場および共救会における専制に対する反発があったからである。この対立関係は次章で取り上げる大宮事件および待遇改善運動の契機となる。

## 3. 鉄工組合の成立および衰退と日本鉄道の争議の意義

　さて以上の背景をふまえて、まず鉄工組合の成立およびその衰退過程について論じ、鉄工組合を構成する内部の社会関係がどのようなものであったのかということについて考察したい。さらに、池田のいうところの「鉄工組合そのものの盛衰をつらぬく一本の赤い糸」［池田，1990：2］であるところの日本鉄道大宮工場における一連の事件を取り上げ、交渉における要求に注目し、労働者が社会的な要求を行う際の「技術」と「組織」の論理的な位置づけについて考察していく。それは研究史上問題になった急速な技術革新やクラフト・ギルドの伝統の不在という状況にあって、「鉄工」が運動レベルにおいてどのような意識をもって対応しようとしていたかということをあらわしている。

　明治30年12月、労働組合期成会から鉄工組合が成立する。鉄工組合の急速な発

展および衰退過程については、三宅[1978]が最も詳細に検討している。成立時における東京砲兵工廠内の支部の比重の大きさについてはすでに指摘した通りである。鉄工組合の組織活動は、高野等の知識人の呼びかけに応じて期成会員となった「職工活動家」が重要工場の「重なる職工」にわたりをつけるという方法で行われており[池田, 1970:48]、彼らもほとんどが東京砲兵工廠に所属する旋盤・仕上などの新型職種の若手熟練工であった。彼らは労働組合を「品位を高め資本家と能く調和して」「話の纏まる様にして何でも穏やかに益々我が国の工業を発展さするよう骨折る会」として考えていた[池田, 1970:49]。

　鉄工組合は、その後急速に発展していく過程で、石川島造船所など池田の分類でいうⅠ型およびⅡ型の親方職工を中心とする支部を成立させてゆき、東京砲兵工廠の会員が占める割合は相対的に下がっていく[三宅, 1978:31]。しかし、量的な発展と同時に組合費納入者数に停滞傾向が生じてくることになり、最も重要な動機づけであった救済制度が、明治32年中ごろから逼迫する[三宅, 1978:34]。つまり、組合員の拡大に最も有効な動機づけであった救済制度が、組合の量的発展とともに組合を衰退に導く要因となったわけで、それはⅢ型の職場に属する若手熟練工を中心にはじまった鉄工組合が、Ⅰ型およびⅡ型の親方層を中心に急速に組織を拡大した結果でもあった。三宅は、内部にこうした多様な構成をもちつつも、先行組織である「同盟進行組」（Ⅰ型の親方中心）と「工業団体同盟会」（Ⅲ型の親方中心）がどちらも工業化に積極的に適応していくという姿勢を示していたという共通点が、鉄工組合を量的に拡大させた背景であったとしている[三宅, 1978:34]。池田も、鉄工組合をあくまで知識人による上からの組織活動によって成立したものであり、先行するこれらの諸組織が合流・成長する形で成立したわけではないとしながらも[池田, 1970:38]、「知識・技術・徳性の向上により日本の工業化に資そうとする考え方は労働組合期成会、鉄工組合の一般的な考え方であった」[池田, 1970:50]としている。

　以上のような鉄工組合内部の共通項についての研究史上の理解は、当時組織化にあたった片山潜の考え方にもあらわれている。片山は、鉄工組合の最盛期当時の事情を分析した論説[労働運動史料委員会, 1962:597-599]で、労働組合を組織する際の基礎となる、労働者間の社会的な紐帯について、「徳義」と「品位」という2つの観念を取り上げ、組織化における両者の重要性にふれている。片山によれ

ば、労働組合が成立することは、「立憲政治の下に住んで居る所の人間としての教育上」有効であり、維新後の新しい職種においては職工が「何処へ行っても知ったものはあるという」「一社会を為して」いるから、彼らが自ら議決したことに背いて組合から処分や除名などの制裁を受けることは不名誉となるため、彼らの「品位」を高めることになるという。さらに続けて「徳義」という観念にふれ次のように書いている。

「それで徳義の点はどうか。決して徳義と云ふものは、一朝一夕に高めるとか或いは徳義を改良するとか云ふようなことは出来ませぬ併し私共が労働者の間に這入つて案外に驚く所のことがあり又一方に於ては大いに望を嘱し且つ喜ぶ所のことがある即ち今は労働者間の徳義が高いと云ふことで。如何様組織的にはなつて居らないけれども昔風であつて矢張り此徳義の未だ下つて居らぬ今日の政治社会。今日の学者社会。今日の商業社会と云へ其徳義の腐敗して居るということは吾々の喋々するところではない実に腐敗して居つて其不人情と言ひ交際上の醜汚と云ふものは実に言ふに言はれない所がございまするが。」[労働運動史料委員会, 1962:597]

片山のいう「徳義」とは、上記の引用文の後で、すでに前章でふれた奉加帳などの例を挙げていることからも、職工間における非組織的で慣習的な相互扶助および利害調整に関わる道徳と考えられる。一方の「品位」は、しばしば学歴などにあらわれるとされるように、全体社会において意味をもつような道徳的素養として理解されるものである。ところで、この2つの道徳の違いは、鉄工組合に先行する「同盟進行組」と「工業団体同盟会」の質的な違いに関連しているように思われる。片山[1901→1977]によって"旧式"労働団体に分類された「同盟進行組」における「趣意書」および規約と、同じく片山が"経済的"労働団体に分類した「工業団体同盟会」の「主意書」および規約を比較するといくつかの対照点が浮かび上がってくる。第1に、組合員の発明の取扱についてである。「進行組」の場合、「趣意書」規約第8條において、組合員の発明は、発明者の名義とした上で広く発売し、利益は発明所の所得とすることが明言されているのに対して、「同盟会」の「主意書」においては、発明者や進級力のあるものに対しては「奨励之法を設け工業進歩の基を

固ふすること」[片山, 1901→1977:204]とのみ記され、より国民経済的な視点に立ち、利益の配分については明言されていない。第2に、両者が積立金によって工場を設立する理由である。「進行組」の場合、規約第7條によれば、工場設立の理由は「職工志願者の技術練習所となしまた組合員被雇工場休工中の工場に供す」[片山潜, 1901→1977：127]ためであるが、「同盟会」の場合は、「工芸技術の進歩を図り、同業者の権利を高め、子弟を教育養成し、且つ災厄相救ひ、以て同業者の位置を高むるを目的とす」(規約書第三條)とする一方で、「一朝陸海に事ある時は速に其要求に応じ、率先国家に盡くす処あらんとす」[片山潜, 1901→1977:205]としている。両者とも同業者の地位の向上を目指す組織であるにもかかわらず、こうした微妙な違いは、「進行組」では「徳義」に、「同盟会」では「品位」に、それぞれ組織道徳の重心があったことを示していると考えられる。鉄工組合の試みは、こうした主として官営と民営の工場で求められた2つの道徳を「真正の調和」(片山)によって、同一の組織に収斂させることであった。

　日鉄大宮工場で起きた「大宮事件」(明治32年11月)、およびその後の「待遇改善運動」(明治33年3～4月)は、鉄工組合が多様な存立基盤をゆるやかに組織化するという役割を離れて、実際に争議の調停活動に乗り出さざるをえなくなった事件であった。「大宮事件」は、自分の弟子以外の職工に対して専制的な振る舞いをしていた技手沢野吉五郎に反対したために、8名の職工が解雇された事件である。鉄工組合はこの事件においてはじめて労使紛争の仲裁に乗り出すが、結局失敗に終わっている。片山はこの事件を契機にして日本鉄道の全労働者(機関車乗務員・火夫・鉄工)を統一して使用者に当たらせようとし、そのオルグ活動は同社機関手・火夫の賃金引き上げを要求する全線運動(明治33年1月)となってあらわれるが、運輸部長が善処方を約したためにストライキには至らなかった[池田, 1970：71]。「待遇改善運動」は、「大宮事件」後のそうした労使関係の不安定な状態の中で発生し、背景にはすでに成立した治安警察法が施行される前に運動を起こすチャンスをうかがっていたという事情もあった[池田, 1990:22]。この運動は、まず片山の組織化をうけて日鉄内の鉄工組合支部を中心に職工同盟会が組織され、3月には同盟会委員と使用者との面会に至るという経過で進んだ。使用者は、要求は正当だが要求の方法が不当であるとしてひとまず引き上げるよう説得しておき、のちに大宮・盛岡・福島各地の同盟会代表あわせて45名を解雇する。職工側はこれ

に対応できず、鉄工組合支部幹事や役員層の切り崩しにあって敗北した。日本鉄道機械工の待遇改善運動は、明治32年末には衰退傾向にあった鉄工組合が、労働組合としての活性力を高めるために新たに展開しようとするもの［池田, 1990：34］であった。しかし、この運動に失敗した鉄工組合は、その後影響力を失う。

　この日本鉄道における一連の事件において、「鉄工」が「陳情書」や檄文において主張した要求およびその「根拠」に注目して、次の3点を挙げておきたい。第1に、大宮事件に関して栗田健［1994：43］が指摘している点であるが、専横的に振る舞う親方職工の排除を求めた鉄工組合員が、親方職工といえども「会社に奉仕する点に於いて他の職工と同一の身分」であるということに主張の根拠をおいたこと。第2に、待遇改善運動において職工たちが、明治31年の日鉄機関方争議および翌年の線路工夫の争議を通じて機関方(機関車乗務員)や線路工夫が得た待遇との比較を意識していたこと。第3に、第2の点と関連して、彼らが自らの仕事の重要性や彼らがもつ技術と熟練を、折にふれて主張していることである。第2、第3の点を示す史料として、待遇改善運動に踏み切る際に福島からとばされた次のような檄文の一部を引用しておきたい(引用文中の傍線は引用者による)。

「然り一昨年<u>機関方の同盟罷工以後</u>彼等を待遇する最も厚く特に近時は<u>運転技手たる名誉なる姓を附し</u>是と同時に掃除夫も亦少しく位置を進め、其証として昨年来二回の賞与を受けたるに非ずや、亦<u>線路工夫も</u>名を<u>工手と改称し</u>日曜休暇を得、賞与を受けつつあり、然るに我々職工を顧みれば実に会社労働中の最も劣等なる位置にあり、会社は職工に対し一般待遇を進めし事ありや……実に職工は機関車の医師なり、文明の技術者なり、然るに他と比較して少しく言わしめよ。すでに職工長たる者漸く運転手補の待遇たり、<u>その職工長たらんには少なくとも十数年以上の星霜と苦心を以て技術と熟練を得、甫めて得たる堂々たる文明の実地機関技手たり、然るに運転手を見よ、僅か七、八年にして責任の人となる故を以て運転手たり、機関庫助役たり、中には機関の名称もよく知らざる運転手あり、而して技術と熟練に長ずる職工の上にたち監督しつつあり。</u>」［庄司, 1968：122-123］

　第1の栗田の指摘について説明しておく。栗田が注目するのは、親方職工とし

明治中期「鉄工社会」における「労働」と「相互行為」

ての顔をもつ沢野技手を排除しようとした鉄工組合員の一部自身もまた親方職工であったことである。例えば「労働運動の首領として職工に敬服され会社よりも感服されたる理想的鉄工」であった鉄工組合員斎藤新熊に対して、反対派が街頭ポスターを通じて「衆正業者の為に」と弾劾の意を表明していたという『労働世界』の記事にふれて、それが一般労働者と親方職工の対立というよりは親方職工間の対立と見るべきだとする[栗田, 1994：45-46]。その一方で栗田は、日鉄大宮工場において、親方職工を含めた鉄工組合員が「他の職工と同一の身分」という視点から運動を展開したことから、彼らが「熟練労働者の別のあり方」への志向を表していたという[栗田, 1994:46]。そしてこの運動は、多様な構成員を含む鉄工組合そのものの矛盾とも無縁ではない。というのは池田や三宅が指摘するように、鉄工組合が親方職工の分類でいうところのⅢ型の職長が監督する工場から出発し、Ⅰ型の親方層を取り込む形で拡大・発展してきたことが、栗田が次のように指摘する帰結を生じさせる。

「鉄工組合はすでに見たように親方労働者への組織の拡張によってその基盤をかためつつあったのであり、その一方で親方労働者の支配に対する反発を組織化せざるを得なかったことは、ある面では自らの基盤を掘り崩すような結果を招く危険性を帯びていた。」[栗田, 1994:46]

ここで栗田のいう「熟練労働者の別のあり方」とは日鉄大宮工場においていかなるものだろうか。Ⅰ型のように経営組織とは関係なく、熟練・技術・知識をもって親方の地位をひいては同業社会の地位を確保しようとするものではない。そのあり方は第2、第3の点を検討することによって明らかになると思われる。先に引用した檄文や陳情書が示しているように、日鉄の機械工たちは、<u>彼らが保持する熟練に対して、現実にはふさわしい待遇を得ていないと考えている</u>。しかし、青木正久[1979]が示しているように、このような主張をしていなかった以前と比べれば、むしろこの間、機関方との賃金格差は縮まっている。ここでの彼らの主張は、彼らの地位が<u>自分たちより熟練をもたないものと</u>比べて低いということであり、[9]その熟練を彼らが<u>その一員として貢献する経営組織</u>内における地位として評価されるべきだということである。ここで彼らの「熟練」は、労働市場における実

167

在的根拠から、労使のコミュニケーションによって社会的に制度化される対象へと転化している。隅谷三喜男の「熟練工が社会的範疇として成立しなかった」というテーゼが、研究史上注目され続けてきたのは、熟練が人々の間で制度的に認知されなかったという制度的な問題を視野に入れていたからである。その原因が急速な産業化やクラフト・ギルドの伝統の不在にあることは説得的であるが、それでは人々がそうした規定条件によりつつ、職業別組合のかわりに、どのような内的に意味づけられた主体性を志向していたのかということが問題化できない。池田が横山源之助の指摘を引用しているように、在来の職人層を吸収したといわれる鍛冶職においてさえ、「市中に散在する鍛冶屋の労働と工場内の鍛工とは、自ら業務を異にし熟練伴はざる可からざるが故に、工場の労働を能くせんと欲せば新たに鍛工の職に熟せざるべからず」［横山, 1898→1949：250］という状況であった大工場の「鉄工」は、以上に示してきた鉄工組合の運動を通じて「熟練」を「主張」するに至った。そしてそれを組織に奉仕する一員としての組織内の地位と関連づけることで、本来的には彼ら個人の利害関係に基づいて正当に評価されるべき「熟練」は、組織がもつ政治的な権威との妥協を受け入れることで、組織の利害関係と関係づけられる。こうして個人の利益と組織の利益を関連づけることによって、彼らの熟練が社会的に制度化されるという状況が生じた。栗田の指摘する「熟練労働者の別のあり方」は、このような「熟練」と組織の権威との、政治的な関係をともなうものだった。鉄工組合の展開との関連でいえば、Ⅰ型の親方職工がもっていた、経営組織とは一定の距離をとって存在する同業社会への志向と、Ⅲ型の親方職工がもっていた、自らの利害を官営工場ひいては国家の利害と同調させていく志向を両極にもつ鉄工組合は、唯一調停に乗り出した日鉄大宮工場においては、以上のような経営体内における熟練の制度化の論理を成立させる。労働争議が労使間のコミュニケーションのパターンを成立・変化させる主要な契機であると考えれば、鉄工組合と「鉄工社会」は、民営大工場における運動の過程で、こうした労働者の主張の論理を生みだしていたといえる。

## 4. 明治中期「鉄工社会」における「労働」と「相互行為」

ここで、上述のような鉄工組合の運動が、資本主義社会の展開においてもっていた意味を、より一般的な枠組みから考察するために、初期のJ.ハバーマス

[Habermas, 1968=2000]の議論を援用し、冒頭でのべた「技術」と「組織」という要因が、社会システムとしての労使関係においてどのように関連しているかという論点についての試論を行いたい。

　ハバーマスは、その理論的営みをイエナ講義期のヘーゲルから出発させ、そこで「精神」を形成する弁証法的過程において中心的な地位を占めていた「労働」「相互行為」「言語」およびそれら相互の関係について検討している。ハバーマスによれば、「労働」および「言語」は、それぞれ直接的欲望および感覚的直接性から人間経験を距離化する媒体であり、ともに間主観性を構成する。また「相互行為」は、自我の全体的共同性を目指し、合意による「制度的枠組」として成立する行為の契機である。この基礎概念をもとにして、ハバーマスは「生産力」―「生産関係」の図式に、「労働」―「相互行為」を対置しつつ、マルクス主義を批判的に再構成する。この試みは、次の3点において本稿の理論的課題への手がかりを提供してくれる。第1に、後期資本主義社会における技術の分析によって、マルクス主義がもっていたイデオロギーの実践の可能性が、資本主義社会の歴史的条件に基づいていることを指摘し、その可能性を相対化してとらえつつ生産力主義的なマルクス主義の位置づけを明確にしたこと。第2に、「労働」と「目的合理的行為」を等値することで正当性の問題を導入し、イデオロギー分析の地平を明らかにして、社会意識を論じる本稿の課題に接近しやすくしたこと。第3に、相互に還元不能な「労働」（＝「目的合理的行為」）と「相互行為」（＝「制度的枠組」）の位置関係のあり方によって、イデオロギー支配の歴史理論を提示し、多様なイデオロギー状況を分析する道具立てを提供したこと。ハバーマスは、以下のように「労働」と「相互行為」の位置関係によって、イデオロギー支配の歴史的な展開を提示している［Habermas, 1968=2000：73-94］。

①「伝統的社会」においては、「相互行為」に基づいて成立する「制度的枠組」が、「労働」あるいは「目的合理的行為」に対する優位を保持している。そこでは、「社会的労働」のシステムと、そこに集積された技術的に使用可能な知識の総量から発展していく「目的合理的行為」のサブシステムは、それ相当の進歩をとげつつも、その「合理性」が支配を正当化する文化的伝統の権威を明白におびやかすほどにはけっして拡大することがない。伝統的社会における支配は、

「制度的枠組」によって正当化される政治的支配である。
②「資本主義社会」においては、「制度的枠組」の正当化が、「労働」あるいは「目的合理的行為」の「公正な交換」というシステムに直接むすびついて行われる。このブルジョア・イデオロギーにおける政治的支配の側面は、ウェーバーの〈合理化〉論の展開によってとらえられる。すなわち〈合理化〉は、"下から"「目的合理的行為」のシステムの拡大によって、各個人が「相互行為」の連関から「目的合理的行為」へといつでも心を切り換えられるよう訓練する一方、"上から"伝統的な世界解釈を批判し、解釈の科学的性格を要求しつつ、伝統の素材を再組織するという形で展開する。ここでの新たな正当化の形式は、解釈過程の科学的性格を要求する一方で、体制正当化の機能を保持しているために現実の権力関係が分析され、公然と意識されることに対してはそれを阻害する。ハバーマスはこのようにしてウェーバーの〈合理化〉論に、マルクスが経済学批判として行ったイデオロギー批判を接続する。
③「後期資本主義社会」においては、「目的合理的行為」は「技術」としてあらわれ、飛躍的に「生産力」を拡大させることによって、「相互行為」との実践的な関係を失う。自由主義的資本主義の特徴をなしていた「目的合理的行為」のシステムと「制度的枠組」の配置は破壊され、「公正な交換」というイデオロギーは実践的に瓦解する。新たな「正当化」は、国家の補償プログラムの社会的結果と、「技術」によって飛躍的に拡大する「生産力」が、それを支える「制度的枠組」との違いを隠蔽することによってなされる[11]。

以上のような論理で、ハバーマスは、「労働」(=「目的合理的行為」)と「相互行為」(=「制度的枠組」)の位置関係と、政治的な支配関係の間の、イデオロギーを介した緊張関係をとらえる。この緊張関係は、主に産業化の推進者が一定の政治社会の背景をもって登場する一方で、労働者や労働者による組織が、工業化に対して一定の態度をもって社会関係を模索していくまさにその場にあらわれる。この枠組によれば、本稿が取り扱った明治中期の鉄工組合の運動、およびそれに先行した諸組織の事例における職工の社会意識や主体性は、どのように分析されうるだろうか。

まず鉄工組合に先行した「同盟進行組」と「工業団体同盟会」について考察するな

らば、「同盟進行組」においては、「労働」あるいは「目的合理的行為」は、伝統的な支配を正当に批判しうるものとして意義づけられていない。したがって「工業化適応的」な価値志向は、労働者や労働者による組織と、国家や経営体などの外部組織との伝統的な政治的関係の正当性を崩壊させない形で発揮される。その範囲内で、彼らは主に同業社会内の道徳である「徳義」に重点をおいて、同業社会の地位を発展させようとする。したがって政治的な支配関係としては、あくまで「伝統的社会」すなわち近世以来の「役」の体系に近いといえる。一方の「工業団体同盟会」の方は、官営工場とくに生産の合理化が進んだ東京砲兵工廠に所属する職工を中心としている。彼らが主体化する道徳は、外部組織にも開かれた「品位」に重点がおかれているため、彼らの道徳的・制度的関係は全体社会の中で正当化される。彼らは工業の進歩とともに「品位」を向上させて自らの社会的地位の上昇を目指す。しかしその「品位」が「目的合理的行為」に基づいて、国家の権威に対して自由を獲得することはない。むしろ宮地正人が指摘しているように、国家の権威に直接関わってくるからこそ、東京砲兵工廠における運動は、国家権力によって最も警戒されたのである[宮地, 1970：149]。こうして見ると、2つの組織において、「目的合理的行為」は、「制度的枠組」の正当性と緊張関係をもちつつも決してそれに優越することはないといえる。それでは、両者が完全にハバーマスのいう「伝統的社会」なのかというとそうではない。というのは、海外の先進技術を導入して急速に進展する産業化に対して、彼らがとった「工業化適応的」な態度には、「生産力」の発展と「制度的枠組」の正当性の混同が見られるという点で、むしろ「後期資本主義社会」の要素が含まれているからである。とくに「同盟会」は、国家の「生産力」と「制度的枠組」の正当性を強く混同している。しかし、国家の補償プログラムが存在していない以上、彼らが「工業化適応的」な態度をとることは、彼らの地位を上昇させるためであり、その意味で「制度的枠組」に対する「目的合理的行為」の緊張関係はやはり存在しているのである。ここにハバーマスの議論ではくみつくせない後発資本主義国日本における資本主義の発展のねじれと社会意識のあり方が見てとれる。

　「鉄工社会」および鉄工組合は、日本鉄道株式会社という、独占的かつ一定の自由をもつ民営大企業で生じた争議の調停活動を通じて、はじめて労使の間で正当性をめぐる解釈を問われることになった。この運動の過程で職工たちは、「専横

的な親方職工や機関方・火夫などと同じく組織に貢献する一員として、自らの技能を評価すること」を要求する。"上から"の〈合理化〉の過程においては、イデオロギーが解釈の科学的性格を要求するというハバーマスの指摘に照らしてみると、この要求は、熟練技能に基づく正当な評価を主張しており、一見したところ「目的合理的行為」が正当化を担う「資本主義社会」における労使関係のあり方として理解できる。しかし、彼らの熟練に基づく正当性は、明らかに組織の権威と関係づけられていることに注意しなければならない。およそ組織一般における協働という契機は、成員の利害と期待構造を制度的に調整していくことで、組織目的とそれを追求する「組織の合理性」を生みだす。しかし、ここで日鉄の職工たちが妥協をせまられた組織の権威は、「組織の合理性」がもたらす実質的な資源には回収されない、すでに制度化された政治的関係、すなわち近代的な身分関係である可能性を多分に含んでいる。ハバーマスは、「資本主義社会」におけるイデオロギーを「目的合理的行為」による「制度的枠組」の正当化によって説明するが、この民営企業において、「目的合理的行為」は「制度的枠組」に対して完全な優位を示していない。ここで「熟練」の正当な評価に基づく交換というイデオロギーが、体制正当化の機能をはたして潜在化させた権力関係の場こそ、組織にほかならない。[12]このような視角に立つことによって、日鉄の機械工たちが、熟練や技術の正当な評価を要求すると同時に、組織の一員としての地位をも要求し、組織内のヒエラルキーを妥協的に受け入れていく際の政治的な緊張を理解できるであろう。それと同時に、「生活共同体」や「伝統的な社会組織」などが、経営体の「組織の合理性」に回収されようとする際の政治的な緊張が理論的に位置づけられると思われる。つまり職工たちの「目的合理的行為」としての「熟練」に対して、正当な評価と交換が行われるべきだというイデオロギーが、可能性としては存在しながらも貫徹せずに、組織の権威における権力関係と妥協することで、労働者個人およびその仲間の利害と、組織の一員として関わる経営組織の利害との妥協が、政治的に行われることを必然化するのである。

　以上の考察を総合すると、明治期日本の資本主義社会は、ハバーマスが定式化する「伝統的社会」、「資本主義社会」、「後期資本主義社会」のいずれとも異なるかたちで、政治的な支配が経済的な関係に脅かされつつも先行し続けるという形で展開したということができる。本稿では、「労働」（=「目的合理的行為」）と「相互

行為」(=「制度的枠組」)の間に、イデオロギーの資源の1つとしての「技術」を位置づけるハバーマスの枠組みを、鉄工組合の事例において検討することで、「組織」というもう1つのイデオロギーの資源の位置を確認してきた。研究史の検討において本稿の課題とした、技術的要因と組織的要因が、経営組織内で労使の緊張をはらみつつ職工の主体的な意識と関連していく論理は、一定の歴史的状況を前提とする後発資本主義国にあらわれた、以上のような「労働」と「相互行為」の位置関係と政治的な支配の緊張関係の枠組みにおいて理解することができるだろう。

## 5. 結語にかえて――労働運動におけるイデオロギー分析と実践の深度――

　以上本稿では、ハバーマスの議論を、後発資本主義国日本における鉄工組合の事例分析を通じて拡張することで、マルクス主義において狭隘化しがちなイデオロギー批判の地平を拡大し、「技術」あるいは「組織」をめぐる労使の政治的な関係をとらえる枠組みについて検討してきた。こうした枠組みは、明治期の「鉄工」たちが自らの位置を切り開く主体性と実践の可能性の一端をより理論的にとらえうるものと考えられる。しかし、ハバーマスのイデオロギー分析を用いて行ってきた本稿での議論の意義と限界について、実践の深度および歴史的全体性という点から確認しておきたい。

　A.ギデンズが指摘するように、ハバーマスはマルクス主義を展開する過程で、「労働」という社会的行為を「目的合理的行為」という正当化の契機としてのみ扱い、それを支える社会の生産・再生産に関わる実践的な行為としての「労働」や、「相互行為」の具体的なあり方について説明していない。そのため「経済的に条件づけられたシステム問題」について語ることで、マルクスよりもウェーバーの見解に接近している[Giddens, 1982=1991：28-35]。この指摘は、職工の社会意識をハバーマスの議論によって分析してきた本稿に対しても意味をもつ。つまり、本稿の分析が示してきた政治的な緊張がもつ実践的な意義は、「鉄工社会」における社会的諸過程についての最低限の歴史記述によって暗に補完されているともいえる。しかし、その「鉄工社会」についての記述も、労働運動におけるコミュニケーションの場面が中心的であり、職場における労働および管理の具体的な過程の影響力や、運動に関わらない人々の存在は視角外にある。また、国民国家がまだ本格的に成立していない明治中期という時期について、前後の時期と比較して明らかにすべ

き特性(13)についても明らかにしていない。とはいえ本稿が、鉄工組合という事例の再検討を通して、システム論的な観点から明らかにしてきた技術および組織をめぐる内的な政治的関係は、労使関係の秩序形成とその社会的影響力の存在をあらわしており、分析される意義をもつ。本稿が明らかにしてきたことは、「鉄工社会」が、その運動の過程で「技術」や「熟練」および「組織」を資源とするイデオロギー状況を成立させ、労使の緊張関係を成立させてゆく内的な過程である。

〔注〕
(1) 中西［1972］は、兵藤［1971］がもつ研究史上の意義と生産力主義的な傾向について詳細に検討している。
(2) 二村は一方で友子同盟のような伝統的な労働者組織の一定の影響力を記述しながらも、それを西欧のクラフト・ギルドのような入職規制を行うような性質のものではなかったと判断している。
(3) 90年代以降、佐口和郎［1991］や東條由紀彦など、A.グラムシにおけるヘゲモニー概念をとりいれて、同意形成による労使関係システムの成立に中心的な関心を向ける歴史研究があらわれている。これらの議論においては、システムとしての産業民主主義の成立が日本固有の特質としての「人格主義」をともなったということが主張されている。筆者は、この「人格主義」を日本固有の問題ととらえることの問題性を不十分ながら指摘している［勝俣, 2002］。
(4) 1897年に高野房太郎ら知識人主導のもと成立した労働組合期成会は、演説会等を通じた組織化をすすめたが、それに反応して期成会員となった多くは「鉄工」であった。同年12月にその「鉄工」を中心として鉄工組合がつくられる。
(5) 池田は、当時移動を頻繁に繰り返していたといわれる「鉄工」のキャリアの類型として、①若年から同一企業に定着、②青壮年時代に移動を繰り返した後一企業に定着、③「定期職工」として一定期間官営工廠に定着、④たえず転々として腕を磨きながら独立する機会を求める、⑤仕事になじめず廃業していく、といった分類を行っている［池田, 1970：21］。また宮地正人は、日清戦後の東京府下における大工場と中小工場の雇用形態の違いと、両者の間で「渡り職工」による相互交流が行われていたことを指摘している［宮地, 1970：151］。
(6) 先の二村にも見られた、制度としての入職規制が存在しない明治日本における労働者組織の存在様式をどのようにとらえるべきかという問題に対して、東條由紀彦［1990］の同職集団論は、労働者における同職間の結合が、クラフト・ギルドの機能に「実質的に」比定しうるものとしてとらえている。これに対しては、菅山真次［1991］が官営製鉄所の宿老・工長クラスのキャリア分析を行い、しばしば職種を越えた配置転換が行われていることを実証することで、同職間の結合は実質的な閉鎖性をもっていなかったとして批判している。本稿ではこうした批判をふまえて、同職集団を対面的な関係を契機とする同職間のきわめて緩やかなネットワーク関係として理解したい。

(7) 「鉄工」の数の職工全体の数に対する割合を確認しておくと、「工場調査要領」における明治32年分の統計によれば、「原動機ヲ有スル」10人以上の職工を「傭使スル」機械工場の職工数は18,421名で、同じ条件での全職工数280,292名のうちわずか6.6％を占めるに過ぎない［農商務省, 1903→1998］。

(8) 池田は、救済活動が停止する直前の明治33年4月において活動救済金の受領者のうち組合費を納めていたものが1割に満たなかったこと、会員5,400余名のうち経費を納めていたのが1,000名に満たなかったことを指摘し、とくに救済費を受けた組合員の歩どまり率がきわめて悪かったことに組合員に対する掌握力の弱さを見ている［池田, 1970：61-63］。

(9) そして職工が自分たちよりも熟練が低いと主張した機関方の方としても「多年の星霜を経て辛苦勉励熟練を以て学を修めたる運転技手」なりとして、機関方の「手芸」をその根拠とし、機関方が地方官よりも高給だという会社の説明に反駁する一方で、機関方は自らの学歴や学問によって「品格」が向上したことを重要な根拠づけとしている［青木, 1979：24］。

(10) 山下［1995］は、熟練概念に関する内外の理論を詳細に検討し、それらが「能力としての熟練」と、社会的に構成される「制度的熟練」という2つの焦点をもつことを明らかにしつつ、熟練概念に関して社会学的に議論すべき論点を提示している。

(11) ハバーマスは、後期資本主義社会においては、かつて「正当な」生活連関の「全体的共同性」を目指すものとして位置づけられていた「相互行為」が、「労働」＝「目的合理的行為」に侵食されて変質するという。そこで「相互行為」にかわって「コミュニケーション的行為」を、「労働」＝「目的合理的行為」と分離した行為として設定する。しかしGiddens［1982=1991］が指摘するように、ハバーマスはこうした概念操作を通じて、様々な行為についての概念が、社会的に作用するレベルを混同する傾向があり、取扱には十分注意が必要である。「労働」を「目的合理的行為」に等値することによる混乱と、その本稿における意味については最後にふれたい。

(12) 本稿では、この政治的な関係の場としての組織の問題について、ハバーマスの全体社会の歴史的展開に関する議論上の位置づけのみ示している。この問題は、本来、国家を含めた広義の組織についての歴史社会学的考察と関連づけられなければならないだろう。またここでの「組織の合理性」という概念についても組織論の観点から詳細に検討される必要がある。今後の課題としたい。

(13) 池田は、明治末期に一度潜在化したのち大正期に再度高まっていくその後の労働運動の展開をふまえて、工業化に適応的な労働者が反体制的な意識をもつ可能性について「反資本主義的生産者意識」という概念でとらえている。この概念は本稿が事実上とりあつかっていない広義の社会主義運動の理論との関連をも視野に入れている。

投稿論文

〔参照文献〕
青木正久 [1979]、「日鉄機関方争議の研究」労働運動史研究会編『黎明期日本労働運動の再検討』労働旬報社。
Giddens, A. [1982], "Labour and Interaction," Thompson, J.B. and Held, D. (eds.), *Habermas, Critical Debates*, Macmillan Press.＝1991、千石好郎訳「労働と相互行為」『社会分析』第19号。
Habermas, J. [1968], *Technik und Wissenschaft als ﹥Ideologie﹤*, Suhrkamp Verlag, ＝2000、長谷川宏訳『イデオロギーとしての技術と科学』平凡社。
兵藤釗 [1971]、『日本における労資関係の展開』東京大学出版会。
市原博 [2001]、「戦前期日本の労働史研究」『大原社会問題研究所雑誌』第510号。
池田信 [1970]、『日本機械工組合成立史論』日本評論社。
────── [1990]、『労働史の諸断面』啓文社。
片山潜 [1901→1977]、『日本の労働運動』岩波文庫。
勝俣達也 [2002]、「〈労使関係〉の成立における「人格」の意義」『現代社会理論研究』第12号。
熊沢誠 [1993]、『新編日本の労働者像』筑摩書房。
栗田健・東條由紀彦 [1994]、「近代日本社会における労働者集団の考察」『明治大学社会科学研究所紀要』第34巻第1号。
三宅明正 [1978]、「近代日本における鉄工組合の構成員」『歴史学研究』第454号。
宮地嘉六 [1949]、『職工物語』中央労働学園。
宮地正人 [1972]、『日露戦後政治史の研究』東京大学出版会。
中西洋 [1972]、「日本における労資関係発達史の研究状況」『経済学論集』第37巻第4号。
二村一夫 [1988]、『足尾暴動の史的分析』東京大学出版会。
────── [2001]、「日本における職業集団の比較史的特質」『経済学雑誌』第102巻第2号。
農商務省商工局 [1903→1998]『職工事情(中)』岩波文庫。
労働運動史料委員会 [1962]『日本労働運動史料 第一巻』労働運動史料刊行委員会。
────────── [1963]『日本労働運動史料 第二巻』労働運動史料刊行委員会。
庄司吉之助 [1968]、「日鉄機関方・職工同盟罷業の意義」『商学論集』第36巻第4号。
菅山真次 [1991]、「日本の産業化過程における熟練形成の一断面」『東北学院大学論集 経済学』116号。
東條由紀彦 [1990]、『製糸同盟と女工登録制度―日本近代の変容と女工の人格―』東京大学出版会。
山下充 [1995]、「熟練概念の再検討―熟練論に必要な社会学的視点とは何か―」『日本労働社会学会年報』第6号。
横山源之助 [1898→1949]、『日本の下層社会』岩波文庫。

⟨Abstract⟩

## 'Labor' and 'Interaction' in 'Ironworkers Society' in the Middle of Meiji Era

Tatsuya Katsumata

(Graduate Student, Tsukuba University)

In the Japanese history of labor, the historical fact that "the skilled worker has not materialized as a social category" often attracted attention to explain why laborers were not moving from one company to another in heavy industry after World War I.

This historical fact has mainly been explained by technical factors or historical factors of the continuity of laborer groups from pre-modern society.

However, these explanations did not clarify theoretically how the above-mentioned factors work in fact on the institutional level of the labor-management relation, which were developed by the people of those days.

In this paper, I take the Ironworkers Union as an example to explain how the various components of this particular organization had expressed what, I termed, 'active consciousness' for technology and the social position of laborer groups.

In particular, I concentrate on the labor dispute, which broke out at the Japanese Railway Company, in which laborers stressed that their skills did relate to their status as members in the company.

In the process, I demonstrate the kind of political consent, which was formed between the interest of operating the organization, and the interest of the skilled individuals.

# 書　評

1 〈extended review〉
　若者と労働世界の再編成　　　　　　　　　　　　村尾祐美子

2 高橋伸一編著
　『移動社会と生活ネットワーク
　　　――元炭鉱労働者の生活史研究――』　　　　田中　直樹

3 村尾祐美子著
　『労働市場とジェンダー――雇用労働に
　　おける男女不平等の解消に向けて――』　　　　橋本　健二

4 石原邦雄編
　『家族と職業：競合と調整』　　　　　　　　　　笹原　　恵

5 櫻井純理著
　『何がサラリーマンを駆りたてるのか』　　　　　榎本　　環

6 伊原亮司著
　『トヨタの現場労働
　　――ダイナミズムとコンテクスト――』　　　　土田　俊幸

7 森田洋司編著
　『落層――野宿に生きる――』　　　　　　　　　平川　　茂

⟨extended review⟩
# 若者と労働世界の再編成

村尾祐美子
(日本学術振興会)

対象書籍: 1　矢島正見・耳塚寛明『変わる若者と職業世界—トランジッションの社会学—』(学文社、2001年、A5判、201頁、定価　本体2300円＋税)
2　玄田有史『仕事のなかの曖昧な不安—揺れる若年の現在—』(中央公論新社、2001年、四六判、254頁、定価　本体1900円＋税)
3　竹内常一・高生研(全国高校生活指導研究協議会)編『揺らぐ〈学校から仕事へ〉—労働市場の受容と10代—』(青木書店、2002年、四六判、282頁、定価　本体2800円＋税)
4　小杉礼子編『自由の代償／フリーター—現代若者の就業意識と行動—』(日本労働研究機構、2002年、A5判、196頁、定価　本体2200円＋税)
5　宮本みち子『若者が《社会的弱者》に転落する』(洋泉社、2002年、新書判、184頁、定価　本体720円＋税)

　学校卒業時には4月1日から正社員として勤める会社がもう決まっている——学校から職場へのこのような「間断のない移動」は、戦後日本の若年労働市場の大きな特徴の一つと言われている。各社ほぼ横並びのスケジュールのもと卒業予定者を一括して募集・選考し、卒業とほぼ同時に正社員として採用する「新卒一括採用」慣行は、学校が介在する職業紹介システムの確立を背景に、戦後(とりわけ高度成長期以降)の日本社会で広く行われてきた。
　しかし近年、学校卒業後進学もしなければ正社員として就職するのでもない若者(いわゆる「フリーター」)が、大幅に増加してきている。『デフレと生活——若年フリーターの現在』と題する平成15年版国民生活白書によれば、働く意志はあっても正社員としての職を得ていない15～34歳の若年者(無職または非正規雇用者、ただし学生と主婦を除く)の数は、1990年の183万人から2001年の417万人へと2倍以上に増えた。これは、学生と主婦を除く若年者全体の5人に1人にあたる。

従来、若者の失業や非正規雇用者化については、「不況が原因であり、景気が回復すれば改善する」と楽観的に捉えたり、若者の職業観・就業観に帰責されたりすることが多く、社会構造に起因する重大な問題とは見なされてこなかった面がある。若者のフリーター化が急激に進行した1990年代に、深刻な対処すべき問題として論じられた雇用問題とは、何よりまず中高年ホワイトカラーのリストラ問題であった。若者の失業は、山田昌弘命名の「パラサイト・シングル」という言葉の流行とともに、雇用問題というよりも、大人には嘆息もののライフスタイルの普及として論じられることがほとんどであった。だが、本当にこれは妥当な理解なのだろうか。

　大量のフリーターの出現という社会現象について、私たちはどう理解すればよいのだろうか。また、この現象の社会的な帰結とはいかなるものだろうか。さらには、この現象に私たちはどのような対応をするべきなのだろうか。実は、経済学や教育社会学・教育学、家族社会学など様々な領域では、上述の問いに答えようとする研究が現在活発に行われている。そこで本稿では、大量のフリーターに象徴されるような若年雇用の変化に目を向けている本のうち、近年刊行された5冊を紹介したい。

## 1. 各書の概要

　まず、それぞれの本の構成について簡単に触れる。

　矢島正見・耳塚寛明『変わる若者と職業世界——トランジッションの社会学——』(2001年4月。以下A) は、「若者と職業世界のかかわり方がどのような変化をみせつつあるのかを冷静に観察し、変化をもたらした諸背景を分析し、その上で、いま日本社会が直面している課題を見極め、選択肢を提示しようと」試みるものである。この本は「若者と職業世界を取り巻く現状を、できる限り実証的に観察し、その背景を理論的に読み解くこと」を目的とする第Ⅰ部（「理論と実証」）と、「第Ⅰ部の基礎の上に立って、若者の実像をリアリティを損なわないように提示すること」を目的とする第Ⅱ部（「ケース研究」）から成る。矢島は犯罪社会学・社会病理学、耳塚は教育社会学と、編者の専門がそれぞれ異なるのを反映した構成で、第1章から第7章までの第Ⅰ部では教育社会学的なアプローチが主である。すなわち、学校から職業への移行構造の米独比較を通じ日本におけるインターンシッ

プのインパクトを考察する第1章(岩木秀夫)、若者労働市場の現状を概観する第2章(小杉礼子)、大学生の職業観や就職について述べる第3章(大江淳良)、ジェンダーの観点から労働市場全般を概観する第4章(堀健志)、若者のライフスタイルと職業意識の男女差を明らかにする第5章(村松泰子)、高卒無業者層増加の背景を高校生調査から論じる第6章(耳塚)、早期離転職の理由や若者の就業意識を示す第7章(堀有喜衣)である。一方、第Ⅱ部(第8章から第11章)の各章は、「フリーターという若者たち」(長須正明)等、それぞれ若者3人ずつへのインタビュー・レポートである。終章「若者のゆくえ、社会のゆくえ」(矢島)では、フリーターについての章への言及の後、若者が直面する雇用構造の大変動が「社会統合の崩壊」という社会病理学的な観点から論じられる。

次に玄田有史『仕事のなかの曖昧な不安——揺れる若年の現在——』(2001年12月。以下B)は、「働く」ことについて、根底にある原因を明確に意識できる「ハッキリとした不安」とともに、何が原因なのか、一体何がどうなるのか、よくわからない「曖昧な不安」が広がっていると言う。そこで玄田は、明確な根拠のないまま広がる格差拡大の懸念や雇用の将来についての不安に象徴されるような「仕事のなかの曖昧な不安」の本質を、経済学をベースにした実証研究から捉えようとする。第1章の失業状況についての論考からまず浮かび上がるのは、中高年ホワイトカラーに比べ従来あまり深刻視されてこなかった若年者の雇用状況の深刻さであり、以下の各章では若年者の働く現状を描き出してゆく。フリーターについての議論は第2章「『パラサイト・シングル』の言い分」および第3章「フリーターをめぐる錯誤」が中心である。その後、定年延長(第4章)、所得格差や労働時間・教育訓練機会などの仕事格差(第5章)、成果主義と労働意欲(第6章)、転職(第7章)、自営開業(第8章)が論じられる。終章「十七歳に話をする」は高校生に話しかけるスタイルで書かれているが、続く「エピローグ」と併せて、本書での著者の主張のエッセンスが述べられる。

竹内常一・高生研(全国高校生活指導研究協議会)編『揺らぐ〈学校から仕事へ〉——労働市場の受容と10代——』(2002年5月。以下C)は、高卒者の厳しい雇用状況のもとで学校から職場への移行過程において学校や教師が果たすべき役割および課題を検討する論文集である。若者の労働市場の状況を概観した第1章(乾彰夫)や若年雇用の急激な変化が日本型雇用を解体するとする第2章(木下武男)

などマクロな見地から若年雇用を取り上げる論文と、進路指導(西本勝美)や高校改革(竹内常一)、イギリスにおける「学校から仕事へ」の移行を支える公共的制度の進展(乾)を論じる第10〜12章など政策的側面に着目した研究に挟まれる格好で、学校から職場までの移行に関する高校の現状(就職状況[中谷利秋、石津宏介]、アルバイトと仕事観[山崎和達]、学校と職場をつなぐ教育のジェンダー格差[朴木佳緒留])や取り組み(職場体験学習や進路指導[田村康成、石幡信]、仕事のインタビュー[岡村昭弘])を具体的に描き出す各章が並び、本書の特色となっている。

　小杉礼子編『自由の代償/フリーター——現代若者の就業意識と行動——』(2002年12月。以下D)は、「高卒就職システムが軋轢をおこすなかで急増している高卒無業者の行動・意識とその後のキャリア問題を解き明かそうという関心」と、「不況下にもかかわらず自発的離職者が増えつづける若者の就業行動への危惧」を抱く教育社会学・経済学・進路指導論などの研究者たちが、「若者は変わったのか、という伝統的かつ今日的な疑問を、できうる限り実証的なデータに基づいて解く」という方針で執筆した本である。既存の統計表や調査結果を参照するだけでなく、「就業構造基本調査」個票データを用いての実態分析や、フリーターへの大量インタビュー、高校生と高校の就職担当者への調査、都内の若者を母集団にする質問紙調査という三つの大規模調査を行うなど、各章の分析を支える調査データの豊富さという点は、本書の大きな強みである。若者の労働市場の変化を俯瞰する第1章(小杉・堀有喜衣)に続き、若者のキャリアパターンの現状や変化を検討する第2章(小杉)、フリーターになり、働き、離脱していくプロセスからフリーターという働き方を浮かび上がらせる第3章(上西充子)、フリーターの職業意識とその形成過程を明らかにする第4章(下村英雄)、1990年代の高校の職業紹介機能の変質を明らかにする第5章(中島史明)、学校へのコミットメントが低い集団の進路決定プロセスとフリーター理由に着目した分析を行う第6章(堀)、フリーターになる者の社会階層的背景を検討する第7章(耳塚寛明)、フリーターをジェンダー観点から分析する第8章(本田由紀)、日本経済の変貌と若年者雇用政策の課題を述べる第9章(髙梨昌)の各章から成る。

　宮本みち子『若者が《社会的弱者》に転落する』(2002年11月。以下E)は、既成の大人の世界に入ることを躊躇する若者や、仕事がなくて大人の世界に入っていけない若者が増えていることを、大人になる前段階の「ポスト青年期」の出現と捉え

る。そして、若者の失業・フリーター化を、晩婚化・非婚化、長期継続する親への依存とともに「ポスト青年期現象」と位置づけ、この現象が「社会経済変動によってもたらされた結果であり、教育、雇用、家族、価値観の根本からの見直しが必要な社会構造的問題である」と指摘する。本書は4章から成り、若者たちがおかれた状況の深刻さを示す様々なデータの提示（第1章）、若者世代の危機についての各国の事例や内外の分析の紹介および日本の問題点の整理（第2章）、家族・親子関係から見る「若者の危機」（第3章）、ポスト青年期問題を「社会に完全に参加をする状態」すなわちシティズンシップに関わる重大な問題であるとし、包括的な青年対策の必要性を論じる（第4章）という内容である。本書の特色の一つは、日本のポスト青年期問題を、親子関係や経済システムといった日本の独自性から論じるだけなく、先進工業国に共通するものと捉え、欧米諸国におけるポスト青年期問題の経験や若者政策をふまえて日本の大人たちがとるべき方策を提案している点にある。

このように、ここで取り上げる5冊はいずれも、若者のフリーター化が深刻な問題であることを強調し、また、フリーター化が単なる若者のライフスタイル選択の結果なのではなく、それ以外の社会の構造的要因にも影響されて生じていること、さらには、若者のライフスタイル選択自体も社会との相互作用のなかで形成されるものであることを論じている。

## 2. フリーターをめぐる論点1：階層問題

次に、5冊の本の中で浮かび上がってきた重要な論点のうち、階層問題と世代間格差問題について、見てゆく。ただしその前に、本のなかで描き出された若者の労働状況を大まかにまとめておこう。学校卒業後進学もしなければ正社員として就職するのでもない若者は1990年代に激増し、特に1990年代後半以降、量的にはもちろん、従来に比べフリーターから正社員へ移行が進まなくなるなど、質的にも事態はより厳しくなっている。フリーターの大部分は高卒以下の学歴の者である。また、フリーターの半数弱は正社員並に長時間働き、定着性も高いが、比較的低技能の仕事に従事していることもあり、正社員よりも年収はかなり低い。

日本的雇用慣行の変容とともに進行する、正社員に比べ不利な働き方の急増は、社会における相対的な格差拡大の懸念を生じさせる。この点だけとっても、フ

リーター問題は階層問題的な側面をはらんでいるわけだが、フリーター問題は別のより深刻な意味でも、重大な階層問題であると言える。それは、フリーターとなって相対的に不安定な位置につくのは出身階層の低い者に多いという、階層再生産につながる現象が生じているからである（AおよびDの耳塚論文）。父親・母親が中卒である子どもが学卒直後に正社員になる割合は極端に低い。また、全体に時代が下り新しいコーホート（1990年代末）になるほど父職や生家の経済的豊かさによる正社員率の差は拡大し、出身階層差が顕著なものとなると言う。ただし、フリーターになるかならないかに階層が及ぼす効果には男女差があり、男性の場合は階層要因の効果が大きいが、女性がフリーターを選ぶ背景としては、階層要因よりも労働市場のジェンダー差別、保護者の期待のジェンダーバイアスと結婚圧力、職業アスピレーションの低さなどジェンダー要因の効果が大きい（Dの本田論文）。

　職業キャリアの最初の時点ですでに階層格差がついており、しかも近年格差が拡大しつつあるということは、今後の日本社会の階層構造や階層間格差の趨勢を考えてゆくうえでも、非常に重要である。キャリア初期につく格差自体の拡大傾向が続くのか、キャリア初期の格差は時間とともに増幅されるのか、されるとしたらその程度に変化はあるのかなどという点は、今後日本の階層研究の重要な関心事となってゆくだろう。日本の階層研究、とりわけ男性中心に展開されてきた職歴移動研究は、今まで無業者や非正規雇用者に研究上重要な位置を与えてきたとは言い難い。失業や非正規雇用期間の長さを分析に取り入れたりすることは少なく、また、初職に就いたときを職業履歴のはじめとすることが通例であるから、学校卒業後から初職までの無職期間と階層的要因との関係を検討するということもなかった。このような意味でフリーター研究は、職業移動研究の新局面を拓くものとなるであろう。また、無業や非正規雇用を職歴移動分析に取り入れる試みは、女性の職歴移動研究を進展させるであろうし、男女双方を含む労働市場全体から見た職歴移動の研究を可能にすることが期待される。

　また、Cの木下論文は、「企業に依存し昇進することによって生活を向上させるという道が狭められている、あるいは断たれている若年層は、客観的には、日本における労働者の階層意識形成の担い手として登場している」と言う。フリーターの階層意識については、いまだ研究が進んでおらず、これからの研究課題に

なるだろう。また、木下はフリーターには単身者賃金しか支払われないことに着目し、それが「男女がともに働き、個人単位で生活を設計しつつ、多様な家族のあり方を選択することになるだろう」として、「今日の若年層は、『男は外で働き、女を（引用者注：ママ）家で家事をする』という性別分業を超えて、ジェンダー関係を再構築する可能性をもった階層と見るべきだろう」と述べる。しかし今のところこのような可能性は現実のものとなっていない。Dの本田論文によれば、男性フリーターの家族形成については、男性自身も、女性フリーターも、性別役割分業を前提に、非常に否定的に考えていると言う。この意識が変化してゆくのか観察を続ける必要があるだろう。

　若者のフリーター化による格差増大に対処するために、研究者は施策を提案している。第一には、正規雇用と非正規雇用の格差自体を縮小してゆくことで、具体的にはフリーターの雇用条件や労働条件の改善である（Dの本田論文）。第二に、低階層出身の高校生が進学も正規就職もできないためにフリーター化するという事態を改善するため、進学機会の階層的バイアスの緩和をめざす方向性がある。1990年代後半以降、高卒者の進学機会は親の経済階層によって規定される傾向が強まっていると言われており、そうであれば、Aの耳塚論文が言及するように、奨学金制度などの経済的支援の充実が必要であろう。

## 3．フリーターをめぐる論点2：若者と中高年男性の非対称

　山田昌弘（1999）は、「学卒後もなお、親と同居し、基礎的生活条件を親に依存している未婚者」を意味する「パラサイト・シングル」という概念で、現在日本で起こっている特徴的な社会・経済現象を説明することをめざす本である。そのなかで、若年失業率が高いのに大きな社会問題になっていないのはなぜか、若者の非正規雇用者が増えているのはなぜかという点について、それはパラサイト・シングルの若者が親に豊かな生活を支えてもらっているため、「労働」の趣味化が起こっているからだと言う。つまり、「切実に」「生活のために」仕事を探しているのではなく、「自分にあった職」「プライドを保てる職」へのこだわりからなかなか就職せず、また、自分にむかないと感じた仕事はやめてしまう。長時間の拘束や職場の人間関係がわずらわしいから非正規雇用化する、と言う（ただしコンパクトな新書であることが影響してか、山田は主張を裏付けるデータを全く示していな

い)。つまりここでは、若者のフリーター増大要因は供給側にあるとするとともに、若者が親の経済的資源を一方的に利用するという、若者の側に都合のよい非対称な若者―中高年関係が主張されたわけである。「パラサイト・シングル」という言葉の流行とともにこのようなフリーター観はかなり普及したようで、今回取り上げた本のうちB、Eでは比較的詳しく批判を行っており、また、Dでも言及されている。

上記の山田の主張に対し反論したのが、Bの「『パラサイト・シングル』の言い分」である。玄田は、労働力人口に占める常用雇用者率や大企業就業率が若い世代ほど低下しているというデータから、若者の雇用機会減少は、労働需要の減衰によるところが大きいと述べる。そしてさらに、45歳以上の社員の比率が高まった大企業ほど新卒採用の求人が大きく減少していること、45歳以上比率が1％高まると新規高卒求人数は1.8％、新規大卒求人数の2～3％いずれも減少するというデータを引いて、若年雇用の抑制は中高年雇用の「置換効果」であると述べる。ちなみに、「『置換』とは、中高年がかつて得た雇用機会を占有し、本来若年が就いていたはずの仕事を奪っている状態を指す」。その結果、「大企業のように一般に賃金が高く、長期雇用が前提とされ、かつ職場訓練を通じて個々人の能力開発を可能とする就業機会が、構造的に若年に対して提供されなくなりつつある」。このように、玄田は中高年に有利な形で、若者と中高年の非対称な関係が成立していることを指摘するのである。しかも、中高年雇用者の年功賃金の弱体化は自営に比べゆるやかであるし、50代以上の男性正社員の同一企業内での平均勤続年数は上昇している。65歳までの定年延長や定年廃止も論じられており、中高年の既得権はむしろ強化されているという（定年延長により若者の新規採用が抑制される可能性については、第4章で詳しく検討している）。働く環境を改善し、ひいては生産性の向上を実現するためには、中高年の働き方を見直し、就業意識の弱体化といつも片付けられてしまう若者にこそ、働く機会を確保することが本当の社会的公正であるというのが、玄田の結論である。

「中高年雇用の既得権が守られているために若年層への雇用機会が狭められている」という玄田の主張に反論するのが、Dの髙梨論文である。髙梨は、追加労働需給の推計結果から、(1)労働需要が純減少するようになった90年代後半でも中高年の引退に伴う交替補充需要が増加したために新規学卒者の労働需給は量的に見

書評：〈extended review〉若者と労働世界の再編成

る限り悪化していない、(2)90年代後半には中高年も大量に離職している、(3)非労働力（髙梨はこの主要部分は専業主婦の労働市場参入とみる）の労働力化の結果、新規学卒者と競合し、新規学卒者の雇用機会が奪われていると主張する。しかし、髙梨が行っているのは正社員だけでなく非正規も自営も含んだ就業者ベースの推計であり、雇用者ベース、特に正社員ベースの推計から判断を下すべきではないかと思われる。また、(3)について「とりわけ、高卒就職者と主婦パートとの競争が強まり、労働意欲、対人マナーなど問題のある若年者は敬遠され、主婦パートとの入れ替えが急速に進んできている」と述べている点についても、疑問を感じる。主婦パートは、就業調整を行ったり短時間労働を望んだりする傾向があることが知られているうえ、家族責任のため急に休んだりするのではないかと目されることも多く、高卒就職者より労働意欲が高いかどうかについては考え方次第というところがあるのではないだろうか。また、主婦パートとの競合が生じているということは、高卒就職者が非正規雇用者化しているということであり、高卒就職者が正規雇用労働市場からはじき出されていること自体、若年層への雇用機会が量的にも質的にも劣化していることを意味しているのではないだろうか。

中高年優位というかたちでの若者と中高年の非対称な関係については、Ｅで宮本がシティズンシップの格差という点から論じている。欧米諸国では、シティズンシップの不平等性について、社会階級の問題から、人種・民族、障害、ジェンダーの問題へと広がりを見せ、若者にまで及んでいるのが現状であるが、日本では、若者のシティズンシップがまだ深刻な問題であることが認識されていないのが現状である。雇用、教育・訓練、社会保障、住宅、地域社会における影響力など様々な点で、社会のメインストリートにいる中年男性と若年であるゆえに社会のアウトサイドにおかれる男女の若者たちのシティズンシップの格差を是正してゆかなくてはならないとし、「教育のコストは本人負担という仕組みを作る」「インターンシップ制など、学生の仕事が職業につなげる仕組みを作る」「子どもの『溜まり場』や家から子どもを引き離す機会を作るなど社会に若者を託すしくみを作り、また、大学入学前の猶予期間を設けるなど若者が自分を試す時期を作る」ことを提案する。

中高年と若者の非対称性を指摘すると、それが特に中高年の優位を指摘するものであればなおさら、「世代間対立を煽って、よくない」と考える人がいるようで

ある。若者と中高年は労働者として連帯し、労働者のパイを大きくするよう経営側に求めてゆかなくてはならないのだ、そちらがまず先だ、などという意見も聞く。しかし、「労働者」としての連帯の基盤であるフルタイトルの「労働者」になることすら、一部の若年層では難しくなっている、という現実を見据えるべきだろう。経営側と中高年雇用者の「痛み」の着地点の模索に貢献する研究も含め、労働の場における若者と中高年の非対称性を改めてゆくことを視野に入れた実証研究が、現在必要とされていると私は考える。そして、そのような研究領域においても、企業調査の伝統を持つ労働社会学は、重要な役割を果たしうるのではないだろうか。

**参考文献**
山田昌弘、1999、『パラサイト・シングルの時代』ちくま新書。

高橋伸一編著
# 『移動社会と生活ネットワーク
## ——元炭鉱労働者の生活史研究——』
（高菅出版、2002年、A5判、346頁、定価 本体8,000円＋税）

田中　直樹
(日本大学)

1

　高橋伸一氏を調査代表者とする共同研究グループは、1977年に開始された予備調査から調査終了の2000年まで、主に貝島炭鉱（福岡県鞍手郡宮田町）の閉山離職者を対象に調査を実施した。本書は、延べ23年間の調査にもとづく実証的研究を内容としている。

　かつて「筑豊御三家」の一翼を担った貝島炭鉱の合理化は第1次（1960年）から第6次（1966年）にわたって実施された。合理化の過程で貝島炭鉱は第二会社へ継承されたが、1976年8月露天掘採掘を中止し、ここに同炭鉱は明治以来の企業活動に終止符を打ち閉山に至った。

　共同研究グループが主に調査対象にしたのは大之浦第二坑で、同坑は1963年9月の第5次合理化によって従業員2,604人（鉱員2,292人、職員312人）が人員整理の対象となった。

　わが国の石炭合理化政策は、1962年10月の石炭鉱業審議会第1次答申以降、ポスト8次石炭政策が完了する2002年3月まで40年に亘って実施されてきた。ビルド鉱として最後まで稼動していた三井三池、三井松島・池島、太平洋釧路の三炭鉱はポスト8次石炭政策に呼応するかのように相次いで閉山を余儀なくされ、96年三池、次いで2001年池島、翌年には釧路炭鉱が永い歴史の幕を閉じた。貝島炭鉱の場合、1963年から1966年までの3年間に人員削減により4,355人が離職している。わが国の石炭合理化政策の第1次、第2次と重なる時期であった。

　共同研究グループの研究課題は次の二点であった。

　第一点は、炭鉱の合理化過程で発生した大量の炭鉱離職者の再就職過程とその

後の転職・職業履歴を明らかにすることである。別言すれば、エネルギー革命下で推進された「労働力流動化」の実態の究明である。

第二点は、生活史の手法を用いて移動層(炭鉱離職のうち、旧産炭地域から離れ移動した離職者の呼称)と非移動層(離職後も旧産炭地域にそのままとどまった離職者の呼称)の諸特質を析出するとともに両者の差異を明確にすることにあった。

「貝島調査」は予備調査(1977年～1985年)を経て第1次調査(1987年～1988年)、第2次調査(1992年～1993年)、第3次調査(1998年～2000年)の時期に区分される。この期間中に実施された主な調査は以下のとおりである。

(1)「職業・生活についてのアンケート調査(第1次郵送調査、1985年3月)。

　　対象者は「貝島炭礦・大之浦二坑友の会」会員。「二坑友の会」は二坑閉山から11年後の1974年、大阪で結成された。同会名簿には679人の離職者が掲載されており、閉山時の退職者961名のうち70％程度が把握されていた。その後、第二坑の閉山から35年を経た1999年10月、同会は会員の高齢化により活動継続困難との事由で解散した。第1次郵送調査の場合、送付した調査表の3分の1は「転居先不明」で返送され回収率は17.2％にとどまった。

(2)「家族・生活歴についてのアンケート」(面接調査、1988年8月)。

　　対象者は宮田町在住の離職者。大之浦第二坑閉山から25年を経過し、面接時の離職者の平均年齢は68.7歳であった。

(3)「離職者の生活史」」(聴き取り調査、1992年・1993年)

　　この調査時期から調査手法を従来の「郵送調査」、「質問紙調査」から離職者の「生活史」の聴き取り調査に変更している。この点に関して高橋氏は次のように述べている。「生活史」の手法を採用したのは、離職者とその家族の生の姿を記述し生活記録として再構成し、そこから離職者問題の多面性を総合的に分析しようとしたからである(9頁)。また、離職者問題を量的に把握するだけでは見えてこない、複雑な生活問題を浮上させ、生活主体としての個人の役割にもスポットを当て、人間中心、人間主体の研究を意図したものである(同頁)。

(4)「くらしについてのアンケート」(第2次郵送調査、2000年2月)

　　「二坑友の会」会員398名全員に郵送調査。回収率は33.9％(135事例)であった。調査時点での平均年齢は移動層で72歳、非移動層では75歳に達しており、

共同研究グループの調査は最後の機会であった。

本書の構成は以下のとおりである。
序　章　本研究の課題と方法
第Ⅰ部　石炭産業の崩壊と労働者
第1章　石炭産業と労働者
第2章　筑豊と貝島炭礦
第3章　貝島炭礦の離職者対策
第4章　閉山に伴う地域社会の変貌
第5章　広域移動離職者の生活歴
第6章　非移動離職者の生活歴
第Ⅱ部　自分史断片―元炭鉱社員の生活史
第Ⅲ部　石炭産業と地域・教育・家族
第1章　旧産炭地の地域問題と地域振興
第2章　炭鉱と教育―貝島の教育・育英事業を中心に―
第3章　離職家族と生活ネットワーク―移動家族と非移動家族の比較分析―
〔資料〕貝島炭礦略年誌

## 2

紙幅の都合で上記各章の内容紹介は無理であり、本書のなかで重要な位置を占めている第Ⅰ部第5章(吉田秀和氏執筆)、第6章(山本桂子氏執筆)、第Ⅲ部第3章(吉田秀和氏執筆)に関しての要約と私見を述べることにしたい。

### 第Ⅰ部第5章　広域移動離職者の生活歴

先に指摘したように、貝島炭鉱の場合、1963年から1966年までの3年間の人員削減により4,355人が離職している。このうち広域職業紹介などにより県外に再就職したものは離職者の38%に当たる1,675人であった。県外就職した離職者の再就職先紹介パターンは、大きく二つに分けることができる。一つは職業安定所によるもので、他方は縁故によるものである (132-133頁)。第1次郵送調査によると再就職先への斡旋は職業安定所42%、会社の上司・同僚・知人23%、自己10%、自営7%、会社7%等々であった。職業安定所の紹介が最も多いのは官民協力体

制で広域職業紹介が図られているからであるが、一方で縁故による就職が約4人に1人近くあり、これは社会的ネットワークが生活の安定化要因として強く働いていることを示唆している(133頁)。

　貝島炭鉱の離職者対策については第3章で詳述されているが、中高年齢者層にたいする年齢制限は厳しく企業規模の大きい事業所ではほぼ40歳までであった。貝島炭鉱では、会社・組合の就職の斡旋において、中高年を35歳以上、高年を45歳以上とし、高年層の再就職には特別な配慮を行なった(42頁)。

　1961年に設立された雇用促進事業団は、援護業務の一環として広域職業紹介によって再就職する炭鉱離職者に宿舎を提供する住宅対策を担っていた。炭鉱離職者が雇用促進住宅に最も多く居住していたのは1963年の92.3％で、その後は炭鉱以外の産業からの入居者が続いた。

　広域職業紹介における集団就職と集団移住の典型的な事例として貝島炭鉱から日産自動車追浜工場への再就職を指摘できる。49世帯の集団で再就職した事例で、移住先の住居は事業団宿舎であった。集団移住組49世帯のうち1993年の調査時点では13世帯が宿舎で生活を送っており、他の36世帯は市内居住者23名、県内居住者2名、実家の家業後継が5名、死亡5名、不明者1名であった。

### 第Ⅰ部第6章　非移動離職者の生活歴

　本章では、貝島炭鉱離職者のうち、地域移動を行なわずにそのまま炭住にとどまり、あるいは宮田町内で暮らしを継続した炭鉱離職者の生活が考察されている。「年齢的に中堅をなす基幹的な労働者であり、家族構成などの諸条件が比較的恵まれていた移動離職者に対し、非移動離職者には企業側ができるだけ若い労働者を求めていたことによって働きたくとも『働けない』、あるいは定年まであと数年という状況で、『今さら、第二の人生を始めるには遅すぎる』という個々の背景があった」(158頁)。

　本章の記述の中心である「非移動離職者の居住形態と生活状況」で調査対象となったのは、炭住グループ24ケース、改良住宅グループ21ケース、持ち家グループ24ケースである。炭鉱地域社会の特質の一つは「炭住コミュニティ」が形成されたことで、そこにはかつての村落共同体に似た濃密な社会関係、人間関係が展開されていた。大浦第二坑合理化後の25年を経た1988年、89年の調査時点において

もかつての炭住生活のネットワークが十分に機能していることが確認されており、それが非移動層の心の拠り所となっている。

**第Ⅲ部第3章　離職家族と生活ネットワーク――移動家族と非移動家族の比較分析――**
　本章においては「離職後の再就職を契機とした生活の再構築の一面を生活主体者に視点をおいた社会的ネットワークの考察より明らかにしつつ、個人のライフステージに応じた生活設計に必要とされた生活ネットワークが検討」(322頁)されている。
　吉田氏の意図は「社会的ネットワーク」と「生活ネットワーク」の概念を用いて炭鉱離職家族における両者の有効性を検証することであった。この場合、両者はそれぞれ次のように位置づけられている。
　「社会的ネットワークは、生活者としての個人をその中心において後に関わる要素をネットワークの構成単位として、それらを結ぶリンケージの特質分析を通じて人間の社会的行動をダイナミックに捉えようとするものである」(323頁)。
　「社会的ネットワークの中でライフステージごとにおける重要な生活課題に有効に機能するネットワークを仮説的に生活ネットワークとして位置づけて」(323頁)いる。
　本章においては、炭鉱離職者の生活ネットワークに関して職業移動時のライフステージと定年退職以後(高齢期を迎えた離職者家族のライフステージ)に分けて考察されている。
　移動層と非移動層では、生活ネットワークの質的な差異が顕著であった。極論すればその差異は旧炭住社会の生活ネットワークの継続か断絶かであった。また、「二坑友の会」が高齢期の情緒的ネットワークとして重要な役割を果たしたことも見逃してはならない事実であった。

# 3

　本書の内容に関して以下の三点について私見を述べることにする。
　第一点は調査対象となった炭鉱と地域社会について予め留意しておく必要がある。
　日本石炭鉱業は生成期から二重構造の宿命を負っていた。鉱区所有は後年に大

手18社と称される企業グループと膨大な中小零細炭鉱群との重層構造を形成しており、炭鉱労働者はそこに隷属されていた。地方財閥系の炭鉱であった貝島は当然ながら前者に属していた。炭鉱は典型的な企業城下町であり、調査対象地域である宮田町も例外でなく陰に陽に貝島炭鉱の存在が当該地域に投影されていた。

貝島大之浦第二坑の離職者は二重の意味で好運であった。第一は、合理化の時期がわが国の石炭合理化政策の初期の段階であり、また高度経済成長期に当たり再就職が比較的円滑に進んだことである。第二は、大手炭鉱であるがゆえに再就職支援システムの機能が有効に働いたことである。

高橋伸一氏を中心とする研究グループの調査は、地方財閥系炭鉱労働者の事例であり、評者が先に留意する必要があると指摘したのは筑豊地域の炭鉱離職者へ普遍化できないことを強調しておきたかったからである。もちろん、このことは先の調査事例を軽視しているのではない。逆に評者は23年間に亘って地道にモノグラフを積み重ね、炭鉱離職者の実態を究明されたことを高く評価するとともに敬意を表する次第である。

第二点は、社会的ネットワークと生活ネットワークに関する若干の疑問である。

吉田氏は社会的ネットワークを次のように規定している。「特定の地域や職業体系といった集団、組織などにおける人間行動にとらわれずに、それらの枠を超えた社会的関係性を含めた人間行動によって人間の社会的行動を分析しようというのである」(323頁)。「縁故による職業移動を社会的ネットワークの事例とし、それが炭鉱離職者の生活の安定化要因として強く働いた」(133頁)ことを例証した。事例はこの縁故だけである。職員M氏の離職と職業移動に関して「膨大かつ多様な社会的ネットワークを有する」(148頁)と指摘されているが、具体的な事例は何ら示されていない。また、広域移動離職者の生活の安定化要因として本人の資質のほかに社会的ネットワークの質と量が重要な構成要素の一つである(148頁)と言及しながらも具体的な内容について不十分といえよう。

生活ネットワークは次のように定義されている。「個々人のライフサイクルに合わせた生活環境への適応と構築を主体的かつ有効的に実現するために必要なネットワークとして主体者のライフステージにおける達成課題によって選択されるネットワーク」(324頁)。

炭鉱離職者の生活ネットワークに関しては、主に職業移動期のライフステージ

と定年退職以後のライフステージに分けて考察されている(324-346頁)。

前者の場合、広域移動離職者の生活を支える生活ネットワークとして職業関連ネットワークに加えて友人・知人ネットワーク、親族ネットワークが有効に機能したことが実証されている。

後者(高齢期を迎えた離職者家族)の場合、生活ネットワークのうち経済的側面、身体的側面、情緒的側面に関しては詳細な考察がなされている。しかしながら安定した生活を送るために必要なネットワークは何か(324頁)については問題提起にとどまっており、吉田氏は高齢期における生活ネットワークを形成する基盤として地域に根差した有益な関係が構築できる新たなコミュニティ再生の必要性を問うている(341-342頁)。

第三点は、調査事例についての評価と疑問である。

雇用促進事業団宿舎における炭鉱離職者の生活史事例として日産自動車追浜工場を調査している。事業団宿舎における離職者の実態に関してはほとんど事例がなく、本調査報告はきわめて貴重で高く評価できよう。

炭鉱離職者への調査は主に「貝島炭礦・大之浦二坑友の会」会員が対象で本書に掲載されている事例は「生活の安定を得られたいわば成功者」(144頁)であった。第Ⅰ部第3章「貝島炭礦の離職者対策」ならびに第Ⅱ部「自分史断片——元炭鉱社員の生活史」の執筆者である高川正底氏は、共同研究グループのキー・パーソンの一人であった。高川氏をはじめ本書に紹介されている被調査者は地域・職場のエリートが多く平均的な離職者の実像からはかなり乖離していると思われる。

筑豊における失業率、生活保護率は日本一高い水準で推移しており地域社会に深い翳を落とし続けた。地元に残った離職者ならびに広域移動離職者が抱えている深刻な問題を考えた時、底辺層の実態を調査することは不可欠であった。山本氏はこの点について次のように述懐している。 非移動離職者は、生活の糧として「『小ヤマ』を転々と渡り歩くか、不安定な『拾い仕事』をしながら、そのうちなんとか失業対策事業へ就労しようとする者と、生活保護を受給する者へとその方向を分けていった厳しい現状」(175頁)があった。また、移動離職者も「中小企業での不熟練という底辺労働の典型が浮かび上がっている」(136頁)。産炭地域振興対策の名のもとに40年の長期に亘って企業誘致事業、失業対策事業、鉱害復旧事業、さらに同和対策事業等々天文学的な巨費が筑豊地域社会へ投入された。残念なが

ら初期の目的を達成でき得ず当該地域は沈滞状況を露呈したまま現在に至っている。筑豊石炭鉱業の崩壊は産炭地域社会崩壊の危機でもあった。先に指摘した底辺労働者層は上記事業に深く関わっており、彼らの生活史を欠いたことはかえすがえすも残念でならない。

　これまで炭鉱労働問題はジャーナリスティックに脚光を浴びながらやがて等閑視されていった。日本石炭鉱業の終焉に当たり本書が上梓され、産炭地域とそこに関わった人びとの軌跡を問うたことは真に意義深い。このことを強調しつつ筆を擱くことにする。

　**付記**

　　炭鉱離職者の追跡調査として正岡寛司（早稲田大学）氏をはじめとする次の共同研究が注目される。
　　1997年度から継続されている「炭砿労働者の閉山離職とキャリアの再形成―旧常磐炭砿K.K.砿員の縦断調査研究―」で、研究成果として「調査報告書」（Ⅰ～Ⅴ）が刊行されている。
　　詳細は、http://www.littera.waseda.ac.jp/tankou/ を参照。

村尾祐美子著
『労働市場とジェンダー
——雇用労働における男女不公平の解消に向けて——』
(東洋館出版社、2003年、A5判、194頁、定価 本体4200円+税)

橋本　健二
(武蔵大学)

## 1. 本書の課題と意義

　本書は、社会学的な視点から女性労働に関する計量研究を積み重ねてきた著者が、その研究の成果を集大成したものである。著者によるとその全体を通じての目的は、「労働報酬たる社会的資源の配分過程の公平性を検討する」(13頁)ことにある。これは一見したところ、ごくありふれた問題設定のようにもみえるが、労働における男女間格差に関する従来の研究を検討した上で、慎重に選びとられたものである。

　著者によると、有給労働領域における男女間格差についてのフェミニストたちの研究は、女性の労働供給にさまざまな社会的制約が存在すること、募集・採用や昇進にも性差別が存在することなどを明らかにすることを通じて、「性別分業が何らかの意味で『強いられたもの』であること」を立証することに向けられてきた。この点が立証されれば、資源配分結果の男女間格差を不当なものと主張できるからである。

　しかし著者は、現在ではこのような論証図式が必ずしも有効ではなくなっている、という。その理由は、男女雇用機会均等法の施行と後の改正によって、男女を差別的に取り扱うことが社会的に許されないものとして法的に位置づけられた反面、間接差別については依然として、解決すべき問題だという合意が形成されていないからである。このような状況下では、男性と女性が少なくとも形式的には平等に取り扱われるため、募集・採用に差別が存在することを立証するのは困難で、むしろ女性の低い地位の原因を女性たち自身の選択や能力の欠如に求める主張が説得力をもち、「性別分業が何らかの意味で『強いられたもの』であること」

の立証が困難になる。こうした現状認識から著者は、検討の対象を労働報酬の配分の公平性そのものに絞り込むのである。

だが先述のように、これだけでは平凡な問題設定である。本書のオリジナリティは、労働報酬の指標として、賃金ではなく「仕事に対する事柄決定力」に注目したこと、そして報酬格差を生み出す要因として各職域グループ内の男女比に注目したことにある。ここで「仕事に対する事柄決定力」というのは、労働過程の質に関する変数で、具体的には仕事における自律性、監督的権限、意思決定権限などを指し、本書の分析では1995年SSM調査に盛り込まれたいくつかの設問によって測定されている。労働報酬の男女間格差を検討するという目的ならば、学歴や年齢、勤続年数、職種などの諸変数を独立変数、賃金額を従属変数とするモデルを作り、性別による係数の違いを問題にしたり、これに性別を示すダミー変数を追加して男女差を検出するというのが一般的なやり方だろう。これに対して著者は、独立変数に職域グループ内の男女比、従属変数として労働過程に関する指標という、いずれもきわめて社会学的な変数を採用したのである。その意味で本書は、労働報酬の配分の公平性という問題設定に対する独自の社会学的アプローチを示しており、しかも洗練された統計手法を駆使していることから、「計量労働社会学」ともいうべき研究領域の可能性を示している。その意義を、まずここで確認しておきたい。

## 2. 各章の概要と若干のコメント

以上にみたような問題設定を念頭におきながら、各章の内容についてより具体的にみていこう。本書の全体は、問題設定を提示した序章のあと、第1章から3章までの理論編と、第4章から7章までの実証分析編から成り立っている。

第1章では、本書の問題設定が詳細に展開されている。後半で行なわれる計量分析を理解するための前提となる部分なので、少し詳しく検討しておこう。著者によると、一般に「労働市場」という概念は、労働力が売買され、その価格が決定される場といった、経済学的な概念として用いられることが多いが、それは同時に「社会的地位」が決定される場でもある。ここにおいて労働市場という概念は、社会階層研究・階級研究と接点をもつことになるのだが、こうした観点に立って著者は、労働市場における社会的資源の分配過程を、(1)諸個人があらかじめ保有

している社会的資源(学歴、出身階層など)をもって労働市場に参入し、(2)個人と職業のマッチングが行なわれることを通じて、「中間財的社会的資源」(役職、雇用条件、技能、仕事に対する統制力など)の配分が決定され、(3)最終的な労働報酬(最終財的社会的資源)としての賃金や給付が決定されるという一連のプロセスとして描き出す。一般に社会階層概念の基礎として使われる社会的資源という概念をベースにした、労働市場の社会学的定式化として、なかなか興味深い。

　その上で著者は、とくに研究の焦点を「中間財的社会的資源」に絞り込むのだが、それは、これまで男女別賃金格差に関する最有力の見解であった、新古典派の「差別の経済学」を克服するためである。著者によると「差別の経済学」は、賃金格差の多くは合理的な理由で説明できる格差であり、「賃金差別」ではないと結論する傾向がある。しかし賃金の配分が公平・公正であるか否かは、実は賃金決定の前提となる中間財的社会的資源の配分が公平・公正であるか否かを検討した上でなければ判断できない。フェミニストたちの「結果の平等」論や「同一価値労働同一報酬」論は、こうした中間財的社会的資源の問題を部分的に扱ってはいるが、「差別の経済学」と生産的な論争を展開するには至っていない。そこで著者は、「差別の経済学」が無視した中間財的社会的資源の配分の公平性を検討課題の中心にすえるとともに、そのことによって「結果の平等」論と「同一価値労働同一報酬」論の問題提起を、実証的検討の平面に生かそうとするのである。「結果の平等」論、「同一価値労働同一報酬」論に対する著者の理解はやや単純にすぎ、その意義を十分にとらえていないのではないかという疑問が残る。しかし、その問題設定自体には十分な意義を認めることができよう。

　第2章は、やや遠回りにも思われるのだが、男女間の「権力関係」の検討にあてられている。著者によると、従来のフェミニズム理論の中核に位置してきた「家父長制」概念は、男女間の権力関係を問題化するものだったが、「権力」概念についての検討が十分に行なわれてこなかったため、「女性は自由に選択を行なっているのだから、男女間に権力関係はない」という反論を回避することができなかった。そこで著者は、マーフィーの権力概念を援用しながら、男女間の広範な支配・被支配関係を射程に収めることができるように権力概念を拡張する。その核心に位置するのが、「収益権力」という概念である。

　マーフィーによると収益権力とは、「自らの目標を実現するために他者の自律

的な行為から利益を得ることができる、ある単位が持つ潜在的能力」である。女性労働者の多くは劣った処遇を受ける位置にあるが、彼女らがこうした位置を占めるのは女性たち自身の選択による場合がしばしばであり、少なくとも男性から命令されたものではない。しかし収益権力という概念を認めるならば、この場合でも男性と女性の間には権力関係が存在するということができる。というのも、女性たちが劣った処遇を受ける位置にあることを背景として、男性たちの多くはより高い地位、より高い賃金を受け取ることができるからである。ここから著者は、職業の場で「他者が『女性』として存在していること」の男性に対する効果を問題にするという、後半部分での実証的検討の課題を導いていく。ここで問題になるのは、「収益権力」という概念が「権力」概念の不当な拡張であり、むしろ格差を生み出す構造を曖昧化するのではないかという点である。これについては、後述しよう。

　第3章は以上の検討をもとに、分析の枠組みを確定することにあてられている。ここでは従来の労働市場研究をかなり広く取り、階層・階級研究、労働過程研究、労働市場の社会学を検討する中から、分析枠組みが析出されてくるのだが、その論理はかなり独特で、私には違和感を禁じえなかった。著者がここで志向するのは、「差別などない、『労働生産性』の違いに基づく処遇格差だ」と主張する人々に「反論の余地を与えないような分析枠組み」である。この立場から著者は、まず「職種などの『職』に関連した要因に基づく資源配分格差は『公平』『平等』と見なすこととする」とし、さらにその他の諸要因についても、同様の論理で次々に譲歩を繰り返していく。たとえば著者は、個人属性や職種を統制した分析で、本人の性別が報酬に効果をもっていたとしても、差別が存在するとはいえないという。なぜなら、分析上統制されていない要因によって男女間に労働生産性の差が生み出され、これが性別による差となって現われているという反論が可能だからである。

　それでは、こうして譲歩を繰り返していったときに残る足がかりは何か。著者によるとそれは、垂直的性別職域分離に関する変数のひとつである「職業女性比率」、すなわちある職業に占める女性の比率である。著者によると職業女性比率は「他者が女性として存在している」こと、すなわち「関係としてのジェンダー」を示すだけであり、個人の労働生産性とはまったく関係がない。したがってこの変数が、たとえば男性の報酬にプラス、女性の報酬にゼロまたはマイナスの効果を

もつことが示されれば、先に定義したような意味で、男性の女性に対する収益権力が存在すると結論してよいことになる。ここで問題になるのは、著者がこの変数に注目する理由を、「反論の余地を与えない」という消極的なやり方でしか提示していないことである。この点については、後述しよう。

以上のように野心的な問題設定と、差別の存在の論証に関する独特の論理が展開される前半部分に比べると、後半の実証分析は、技術的には高度な手法が使用されているものの、その理路は比較的単純である。その結論は、次のようにまとめられる。

(1)仕事に対する事柄決定力は、性別、役職の有無、勤続年数によって決定されるが、とくに性別→役職の有無→事柄決定力のパスの影響力が大きい。つまり役職の有無は性別によって大きく左右されており、男性であるがゆえに役職に就きやすいことが、男性の事柄決定力を強めているのである（第4章）。

(2)職業女性比率が高いほど、男性の事柄決定力が強まる傾向がある。つまり「他者として女性が存在する」ということから、男性は利益を引き出す傾向がある。このことは、男性と女性の間に収益権力関係が成立していることを示すものである（第5章）。

(3)事柄決定力の最大の規定要因である役職の規定要因をみると、常雇被雇用者全体を対象とした分析では職業女性比率の効果が認められないが、対象を職種や企業規模、企業移動経験の有無などで分類した分析では、職業女性比率の効果が認められる。初職職業女性比率が高い場合、男性は昇進しやすい。これは他者としての女性の存在から男性が利益を引き出して昇進するという仮説を裏付けるものである（第6章）。

著者の実証手続きには、いくつかの疑問がないわけではない。第4章の分析（図4-5）では効果推定値の計算に疑問があり、この章のもとになった著者自身の論文（村尾［2000］）での計測結果とも一致していない。また職業女性比率と事柄決定スコアの関係（表5-3）には非線形の関係があり、女性比率の高い職業と同様に低い職業でも男性の事柄決定力が強い傾向がみられるが、この点について適切な言及がない。第6章の結論は、すべての分析に一貫したものではなく、とくに大企業ホワイトカラーでは傾向がやや異なる。著者はその原因を大企業独特の雇用管理に求めているが、この点についてはさらに吟味が必要だろう。とはいえ全体

としてみれば、著者の仮説はおおむね検証されたと認めてよいと思われる。

## 3. 残された問題点

以上のように本書は、女性労働に関する計量社会学的研究、さらに一般的には「計量労働社会学」ともいうべき研究領域の可能性を指し示すものといえる。この意義を再確認した上で、残されたいくつかの問題点について論じておきたい。

### (1) 論証の戦略について

本書は、現代日本の雇用労働における女性差別の存在を立証しようとする試みだが、その論証戦略は、果てしない後退戦とでもいうべきものである。著者は、男女間賃金格差に関する計量経済学的研究のひとつの到達点を示したともいうべき中田[1997]の、慎重かつ周到な論証すらも「論敵に反論の余地を残している」と切って捨て、さらなる譲歩を繰り返す。そして最終的に著者は、職業による格差や間接差別を立証の対象から外し、労働生産性とはまったく関係ない要因に起因する格差のみを「差別」と定義するのである。このような後退戦が必要になる理由を、著者は、女性差別を否定しながらも間接差別を問題視しない雇用機会均等法と日本の司法の現状に求めている。しかしこれは、立法をめぐる政治的論争における論証や司法の場における違法性の論証と、社会科学的な論証とを混同するものといわねばなるまい。

こうした論証戦略を採用した結果、著者は男女間格差のごく一部しか「解決すべき問題」とみなすことができない立場に陥っている。分析結果をみると、確かに「職業女性比率」には男性の役職獲得確率を高める効果があるものの、その効果は性別が男性であることの効果に比べてはるかに小さい。したがってここから得られる結論は、最善の場合でも「差別は存在するが、ごくわずかである」となるほかはない。結果的に私たちは、男女間格差の大部分を放置しなければならなくなるのである。著者は「関係としてのジェンダー」による格差の存在を論証するという課題の独自の意義を、論敵に反論の余地を残したくないという消極的な理由からではなく、より積極的に主張すべきだったのではないだろうか。

### (2) 女性比率の意味について

実際のところ本書の問題設定は、近年のいくつかの研究と明らかな接点をもっている。そのことは、労働組織内部でジェンダー関係が生成されるメカニズムを明らかにしようとした木本［2003］をみれば明らかである。木本は、家事・育児責任をかかえているために労働市場への参入条件に恵まれていないという前提から出発して、女性労働者の低位の処遇条件や被差別性を説明しようとしてきた従来の女性労働研究を「家族内性別分業決定論」と批判し、ケーススタディの積み重ねを通じて、労働組織内部でジェンダー間の職務分離が生成・変容されるメカニズムを明らかにしようとした。研究方法はまったく異なるが、同じように従来の研究を批判して、垂直的性別職域分離の分析を主題として選びとった本書の理路と、共通点をもつことは明らかだろう。ここから本書のいくつかの結論を、他の諸研究と結びつける可能性が生まれてくる。

　女性比率が高いことが男性の権限を増大させ、役職獲得を容易にするという結論は、何を意味するのだろうか。木本の研究は、その具体的なメカニズムを明らかにしている。つまり、新入社員段階から異なるカリキュラムが用意され、異なる仕事と訓練を受けるからであり、さらにこのことが仕事意識や意欲の差を生み、女性たちを低位の職に甘んじさせるようになるからである。しかし、木本の研究はあくまでも百貨店という一業界をフィールドとしたものに過ぎない。これに対して著者の研究は、全産業・全企業規模の平均的な傾向を明らかにしたものである。この特徴を生かす道が追求されてよいはずである。

### (3) 搾取概念と権力概念

　理論的な問題に、一点だけふれておこう。それは、「収益権力」という概念についてである。先述のように、収益権力とは「自らの目標を実現するために他者の自律的な行為から利益を得ることができる、ある単位が持つ潜在的能力」のことである。果たしてこれは「権力」なのだろうか。数学の世界で記号の定義が自由であるのと同じ意味で、概念の定義はひとまず研究者の自由である。しかし、これは社会学の伝統的用語としての「権力」とも、日常言語としての「権力」とも一致しない。この定義によると、ある主体が、職を求める労働者を雇用することから剰余価値を得るとき、その主体は「収益権力」をもっていることになる。またある主体が、利益を得ようとする人々の企業活動から半ば自動的に配当を得るとき、そ

の主体は「収益権力」をもっていることになる。私の考えでは、いずれの事例でも「収益権力」という概念は不要であり、これに代わって「搾取」という概念が用いられるべきである。さらにいえば、「収益権力」という概念は有害である。というのは、利益が発生するメカニズムを不可視の「権力」に帰着させることによって、生産手段の所有、株式の所有という客観的メカニズムが曖昧にされる危険があるからである。

　男女間格差の場合も同じである。男女間に賃金格差があるのは、男性が女性に対して「収益権力」をもっているということなのか。そうではない。男性を女性よりも上位の仕事に配当し、そのことを通じて搾取を可能にする客観的メカニズムがあるということである。著者は、行為者の主体性を持ち出して不平等の存在を否定しようとする人々を説得する理論装置として「収益権力」の概念が有効だと主張するが、私にはそうは思えない。なぜなら、これらの人々は「収益権力」が権力であることを認めないはずだからである。

## 4.「計量労働社会学」の可能性

　以上のような問題をかかえるとはいえ、私は本書にひとつの大きな意義を認めたい。それは、冒頭にも述べたように「計量労働社会学」ともいうべき研究領域の可能性を示唆したということである。

　結論の第7章で、著者はきわめて重要な指摘をしている。就いている職業の女性比率が高い一部の男性が利益を得ているとしたら、それは「関係としてのジェンダー」によって、男性間に不平等が生じていることを意味する。したがって、男性のみを対象とした分析の場合でも、ジェンダーを考慮した分析が必要だというのである。

　大沢[1993]は、従来型の女性労働研究を批判して、女性が家事・育児責任を負うという特有の条件をもっているとすれば、家事・育児責任を妻に転嫁した男性もやはり特殊な存在なのであり、両者を含めたジェンダー・センシティブな労働問題研究が必要だと指摘した。これに対して木本[2003]は、大沢の批判を「批判として十分ではない」として、労働組織内部の要因に目を向けることを提案した。著者の指摘は、男性・女性双方に影響する構造的なジェンダー要因が職場内に存在するというものであり、木本の論点と通ずる部分がある。ここから導かれる課

題は、かなりはっきりしているように思われる。それは、全産業・全企業規模の平均像として「関係としてのジェンダー」の効果を描いた本書の到達点をふまえながら、個別企業・個別職場のケース・スタディとの接点を追求し、文書資料または質問紙データをもとにした「計量的ケース・スタディ」を展開することである。これが実現したとき、私たちは「計量労働社会学」の誕生を宣言することができるだろう。

**参考文献**
木本喜美子、2003、『女性労働とマネジメント』勁草書房。
村尾祐美子、2000、「仕事の場における事柄決定力規定要因とジェンダー」『日本労働社会学会年報』第11号。
中田喜文、1997、「日本における男女賃金格差の要因分析」中馬宏之・駿河輝和編『雇用慣行の変化と女性労働』東京大学出版会。
大沢真理、1993、「日本における『労働問題』研究と女性」『社会政策学会年報』第37集。

石原邦雄編
『家族と職業：競合と調整』

(ミネルヴァ書房、2002年、A5判、305頁、定価 本体3400円＋税)

笹原　　恵
(静岡大学)

　本書は、家族研究シリーズとして刊行されてきた〈家族はいま…〉(全5巻)の最終巻にあたる。他の4巻が、結婚(夫婦)、親子、高齢者と家族、そして家族の危機をテーマとしており、いわば従来の家族社会学の得意領域といえるものであるのに対し、本書のテーマは「家族と職業」、編者の石原邦雄氏によれば「これまで、日本の家族研究ではまとめられることのほとんどなかった領域」(まえがき)である。「家族と職業」という領域設定が説得的なのかという点については後にふれることにして、まずは家族と職業 Family and Work という研究領域を積極的に切り開いていこうとするこのような試みに敬意を表すと共に、ここに収められた12本の論文はいずれも読みでのある力作揃いの論考であり、評者自身、これらから学ぶことが多かったことを記しておきたい。

　それでは本書の構成からみていくことにしよう。下記に各章のタイトルと執筆者を示したが、本書は三部構成となっており、編者自身の執筆した序章「家族と職業をめぐる問題への視角」に続き、「家族と職業」へのアプローチを扱った第Ⅰ部、就業と家族生活との関係を扱った第Ⅱ部、家族と職業のあり方の介在要因としての政策と教育を扱った第Ⅲ部からなるものである。


本書の構成：
まえがき
序　章　「家族と職業をめぐる問題への視角」(石原邦雄)
第Ⅰ部　問題への接近
第1章　ライフコース論からのアプローチ(岩井八郎)
第2章　企業社会論からのアプローチ―日本型〈近代家族〉モデルの歴史的特質―

(木本喜美子)
第3章　職業移動論・老年学と家族論の接点(直井道子)
第4章　家族と職業へのストレス論的アプローチ(稲葉昭英)
第Ⅱ部　就業形態と家族関係
第5章　妻・母の就業と家族関係—育児と介護をめぐって—(長津美代子)
第6章　男性の労働時間と家庭生活—労働時間の再編成に向けて—(前田信彦)
第7章　農家における家族関係と経営・労働(熊谷苑子)
第8章　自営業・中小企業の家族戦略(伊賀光屋)
第Ⅲ部　介在要因としての政策と教育
第9章　教育をめぐる家族と職業—海外赴任を例に—(稲田素子)
第10章　企業の家族政策—女性就労支援制度の導入に関連する組織要因—
　　　　(藤本哲史)
第11章　公共政策における労働と家族(丸山桂)

　第Ⅰ部では、問題群を整理するための方法論が提示され(第1章：ライフコース論、第2章：企業社会論、第3章：職業移動論、第4章：家族ストレス論)、第Ⅱ部では、家族内で行われる家事や育児の分担といった再生産労働(アンペイドワーク)に着眼した分析(第5章、第6章)と共に、農業(第7章)や自営業・中小企業(第8章)といった、従来の家族社会学で想定されていた都市家族(サラリーマン家族)とは違った「家族労働」を含む家族が描かれている。また、第Ⅲ部では、家族と職業社会との結節点に位置する教育の問題(第9章)や女性の就労継続に関わる企業の家族政策(第10章)、現実の家族像から乖離する税制や社会保険制度など公共政策の問題(第11章)が展開されている。これらの論文は極めて多様な論点を含むものなので、全体としての論評はさし控えるが、「家族生活と職業・労働にかかわる問題群を整理し、今日の家族を再考する上での参照点をまとめること」(まえがき)という本書のねらいはひとまず成功しているといっていいだろう。
　個々の論評は筆者の力量を越えるものであるのに加えて、紙幅も限られていることから、以下では、主に本学会の会員である、木本喜美子氏(第2章)、伊賀光屋氏(第8章)の論考を中心に論じていくことにして、両者の論考が労働研究にとって、いかなる論点を提供しているのかを考えていくことにしたい。

　　　　　　＊　　　　　　＊　　　　　　＊

　まず、木本喜美子氏執筆の「企業社会論からのアプローチ—日本型〈近代家族〉モデルの歴史的特質—」(第2章)であるが、家族と企業社会をつなぐ媒介項としての企業の家族政策、とりわけ「家族賃金」を分析することを通じて、日本における近代家族モデルがいかに形成されてきたのか、「日本型〈近代家族〉モデルの歴史的特質」を描き出したものである。

　木本氏はまず、企業内部の特徴に論点を絞った「狭義の企業社会論」に対し、「広義の企業社会論」を位置づける。「広義の企業社会論」とは、「狭義の企業社会の構造を前提としつつ、さらにその内部構造と編成が『強力な伝播力をもって社会内に浸透し、社会全体を掴む』(渡辺治『企業支配と国家』からの引用)プロセスを明らかにする」ものであり、「狭義の企業社会の価値規範が企業をとりまく外部社会に強い影響力を発揮し『社会全体の動きが企業のリズムを中心に振り回される』(二宮厚美「企業の扉をひらく」基礎経済研究所編『日本型企業社会の構造』からの引用)ことから生じる問題群を明らかにしようとするもの」である。

　木本氏は「企業社会論」が、企業社会から家族への働きかけを「一方向的」に把握しがちであったことを指摘し、家族を「愛の共同体」としてとらえ、外部社会を経済の効率的原則でとらえるという「二元論」を批判する。そして1950年代から60年代にかけて成立した、日本の大企業の「生活給」と「企業福祉の整備」は、企業側の労働力確保・労働力の定着手段であると共に、労働組合(企業別組合)の提出した生活安定のための諸要求と合致するものであり、「家族賃金」はこの両者の相互規定関係の中で成立していたことを明らかにする。中でも、戦前から進められつつあったホワイトカラー層への〈近代家族モデル〉の推奨に比して、この時期の〈近代家族モデル〉はブルーカラー層をターゲットにしたものであることを主張する点が木本氏の立論の特徴であるが、階層に着眼した家族分析として意義深いものといえよう。

　日立製作所の社内報を分析した酒井はるみ氏の研究を批判・援用しつつ展開される、この「日本型〈近代家族〉モデル」の成立過程の分析は説得力がある。酒井氏は、社内報の分析を通して、「企業」が労働者個人のみならず、その妻にまで影響を及ぼそうとしていることに、「企業の『家の論理』の完結」をみている。これに対し、木本氏は、それをむしろ「企業による〈近代家族〉モデルの推奨過程」と読む。

すなわち、そこに「ありうべき労働力＝夫」と「その再生産を支えるべき妻の姿勢」という近代家族における夫婦像をみているのである。

　木本氏によれば、「家事労働論争」におけるヴェールホフの議論を援用した酒井氏の分析手法は、「日本的経営」の議論を曖昧にするものであり、むしろこの時期の家族政策は「マクロな労使関係との関連、および階層差との関連を見据えてとらえ直す必要がある」という。確かに、酒井氏の立論は、企業社会による家族(妻)の包摂に対する家族側からの意味づけという点において説得力を欠くように思える。つまり木本氏が批判する企業から家族への一方向的な把握に陥りがちであるように感じられる。これに対し、木本氏の主張は、企業と家族の双方的な関係性の中で「近代家族」が作られてきたとする点にあり、それもブルーカラーという階層性に着眼した分析は、問題意識とクリアーにつながっている。

　しかしこの点に関連してやや気になるのは、木本氏が「日本型〈近代家族〉モデル」と呼ぶものの内実である。木本氏の論述を追うなら、「日本型」という意味は、日本における近代家族化が先進資本主義国よりも遅く展開されたということと、大企業がこの動きをリードしたこと、そして「家族賃金」という観念が観念にとどまることなく具現し、その物質的基盤になったという点にある。「日本的」とせずに「日本型」としたところに、その本質を日本的特殊性に求めるのではなく、歴史的特質への着眼がうかがえる。この〈「日本型」近代家族モデル〉が情緒性を欠いていたという認識は、氏のブルーカラー労働者研究において見いだされた、「妻や子は夫＝父親の不在に慣れきっており、彼の家族への濃密な関与をそもそも期待していない」かのような家族像によって裏付けられているわけだが、この「情緒性を欠く」という分析は果たして妥当なものであろうか。また仮に「情緒性を欠いている」のだとしても、それは果たして大企業の〈近代家族モデル〉に沿うものとして形成されたものといえるのだろうか。そもそも、これまで提起されてきた「近代家族」の規定にはほぼ例外なく「強い情緒的関係」が入っているわけだが、木本氏が、あえてその「情緒性を欠く」家族をも「近代家族」の枠に入れ、「日本型〈近代家族〉」という立て方をする意味はどのような点にあるのか。この点に関してはやや論述が不足しているように感じられた。

＊　　　　＊　　　　＊

　伊賀光屋氏執筆の「自営業・中小企業の家族戦略」(第8章)もまた極めて興味深

い論考である。伊賀氏は、工業化と家族変動の枠組みの再構築を提起したアンダーソン(Anderson, M)やハレブーン(Hareven, T.K.)、ラグレス(Ruggles, S)の「工業化の時期にイギリスやアメリカではむしろ拡大家族世帯が増加した」説を引用し、またイタリアの先行研究を引きつつ、氏のフィールドである新潟県の燕市の自営業を営む家族を分析し、直系家族の再評価を試みている。伊賀氏の主張の要点は、「日本の工業化においても、生産的労働の中心を担った職工や中小企業主は、直系家族制のもので再生産されていた」ことにあり、特に自営業・中小企業部門のキャリア・ラインは「直系制家族」により支えられていたという点にある。そしてその理論的枠組みを提供しているのが、イタリアにおけるパーチなどの先行研究である。

　イタリア中部においては折半小作制が存在し、それが拡大家族（この場合は合同家族）を規定してきた。折半小作制とは、都市に居住する地主が小作人に農場を提供し、小作人は農具と労働を提供するというもので、耕作費用や収穫物を両者で折半する制度である。小作人の家族規模が大きい方が収量が大きくなることから、地主は家族規模の大きい世帯との契約を好み、そのために小作人は傍系成員を含む合同家族を形成しがちであった。つまりこの折半小作制は、小作人の家族協業を前提としているために、この協業への要請はすなわち家族形態を規定することにつながっている。そしてこの地区で展開される工業化もまた、この合同家族を前提としており、それに先立つ、あるいは同時発生的な核家族化は起こっていないという。

　伊賀氏は、ここで析出された「折半小作農→小土地保有農→手工業職人・小企業主」というキャリアモデルと家族形態を、燕市の自営業者（銅器・鑢・洋食器）のキャリア展開と重ね分析を試みる。燕市における実証研究によれば、銅器職人は、実家の農業手伝い・他家奉公→銅器の親方への弟子入り→通いの職人・結婚→独立職人・親方職人というキャリアパターンを示していたのに対し、鑢職人は、鑢業への入職(見習い)→結婚→加工下請として独立→製造家(親方職人)、洋食器の製造販売(元請け)は、他業種見習い・農家手伝い→洋食器へ入職→結婚→加工下請として独立→販売製造というパターンが見いだされたという。そしてこれらのパターンの中で、銅器職人では夫婦家族制がみられたのに対し、鑢、洋食器は直系家族制をとっていたことが明らかにされる。

伊賀氏は、自らの実証研究のデータから、直系家族の労働のフレキシビリティを評価し、またこの家族形態が「企業家精神や企業家的行動様式を生む孵卵器である」ことを評価した上で、これまで「古い」とされてきた直系家族によって担われてきた家業や世帯の世代的な継承の再評価を主張している。実はこの論文は氏の博士論文である『産地の社会学』(多賀出版, 2000年)の一部を構成しているとのことなので、その中でふれられている箇所もあるかもしれないが、少なくとも以下の点については本論の限りでは論述がなされていないことが気になった(評者の勉強不足から、この著書を手にしていないことが悔やまれるが、そちらを読ませていただくのを楽しみにしていることを付言しておきたい)。

　その一つは、「家族戦略」という概念についてである。本論文はその表題に家族戦略という用語を用いているが、本文でも注レベルでもこの概念規定についての説明が全くみられない。引用文献にアンダーソンの「19世紀のランカッシャーにおける家族戦略」(1971)があげてあるが、ブルデューの婚姻戦略やティリーの家族戦略概念に比して、伊賀氏自身の「家族戦略」概念の意味づけ、あるいは位置づけが示されるべきではなかったのか。周知の通り、戦略という概念は、ブルデューの理論にみられるように、「構造」と「実践」を結ぶもの、すなわち社会構造による決定論を退け、かといって行為主体による主観主義にも陥ることのないパースペクティブを提供するものである。伊賀氏の実証分析は——明示されることはないものの——、このパースペクティブを見事に使っていると思えるだけに、理論的言及がないことに物足りなさを感じた。

＊　　　　＊　　　　＊

　両氏の論考が、「労働研究」と「家族研究」とをつなぐ極めて重要な仕事であることは疑問の余地がないが、最後に我々がそこから何を学び、継承することができるか、そこで残された課題は何か、また本書から我々が何を得られるのかという点についてふれておくことにしたい。

　まず両氏の論考が「家族と職業」という領域にいかなる貢献をしたのかという点から考えてみたい。両者とも家族が企業社会及び企業(自営業)をいかなる形で下支えしたのかという問題意識に基づいて分析を試みているという共通性を持つ。つまり木本氏が明示しているように、これまでいわば「愛の共同体」として説明されてきた家族集団が、違った論理(生活の論理あるいは企業の論理)により企業社

会を支えたという面を解明したという点をあげることができるだろう。実はこれは両氏の思考にとどまらず、労働社会学の側から家族を照射するときの一つの特徴だといえるかもしれない。

というのは、編者の石原氏自身が、「家族と職業」という領域における「優れたモノグラフ」としてあげているものは、小山陽一氏ら、鎌田とし子・鎌田哲宏両氏、布施鉄治氏らの業績であり、圧倒的に労働者研究の著作が多い。これらの「優れたモノグラフ」の特徴は、労働（労働者）の側から資本の論理を照らしたということにあり、その中で浮かび上がってくる労働者像、労働観、また労働者の家族像の持つリアリティにあると思われる。木本氏も伊賀氏もその系譜を受け継ぎながら論を展開しているといっていいだろう。

しかし両氏のオリジナリティは、「家族と職業」という研究領域の中にあっては、やや異なる様相を持っている。伊賀氏は「階級的地位を異にするとはいえ」と注釈をつけながらも、中小企業労働者、自営業種、中小企業主は社会層としては同一のグループを構成するという仮説の上に、直系家族という家族形態をいわば労働編制として位置づけているし、木本氏は「近代家族モデル」の受容がホワイトカラーからブルーカラーへという流れを持っていたことを家族賃金と結びつけ、従来のいわゆる「核家族化」の本質をえぐりだしている。

木本、伊賀氏の論考から我々が学ぶことは、これまでの優れたモノグラフ同様、労働者、生活者のリアリティを把握することであり、その具体的な労働者・企業者の生活研究の中から、人々の生活の論理を探ると共に、そのための分析概念を明示することにあるのではないだろうか。それが家族生活と労働生活の重なり方やその背後にある人々の思想・意識・行動といったもののすぐれた分析になっていると考えられる。家族研究と労働研究の重なりをやや意識するなら、資本の論理、労働（者）の論理、家族の論理（生活の論理を含む）の連動・連関をいかに説明するか、ということであろうか。その意味でも、木本氏の資本の論理・生活の論理の重なりとしての家族賃金分析という論述スタイルは一つのお手本になると感じられた。

最後に、本書の『家族と職業』というタイトルであるが、本書全体を見渡すなら、家事育児などの再生産労働や農業・自営業などを含むものも多く、むしろ『家族と労働』という設定の方がよかったのではないかと思える。しかしそれをあえて『家

族と職業』としたのは、職業移動論や家族ストレス論、ライフコース論などを含むからだろう。編者の石原氏は、「家族と職業・労働をどのように関係づけて捉えるか」について、主に、近代社会の下位システムとしての「職業（産業）領域」と「家族領域」の展開や機能分化、相補性、競合と調整などの枠組について概説し、戦後日本の社会構造の変動と家族変動を概観しているが、この背後にある、それぞれの領域に対応する二元論的思考を越えていくときに初めて、職業生活や労働といったものと家族とをダイナミックに描き出す家族論が成り立つのではないだろうか。

櫻井純理著
# 『何がサラリーマンを駆りたてるのか』
(学文社、2002年、四六判、212頁、定価 本体1,600円+税)

榎本　環
(武蔵大学・早稲田大学)

　近年のホワイトカラー研究の充実とその研究成果の急速な蓄積には目を瞠るものがある。『何がサラリーマンを駆りたてるのか』という、この魅惑的かつ直截的なタイトルを冠する本書のような研究書が上梓されること自体、日本のホワイトカラー研究が新たな発展段階へと差し掛かりつつあることを象徴するものだといえる。
　前書きによれば、著者自身、「大学卒業後メーカーに就職し、約八年間サラリーマンをやっていた」という経歴をもち、おもに社内報の編集に携わるサラリーマン経験をつうじて、「私たちを一所懸命働かせる原動力は何だろうか」ということを考えるようになったと述べられている。

　「会社で働いていると、ついついがんばってしまう。上司から命じられてもいないのに、気がつくと家で持ち帰りの仕事をしているし、休みの日でも仕事の企画を考えるともなく考えている。なぜ私は、そして周りの上司や先輩、同僚たちはこんなにがんばって働く(働ける)のか、考えてみようという気持ちになった。」(4頁)

　このような問題意識を基点に、著者は、「仕事のやりがい、働きがい」に焦点を当て、以下の命題を本書全体のテーマに据えている。「人はどのような仕事に働きがいを見出すのか。サラリーマンの『働きすぎ』はなぜもたらされているのか。この数年の雇用環境の変化によって、人びとの働きがいや労働観にはなんらかの変化が起こっているのか。そして、今後働きがいを得るためにはどのように働けばいいのか。」(5頁)

本書の構成と概要を紹介しよう。第1章「働かされる構造」では、冒頭で、1970年代後半から80年代にかけての長時間労働の問題が、「毎月勤労統計」「労働力調査」などの統計データにもとづいて確認され、サービス残業、就業時間外の「つきあい」「グレイ・アクティビティ」、過労死・過労自殺などの問題についても言及される。つぎに、そのような長時間労働をもたらす要因をめぐって「強制」と「自発」の両面から検討が試みられる。前者については、労働時間に関する法規制が不十分であることと、企業が社会福祉の給付を負担しているために、企業にとって常用雇用増大よりも残業増大へのインセンティブが高くなることとがまず指摘される。後者の背景的要因としては、日本人の心性、文化論、日本社会論へと視線が注がれ、「間人主義」社会、日本人の勤勉性、「メリトクラシー」の浸透、日本社会の男性性の高さと性別役割分業などが論じられる。

第2章「働きがいのメカニズム」では前章での検討課題を引き継いで、昇進・昇格、配置転換、自己申告、能力開発など、企業内の労務管理・教育訓練制度との関連が分析される。ここで、「働くこと自体が目的化する」状況への着目が手がかりとして示され、労働の自己目的化に関連させてホイジンガ、カイヨワなどの知見が紹介される。とりわけ著者が依拠するのは、チクセントミハイによる「フロー」(flow)の概念(全人的な行為への没入状態のなかで人が感じる包括的な感覚)である。チクセントミハイの「フロー状態のモデル」を敷衍させて、著者は、労働におけるフローとは、「労働者が担当している職務における自らの能力・技能と、その職務の難易度とがうまくバランスがとれていると感じている状態」であると述べ、「日本企業に特徴的と言われてきたさまざまな制度、とりわけ労務管理に関連した仕組みは、じつは労働者にフロー状態をもたらすことで、一種自発的な働きすぎを導き出すような制度だったのではないだろうか」(50頁)と指摘する。すなわち、以下のような諸制度が、労働者をフロー状態へと導く効果をもたらしてきたとの解釈が示される。第一に、より上位の職位・職階へ昇進、昇格することによって、あるいはより高い職能資格を与えられることによって、労働者にはより難しい仕事に挑戦する機会が与えられる。第二に、職務契約や職務分掌の非明示、「フレキシブルな分業体制」のもとで、公式の決定や上司の指示がなくても、労働者本人が自発的に職務拡大、充実を行いうる場合が多い。第三に、目標管理制度にお

ける目標(ノルマなど)の自己申告が、しばしば上司の「期待」レベルを斟酌したうえでなされるために、職務の難度を引き上げる効果をもたらす(54-55頁)。また、フロー状態へのもうひとつの経路である、労働者の能力・技能の向上に関連して、著者は、社内教育・訓練システム、配置転換(ローテーション・システム)と昇進・昇格制度、「遅い昇進」方式、QCに代表される小集団活動などの労務管理制度について論及する。終節では、これらの諸制度が、長期雇用と能力平等主義と日本的な「能力」観(潜在能力や情意考課の重視)とを前提にして成立していた点が確認される。

　このような従来の日本型雇用慣行が、1990年代に入ってから大きく変容しつつあるという主張が第3章「選抜と選択の時代」の論旨である。具体的には、終身雇用神話の崩壊、雇用の非正規化、年功序列制の変化などの現象をめぐって、大型の人員リストラクチャリング策、早期退職制度、選択定年制度、非正規労働(パート・アルバイト、派遣、請負)の導入、年齢給の廃止・縮小と成果主義的賃金制度への移行、昇進・昇格制度における年功制の見直しなどに関するデータや事例が提示される。そして、フロー労働実現のモデルに立ち返り、これら日本型雇用慣行の変化が「働きがいのメカニズム」に与える影響について分析が試みられる。すなわち著者によればその変容とは、第一に、企業が、社員全体のなかで、長期雇用を前提にして人材育成にコストをかける「長期蓄積能力活用型」労働者層の数を絞り込み、「高度専門能力活用型」と「雇用柔軟型」に属する非正規社員の比率を増加させようとし、第二に、労働者を早い時期に選別し、逆に労働者の側にも自らのキャリアを自分で選択・設計することを求めようとするものであり、その結果、「働きがいを得ようと思えば、自分にふさわしい仕事を自ら勝ち取り、またそのキャリア選択を可能とするような職業能力を自助努力で身につけなければならない、そんな変化が今起こっている」と指摘する(83頁)。そしてその一例として、社内公募制や社内ベンチャー制度などの事例が紹介される。また、フロー労働実現のもうひとつの方法である職務遂行能力の向上についても、日本企業は、「職業能力を高めることを労働者の自己責任ととらえ、これまでのように企業が手厚く全員の面倒を見る〔新人教育、階層別教育、管理職研修などの企業内訓練〕ことはしないという方向への転換」(86頁)を目指しつつあり、「企業は労働者に対して長い時間をかけて計画的な人材育成を行うよりも、労働者自身の自己啓発を重視する

方向へと教育施策をシフトしており、全体として一人あたりにかける教育費を絞り込んでいる」(87頁)との見解が示される。いっぽう、このような変化を労働者側はどのように受け止めているのか。いくつかの調査結果をもとに著者は、企業側の施策変更に理解を示し、それらを受容しつつも、本音では不安ととまどいを隠せない労働者の姿を浮き彫りにする。そして、ピーター・キャペリの「フライトゥンド(脅える)・ワーカー」モデルを引例しつつ、今日、労働者をなおも過剰労働へと駆り立てるものは、「生き残るために、よりし烈な競争を勝ち抜いていかなければならないというプレッシャー」(95頁)や「働きがいどころか、仕事そのものを失うことへの恐れ」(97頁)ではないかと分析する。

続く4〜6章では、著者が行った聴き取り調査にもとづいてケース・スタディが展開される。第4章「金融業界の多様なキャリア」では、企業で働く労働者が実際にどのようなキャリアを歩み、その過程でどのような能力を身につけてきたか、仕事のどのような点に働きがいを感じてきたかをめぐって、B銀行K支店長氏、元静岡銀行広報文化室長氏、アメリカ系大手投資銀行マネージング・ディレクター氏への聴き取り記録が紹介される。第5章「企業における職業能力の形成」では、企業内キャリア形成の過程に焦点が当てられ、さまざまな職務を担当するために必要な職業能力の中身は何か、その能力はいかに獲得、形成されているのかについて、アパレルメーカーA社、および同社に勤務するホワイトカラー労働者17名に対する聴き取り調査の結果が示される。また、エンプロイアビリティ(雇用されうる能力)とは何かという視点から、「現在勤めている企業から他社への転職を可能にするような職業能力」と「現在勤めている企業に(リストラされずに)雇用され続けるような職業能力」の2つに即して調査結果が整理される。さらに、ロバート・カッツによる職業能力の3分類、すなわち、「コンセプチュアル・スキル」(問題の発見・分析と解決に関連する認知的能力)、「テクニカル・スキル」(仕事に関する専門知識)、「ヒューマン・スキル」(対人処理能力)に即して分析した場合に、A社の調査結果によれば、成果主義的な処遇制度の導入が進んでいるにもかかわらず、依然としてヒューマン・スキルの必要性が強調されていた点に注目が注がれる。そして著者はその理由として、第一に、「長期蓄積能力活用型」労働者として企業がコストをかけて育成したいのは人的管理のできる管理職であり、そこで求められるものは、テクニカル・スキルよりもむしろ、他部門との調整能力や

部下を育成・指導する能力であること、第二に、流動化の進展に伴い、ますます多様な労働者が混在していく職場において、働き方も労働観もバラバラな労働者たちをチームとしてまとめ、集団としての成果をあげるためには、管理者の手腕がいっそう重要性を増すこと、を指摘する。第6章「キャリアデザインと能力開発」では、冒頭で、雇用流動化の現状についての統計データや調査結果が示され、某アウトプレースメント(再就職支援サービス)会社のカウンセラー室長氏への聴き取り調査にもとづいて、再就職活動の実態が分析される。さらに、コンピュータ関連の専門学校や大学院で自己啓発に取り組む人びと4名に対する聴き取り調査から、彼ら／彼女らがどのようなキャリアデザインにもとづいて、何を学ぼうとしているのかについての調査結果が提示される。

　第7章「職場社会の大切さ」では、「仕事をする場、職場の存在」が、働きがいに関わりのあるもうひとつの重要な要素として捉え返され、A社での調査結果をふまえ、職場社会の存在やそのあり方からもたらされる意味の重要性について、ヒューマン・スキルの陶冶への直接的影響、テクニカル・スキルの習得過程での間接的影響、働きがいの感得そのものに対する直接的影響などの視点から論じられる。最後に、これからの時代の働きがいの要件について、働きがいそのものが多様化するなかで、自らのライフプランのなかにキャリアプランを位置づけキャリアデザインを確立していくこと、必要な職業能力を身につけ、それを常に向上させるよう意識し続けること、そして「勝ち組」「負け組」のようなゼロ・サム発想のオルタナティブとして、互いに必要とし必要とされる関係のなかで働きがいを分かち合っていくという発想に立つこと、などの提言が示される。

　私見によれば、本書は次の諸点において高く評価されるべきものと判断される。
　第一に注目されるのは、著者の研究視野の広さである。産業・労働社会学や労働経済学における主要な先行研究がフォローされているのはもちろんのこと、社会学の他の領域や経営学、心理学、社会政策にまで研究関心が及んでいる。官庁の統計データや各種研究機関の調査結果以外にも、新聞・雑誌をはじめとしてジャーナリズム関連の資料も豊富に駆使されている。また各種の聴き取り調査など、果敢なフィールド・ワークから得られた興味深いデータにもとづいて立論が展開されている点は、本書の論考を秀逸な水準へと高めている。文章表現も平易

で読みやすい。本書を手に取る読者は、日本の「サラリーマン」（著者の用語に従うことにする）の働き方・働かされ方について先行研究が示してきた分析知見や、彼ら／彼女らの過剰労働を導く人事管理のメカニズム、目下、劇的に変容しつつある雇用のあり方とサラリーマンがおかれている状況などについて、手に取るような実感を得ながら行間に吸い込まれることだろう。とりわけ、サラリーマンの職場を直接的に知る機会のあまりない読者にとって、本書は格好の入門書となるだろう。

働きがいの分析に、ホイジンガ、カイヨワ、チクセントミハイらによる知見が導入されているのは、著者の発想と思考が柔軟であることを示している。とくに、チクセントミハイの「フロー」概念をヒントに、「フロー状態のモデル」を「フロー労働実現のモデル」へと応用し、担当職務における自らの能力・技能と、その職務の難易度とがうまくバランスがとれていると感じられるときに、労働が自己目的化して全人的に仕事に没頭する状態が生じるという解釈を示したこと、および、日本企業の人事労務管理制度は、そのようなフロー状態を労働者にもたらすことで自発的な働きすぎを導き出してきたという可能性を指摘したことは、独創的な成果である。

「何がサラリーマンを駆りたてるのか」という問いは、すべての労働研究にとって多少なりとも普遍的に共有されうるような射程の広い研究命題であるといえよう。著者は、このスケールの大きい根源的な問いとの間でつねに思考を往復させながら、各章のトピックについて考察している。自らの私的体験から定立された強烈な問題意識と、そのもとで展開される論考は、社会科学的思想のひとつのスタイルとして奥行きの深さを秘めており、今後の研究の展開が大いに期待される。

評者は、本書の根底に流れる著者の研究構想と関心の所在を必ずしも正確かつ精確に理解しているわけではなく、その点で公正な評価とはいいがたいが、読後に以下のような感想と疑問を抱いた。

昨今の厳しい出版事情が影響していることも考えられるが、本書を研究書として読むならば、全編にわたって分析がやや手薄であり物足りない印象が残る。働きがいをめぐる実態が、間口の広い着想と豊富なデータや聴き取り調査とによってつまびらかにされている点は本書の重要な功績なのではあるが、「何が駆りたてるのか」という冒頭の大命題に対して直接的な分析が展開されているのは、狭

義には1〜3章のみである。そして、そこで結論的に示される要因とは、法規制の不備や社会福祉制度の問題（「強制」の側面）、日本人の心性・労働観や日本社会の文化的特徴（「自発」の側面）、日本企業の雇用・人事労務管理制度によって導かれる認知的心理的状態（フロー労働）、加えて昨今では失職の恐怖などである。これを理論的に読み替えるならば、本書の主張は、おもに、職場における（広義の）「制度」またはシステムが過剰労働を規定するというロジックに依拠しているといえる。これは、著者が着目するところの企業の諸制度が、過剰労働との間で親和的な関係にあること、あるいは両者の間に因果的な蓋然性が想定されることを指摘しているにとどまる。「何がサラリーマンを駆りたてるのか」という命題には、行為論的な問題構制が内包されている。制度論的な説明に、行為論的な視点からの実証的な分析が重ね合わせられるとき、制度と過剰労働との間の必要十分条件がより鮮明に浮かび上がってくるものと思われる。

その他、些細な内容になるが、「サラリーマン」「労働者」などの用語の指示対象が不明確であることが、とくに各種調査データのサンプルとの整合性において気にかかった。また、ケース・スタディに関して著者の分析をもう少し詳細に拝読したい気がした。

職場社会の意味的重要性に関連して、著者はＡ社での聴き取りデータから次のような一解釈を導いている。

「尊敬できる人が近くにいる。支えてくれる仲間がいる。あるいは、自分を頼りにし、必要と思ってくれる人が周囲にいる。そんな職場環境は働きがいの重要な要素である。そこに自分の果たすべき役割があると感じられて、この人たちと一緒にがんばりたいと思えるような仲間のいる『居心地のいい』『居場所』としての職場の存在は、人を労働へと向かわせる大きなエネルギーになる。」（198頁）

本書に類似した問題関心のもとでフィールド・ワークを実施してきた者のひとりとして、評者はこの「現場感覚」にリアリティを感じる。このような感懐が、調査対象者の、そしてそれに着目する研究者の個人的な感想や余談的コメントとし

てではなく、たとえばシンボリック相互作用論やコミュニケーション分析、感情社会学などの見地から、「サラリーマンを駆りたてるもの」を読み解くうえでの有意味なデータとして注目を集めるようになるとき、労働社会学研究はさらに豊かな展開の可能性を示すことになると思われる。

伊原亮司著
# 『トヨタの現場労働
―― ダイナミズムとコンテクスト ――』
(桜井書店、2003年、四六判、313頁、定価 本体2800円＋税)

土田　俊幸
(長野大学)

　鎌田慧が『自動車絶望工場』を著してから30年余り。再び自動車工場の労働現場の詳細な観察記録が若き労働問題研究者によって著された。本書は、著者がトヨタの１工場で2001年７月から11月までの３カ月半の間、期間工として働いた職場経験をとりまとめたものである。そして学術的な労働問題研究への著者の関心から、鎌田慧の著作とは異なって大企業の労働現場の非人間性を告発するルポルタージュにとどまらない、学術的な成果となっている。すなわち本書は、これまでのトヨタ・システムや日本的生産システムをめぐる議論を念頭におきながら、著者の労働現場での体験をもとに「現場の視点から検証すること」、「現場における『コンテクスト』を丹念に読み解くこと」(5頁)を通して、それらの議論に対して著者の評価を対自させたものである。

　トヨタ生産システムがポスト・フォーディズムの生産システムとして研究者の注目を集める最中の1980年代末から、当のトヨタではその「変革」、すなわち直接作業環境の改善などが進められていた。その背景には、ライン労働でのモラール低下や離職率の増加、３Ｋ労働の忌避、また従業員の中高齢化、若年男子の採用難による女性労働力の活用の必要性などがあった。そうした社会環境の変化によってもたらされた、「変革」の方向につき動かす「労働現場のダイナミズム」、すなわち、労働者たちの日々の過重・過密労働とそれを少しでも軽減するための作業方法の工夫や改善への取り組み、そして仲間同士の助け合いや現場職制への苦情処理の実態などを、本書は詳細に明らかにしている。

　以下、各章の内容を紹介しながらコメントを付していくことで、書評の責を果たしたい。

## 1. 労働実態——標準作業と変化・異常への対応——

　第1章では著者が配属された職場の概況が説明される。そこはトランスミッションなど駆動部品の組付・検査・梱包を行っている総勢20名の職場で、大きくサブ組付ラインと検査・梱包ラインとに分かれる。勤務形態は連続2交替制である。

　第2章ではトヨタの「変革」後の現場労働が著者の体験をもとに把握・分析される。配属先の職場は、「変革」の焦点であった完成車組立ラインの「自律型完結工程」の職場ではないが、「新しいコンセプトが随所にみられた」「改善重点化の職場」(66頁) であった。まず、小池和男の言う「ふだんの作業」、これを著者は「標準化された作業」と呼ぶ方が適切 (110頁) としているが、それは半日～3日程度で覚えられる単純反復作業である。しかし、短時間のタクト・タイム内でこなすことは決して容易なことではない。また運搬作業の場合は、10数kgの重さへの対応も要する労働負担の「尋常ではない」大きさ。

　「変化」への対応では、生産部品の変化に対して誤品を流さないための集中力すなわち精神的負担の大きさ、生産量の小幅な変化に対しては残業増で対応していること。「異常」への対応では、「異常処置」の資格を持たない労働者は機械に触れることさえできず、資格を持つ労働者でも停止した機械の再起動くらいのごく簡単なトラブルへの対処であり、現場職制や職場リーダーでも日常的に発生するパターン化された「異常」＝簡単なトラブルへの対処にだけ対応できて、それ以上の「異常」への対処は専門工が対応していること。しかし、「異常」後の生産の遅れに対しては、残業や休日出勤を現場は強いられる。またベルトコンベアによる強制進行ではないので、前後の工程の進捗状況に合わせた「工程間の微調整」を標準作業のほかに行っていること。QCサークルの形骸化の様子。そして人材育成等のための計画的なローテーションではなく、日々の生産ノルマをこなすための「無計画」で「臨機応変」なローテーションの実態。以上が詳細に叙述されている。

　ただし、著者の配属された職場は「変革」後の「自律型完結工程」の職場ではないので、著者の体験した現場労働の実態すべてがそのまま「変革」後の現場労働とイコールになるわけではない。しかし、本書を読み終えるとき読者は、「変革」後の現場労働も著者が体験した労働とさほど変わらないものであろうと容易に推察するであろう。

## 2. 熟練と自律性に対する評価

　第3・4章では、従来の研究で評価が定まっていない2つのテーマとして、「熟練」と「自律性」が取り上げられて、現場の実態との対比で考察される。まず第3章では、はじめに、「ふだんの作業」をとおして形成される「熟練」について、多品種の生産部品の変化に対応した標準作業は「頭で理解した動きが『身体化』し、(1ヵ月位で)無意識のうちに『変化』に対応できる」(92頁)いう類の熟練であること。またラインスピードの速さに耐えるために、標準作業の下で独自の作業方法を各労働者は編み出していること。したがって、これらの熟練は、辻勝次の言う「量産型熟練」(「ふだんの作業」のなかにも存在する「知的熟練」)とは大きく隔たり、決して質的に高度な熟練ではないことが明らかにされている。

　次に、「キャリア」をとおして形成される「熟練」については、第1に「昇進の可能性」が限られていること、第2に「現場経験をとおして形成されていく能力と、職制に求められる能力との間には大きな隔たりのあること」(108頁)が指摘されている。

　そして第4章では、労働者の「自律性」をめぐる相反する評価、すなわち「人間尊重」のシステムという肯定的評価と自分の首を絞めるシステムという否定的評価に対して、双方の評価の結節点をなすものとしての労働量の「規制力」とのかかわりで「自律性」を把握すべきと、著者は主張する。そして現場では、改善活動の結果、生産性が向上するというより、先に過重な労働負担をかけて、労働者はその負担を少しでも緩和するために改善活動に参加したり、自律性を発揮して独自の作業方法を編み出していること。しかし、それらの改善などでは労働量の増大を完全には相殺できないこと、それゆえ生産システムの「進化」にともなって労働強化も進行していくことが指摘されている。

　この第3・4章について評者のコメントを述べると、まず第1に、「昇進の可能性」が限られていることに関して、「この組では組長1名、班長3名、一般労働者18名」、ゆえに昇進は「決して容易なことではない」(105頁)、従来の研究は「上に繋がるルートを太く評価しすぎ」(107頁)とされる。しかし、この「一般労働者18名」には期間工5名のみならず、女子2名や他組・他工場からの応援者を含み、さらに「決して厚遇されて」(200頁)いない登用社員4名も含む人数である。それらの人

数を勘案すると、昇進は「決して容易なことではない」とは言い切れないのではないか。もちろん、そうは言っても、昇進してライン外の作業を担うようになるまでには、高卒入社後10年以上の歳月を要するのではあるが。重要な点であるだけに、正確に記述されるべきであろう。また、40歳前後の「ご褒美」としての班長とは別に、実質的に職場を運営するのが30歳代はじめの（フォーマルな職制ではない）「職場リーダー」であるという事実が、逆に能力的には劣っても一定の年齢に達したら少なくとも班長には昇格させるという経営側の配慮をしめすものとも言える。

第2に、「自律性」にかかわって、職場運営の「自律性」について「現場の『自由』とは」現場職制が過重な生産ノルマの下で「誰に負担を押し付けるかの『自由』であり、……労働者をどうにでも動かせる『自由』である」（152頁）と記されている。これは、「おれが責任者だ。それが気にくわないんなら、どうなるかわかっているな」（S.ターケル『仕事！』晶文社、233頁）という、かつてのアメリカ自動車工場のフォアマンによる職場管理を彷彿させる。しかしながら、この記述は労働現場の非人間性の告発が先走ってしまって、"書きすぎ"なのではないのか。日本の現場職制の職場管理のあり方は、かつてのアメリカのフォアマンのそれとは異なるはずなのだから。

同じく第3に、「自律性」の発揮が労働強化に結びつく「巧妙な仕組み」について、「経営側は、現場労働の負担の増大という側面には労働者の目を向けさせずに、むしろ負担を緩和するために労働者を参加させ」、労働者は「改善＝仕事を楽にするとさえ感じている」、「労働強化の物理的な『隠れ蓑』になっている」（154-155頁、傍点引用者）と記述されている。しかしながら、現場労働者は労働強化を認識しているはずである。それは「生産システムの『進化』にともなって労働が強化されていくことは職制も認めている」、班長は「『早くからラインを絞り込むなよ』と（労働者に）注意していた」（150頁）という記述に端的に示されている。——かつて中村章は『工場に生きる人びと』（学陽書房、1982年）のなかで、「最初の1〜2年はつねづね頭のなかに『搾取される労働者』とか『疎外された労働』とかの概念がこびりついて離れなかった」が、5年半の「工場生活の間に、私は当初想像した以上の認識の変化を経験した」（7-10頁）と、働くこと・労働者・企業等への認識の深化と現場労働者たちの日々の職場生活の感覚を体得するようになったと書いていた。

著者も（現場体験の日数の長さとはかかわりなく）労働者内在的に彼らの考え方を理解しようとしていれば、このような"書きすぎ"はなかったのではないかと惜しまれる。その点は次章でのフーコー理論の援用に端的にあらわれている。

　＊なお、157頁の注(9)の「前者」と「後者」は誤植と思われる。逆に記されている。

## 3. 労務管理の実態と労働者の日常世界、労働現場のダイナミズム

　第5～7章では、「これまでの研究にはほとんどみられなかった現場の一面」の分析として、まず第5章では労働現場内部の管理過程が分析される。すなわち、フーコー理論を援用しながら、「視える化」によって「職場環境と人間関係を『可視化』することによって、権力の眼差しが職場の隅々まで浸透していく」、「その眼差しを意識することによって、労働者は経営側の意図を汲んで『自発的』に行動する」、「職場全体が相互監視の場となる」(184-185頁)。

　第6章では、現場での人事労務管理の運営実態と「管理される側の日常世界」が描かれる。まず、労働者を「基幹」と「周辺」に選別する規準として、一般(本工)－期間工、新卒－登用(中途入社)、男性－女性などがあり、それゆえ基幹ではない「多くの労働者は競争とはほとんど無縁の労働生活を送っている」。しかし、他方で統合するために、賃金インセンティブや職場内外の各種サークル・親睦団体など人間関係管理の網の目のなかに捕われる労働者の日常生活が描かれる。

　第7章では「労働現場のダイナミズム」として、過重な生産ノルマの下で生じる労働者間のコンフリクト、しかしながら、多くの労働者は不満の表出ではなく、「状況を読み替える」ことで経営イデオロギーから距離をとっていること、また末端の労働者、期間工でさえ職場秩序に揺さぶりをかけて多少なりともパワーを獲得しうることが述べられている。

　これらの分析について評者は、第1にフーコー理論を援用することなく、これまでの労働問題研究の蓄積の上で分析されるべきであったと思う。生産管理手法の1つである「視える化」を、権力が職場を「可視化」することと捉えているが、表層的にはそのように見えても本当にそれが正しい把握なのであろうか（なお「視える化」は近年導入されたものであるが、「目で見る管理」は30年くらい前から生産管理の一手法として導入されている）。

　第2に、フーコー理論の適用から「労・使という二項対立的な権力関係は、……

当の労働者でさえも自覚しにくい」(185頁)と記されているが、これは先にも述べた職場管理のあり方がかつての米英のフォアマンによる管理とは異なるためとも言える。そして労働強化に対して、表立って苦情を言えないという事実自体が、経営側が圧倒的に強い労使関係を労働者たちが自覚していることを逆に証明している。

第3に、「状況を読み替える」ことで経営イデオロギーから距離をとる労働者の4類型について。1と2のタイプは強制進行のライン作業か、そうではないライン外作業かの違いで、基本的には同一タイプであろう。4つめのタイプは班長や職場リーダーたちで、職場の「コード」に内在してより大きな自由を得ているとされる。彼らは作業中に疲れたらラインを離れることができて、他の職制と「会社のイベントやクラブの話をしている」こともあったとされる。しかし、イベントなども人間関係管理の一環で彼らの職務のうちとも言える。彼らは現場での「構想」職務を担っているからこそ自由度が大きいとも言える(この点は後述)。「彼らの『演技』は堂に入っている」(242頁)と、ゴッフマン流に描くのは如何がなものか。

第4に、「『状況』を読み替えることで、職場秩序に揺さぶりをかける」(251頁)という表現は適切なものなのか、疑問である。他方では、「『状況』の読み替えは自分の内的世界だけにとどまることが多く、……結果的には過酷な現実の『受容』につながっていて、職場秩序の安定にも寄与している」(244頁)とも記されているのだから。

第5に、「最も『周辺』に位置する期間従業員といえども、現場におけるパワーを失っているわけではない」(250頁)と述べられている。しかしながら、それを防ぐために、期間工にとって賃金インセンティブが1日でも欠勤したら賃金の大幅減というように厳しくあるのではないのか(206-209頁。なお、従来の研究は本工の賃金体系等の分析が主であったが、本書は期間工の賃金インセンティブについて詳しく記述されていて、従来研究にはない成果である)。また、「私の場合、入社してしばらく経つと、残業の選択を自分で決められるようになった」(248頁)と記されているが、これは1.5人分の作業をペアの労働者の欠勤のために1人でやらざるを得なくなった代償として定時退社の権利を得たものなのではないのか(145-147頁、235-237頁)。もしそうならば、期間工や一般労働者が職場秩序に揺さぶりをかけて「現場における実質的な力を獲得できる」(244頁)という著者の主

張もきわめて限定されたものである。

　第6に、1人の期間工について「彼のように職制に目を付けられると、『期間延長』は絶望的である」(197頁)。しかし167-168頁では、その期間工は「『誤品・欠品』を流したり、……10数回も打ち間違えたりした」、職制の注意に対しても「彼は常に反抗的な態度をとった」と記されている。197頁の記述は期間工の弱い立場を強調するためと、著者は主張するかもしれない。──「同じ現象をみても、観察者によって評価が異なる場合が当然ある。単なる労働の記述でさえも、観察者の問題関心や分析のフレーム(中略)によっても異なることがある」(284頁)。そのために著者は「現場の視点から検証すること」と分析視座をさだめ、それに評者も賛同するが、しかしながら、以上にあげたような第4〜7章における記述のいくつかは現場労働者の視点・感覚と"ずれ"が生じているのではないかと思われる。その点が惜しまれる。

## 4.「構想と実行の再統合」と「コントロール」

　最後に著者は補論で、日本の自動車工場労働者の調査研究を「熟練」を中心にフォローするなかで、近年の研究動向の問題点として、トヨタ生産システムに対して「構想と実行の再統合」との評価を下す論者たちが「コントロール」の問題を看過しがちで、労働現場の実態からかけ離れていることを指摘する。

　ポスト・フォーディズム論がトヨタ生産システムに注目したのは、「構想と実行の分離」のフォーディズムの労働組織に対して、トヨタ生産システムでは、多能工化や改善・小集団活動等を通して現場労働者が創意工夫と高い勤労意欲を維持し、高い生産性に結び付けていると見なされたからであった。しかし、著者が指摘するように、「コントロール」の問題を抜きにしては労働現場の実態を見誤ってしまう。言い換えれば、現場作業集団のなかで誰が「構想」職務を担い、なぜ「コントロール」が貫徹＝労働者が受容しているのかという問題である。すでに土田ほか[1991：74-75]・小林甫[1992]では、トヨタとは異なる自動車メーカーではあるが、自動車組立ライン職場では現場職制からライン作業者までの「職場社会の階層性」があり、「構想」職務を担っているのはラインから外れた職制とその予備軍（職場リーダー）であり、ライン労働者は主に「実行」労働のみを行っていることを析出した。すなわち、生産量の変動に対応した工程の編成替えと労働者の再配置や改

善活動の主要な部分を職制とその予備軍が「仕事のやりがい」を感じながら担当していたのであり、一般労働者は多品種混流ラインに対応した過密・単純反復の「実行」作業を「我慢しながら」担うだけであった。さらに職場には露骨な昇進競争があるのではなく、QCサークル等を通して仕事への主体的構え・力量を増大させつつ上司に「認められること」を待つという"受動的"競争として存していた。さらに、QCサークルの職場統合機能や職制による人事考課・賃金査定などを通じて「コントロール」も貫徹しているのであった。トヨタとは異なる自動車工場のケースではあったが、職場の実態は著者の体験した職場と数多くの点で共通している。こうした先行研究との接点を持つべきであったように思われる。その点が惜しまれる。

　以上、本書の内容紹介とコメントをしてきた。批判的コメントも多くなったが、しかし、これらの指摘は本書の価値をいささかも低めるものではない。評者が本書を書評したいと思ったのも、本書がそれだけの魅力に富んでいるものだからであった。評者はかつて自動車労働者やその下請労働者から詳細なインタビュー調査を行って研究したが、インタビュー調査だけでは捉えきれない日々の労働現場での詳細な事実を本書によって知ることができた。本書は、これから労働問題研究を志す者が、また研究者にとってもあらためて自己の研究の視座を吟味するために、必ず読まなければならない文献として将来も残る著作であると言えよう。

**参考文献**
小林甫［1992］、「組立ライン職場における労働集団の構造と〈職場規範〉」布施鉄治編『倉敷・水島／日本資本主義の発展と都市社会』東信堂。
土田俊幸・浅川和幸［1991］、「自動車企業労働者の労働生活」『日本労働社会学会年報』第2号、時潮社。

森田洋司編著
『落層——野宿に生きる——』
（日本経済新聞社、2001年、四六判、191頁、定価 本体1,500円＋税）

平川　茂
（四天王寺国際仏教大学）

　本書の帯には、この本は「大阪市立大学が4年をかけて行った面接全調査のエッセンス」とある。しかしながら「エッセンス」というコトバが「物事のもつ最も重要な性質」を意味するとすれば、本書はこの間大阪市の委託を受けて同大学社会学研究室が中心となって行なってきた一連の調査の「エッセンス」であるということはできない。それは、本書の編者である森田洋司氏が「おわりに」で示している「本書を編んだ狙い」が、実際にどこまで実現されているかを見ればはっきりするだろう。

　森田氏はそこでこの間の調査を次のように性格づけている。「私たちが人間として今を生きているのと同じように、野宿者も決して生活や生きることを放棄したのではない。人間として真剣に今を生きている。この点をしっかりと踏まえた上で、彼らが生きてきた時代と社会を見渡し、そのなかで野宿に至らしめた必然の糸を探り出し、彼らの野宿という生活を忠実に描き出すことが今回の私たちの仕事である」(186頁)。その上で氏は「本書を編んだ狙いも」、こうした野宿者の「現実の姿と彼らの置かれた状況と背景を忠実に描き出すこと」にあると述べている(187頁)。ここでいわれている野宿者の「現実の姿」は、V章「日々の暮らし（聞き書き）」（田保顕）、VI章「生きる」（妻木進吾）、VII章「都市大阪の光と陰」（水内俊雄）で記述され、また「彼らの置かれた状況と背景」は、I章「市民のまなざし」（堤圭史郎）、III章「落層の足どり（聞き書き）」（尾松郷子）、IV章「置き去り」（大倉祐二）、VIII章「不快の現実と向き合う」（島和博）で描かれている。

　これらの章の出来ばえはといえば、全体としてあまりよくない。森田氏の「狙い」通り、〈野宿者の真剣な生の姿〉をかなりの程度描けているのはVI章（妻木論文）くらいである。残りの諸章は編者の期待に応えているとはいえない。

加えてII章「座談会『野宿者とはだれか』」の成果も多いものではない。この座談会には、森田、水内、島氏の他に福原宏幸、岩田正美、吉田薫氏が出席している。福原氏は水内氏と同様、大阪市立大学の教員であり――両者とも社会学科の教員ではないが――、この間の調査に協力してきた。岩田氏は東京都の委託を受けた路上生活者実態調査の中心となった人（日本女子大学教授）である。また吉田氏はまちづくりの専門家であると同時に、長居公園近くに住んでいたことから、大阪市が2000年に同公園内の野宿者向けに建設しようとした仮設避難所の是非をめぐる騒動の当事者となった人である。司会は立命館大学教授の木津川計氏である。氏は長く雑誌『上方芸能』の発行に携わってきており、大阪を中心とした関西の文化に詳しい。見られるように、この座談会の顔ぶれは現在の都市における野宿者の「現実の姿と彼らの置かれた状況と背景」を明らかにするには願ってもないものである。しかしながら、長時間にわたったであろうと思われる（II章の分量は58頁――本書のおよそ3分の1――になる）座談会ではあるが、全体として散漫な印象をぬぐえないものになってしまっている。

　もちろん重要な指摘がないわけではない。例えば島氏は、座談会の冒頭で司会の木津川氏が近年の大阪における野宿者の急増を日雇労働市場としての釜ヶ崎の機能低下（求人数の激減）と関連づけて述べたのを受けて、大阪の場合、確かに野宿者と釜ヶ崎との結びつきは強いにしても、近年の野宿者の特徴はそれだけではつかめないのであって、さらに踏み込んで同じく野宿者といっても「ある程度の生活の基盤を持って生活している『テント層』と、身の回りのものや段ボールだけを持って、ビルの軒下や商店街、駅の周辺で野宿している『非テント層』」を区別したうえで、それぞれの実態を明らかにする必要があるといっている。氏のこの指摘は、後で見るようにきわめて重要なものである。しかしながら氏が提示したこの論点はその後もいっこうに深められないまま、議論は大阪の野宿者と東京のそれとの比較から、日本の野宿者問題と欧米のそれ、さらにはアジアのそれとの比較へと向かった後、次に大阪における行政および市民の野宿者への対応のあり方に至り、最後は日本社会の全般的なあり方が議論されて終わりとなってしまう。なぜこういうことになるのか。理由として考えられるのは、座談会という形式そのものが論点を深めるのにあまり適していないということがある。とくに出席者が多い場合、議論は横滑りしがちである。こうした欠点を克服するには、司会者

も含めた出席者全員に相当の覚悟が要求されるが、この座談会ではそれがあまり感じられない（覚悟のなさをうかがわせるものとして一例をあげれば、これから座談会の最終段階に入ろうとする時点で、司会役の「木津川氏、先約のため、ここで退席」という断り書きがあって、以後は司会役不在のまま行なわれることになったことがある）。

　本書が全体として、この間大阪市立大学社会学研究室が中心となって行なってきた一連の調査の「エッセンス」たりえないことが明らかになった。森田、島氏はいうまでもなく、本書の執筆者のほとんどは、この間の一連の調査に深く関わってきた人たちである。それにもかかわらず、本書が一連の調査の「エッセンス」たりえないのはなぜか。ほんとうのところ、よくわからないというしかない。なぜなら、本書が発行されたのは2001年10月であるが、すでに1999年12月には一連の調査は終了していて、2001年1月には大部の報告書『野宿生活者（ホームレス）に関する総合的調査研究報告書』（A4判、556頁、以後『報告書』と略記）も出されているからである。常識的に考えれば、原稿の執筆はすでに出ている『報告書』を基にするはずであるが、本書の原稿のほとんどは完成度の点で『報告書』のそれに遠く及ばないものになってしまっている。他方、座談会はといえば、それは2000年11月28日に行なわれた。この時点ではまだ『報告書』は完成していないから、木津川・岩田・吉田氏はいうまでもなく、他の出席者に関しても議論の基盤となる共通認識をもつことはきわめて困難であっただろう。したがって、この座談会が散漫な印象を与えるものになったことはある程度やむをえないといえるかもしれない。とはいえ、これをもって座談会の成果のなさの責任がいっさい不問に付されるわけではないことはいうまでもない。

　しかしながら、これ以上本書の不充分さを指摘することはやめにしたい。なぜなら、いま必要なことは、本書の執筆者たちが中心となって行なった、この間の一連の調査によって何が明らかになったのかを示すことである思うからである。

　2001年1月に出された『報告書』には以下の5つの調査に関する分析が載せられている（なお、この『報告書』の作成は「大阪市立大学都市環境問題研究会」によるとなっているが、その中心は森田・島氏をはじめとした本書の執筆者たちである）。A「概数・概況調査」（1998年8月）。B「野宿生活者問題に関する市民意識調査」（1998年12月）。C「臨時宿泊所利用者調査」（1998年12月・1999年1月）。D「野宿生

活者聞き取り調査」(1999年8月・9月)。E「ビジター調査」(1999年12月)。

　A調査は大阪市内の特定の時点における野宿生活者数と野宿形態を把握しようとしたものである。この調査は、その後の一連の調査の基礎となった点で重要であるとともに、調査それ自体としても、その実施にあたって種々の工夫がこらされたことによって、ほとんど悉皆調査といっていいほどのものになっている点でも注目すべきものである。世界規模で見ても、300万人クラスの都市を対象に、野宿生活者数と野宿形態について、この調査のように限りなく悉皆調査に近い調査がなされたことはこれまでなかった。さて、この調査から1998年8月時点での大阪市内の野宿生活者数が8,660人にのぼることが判明した。そのうち2,253人（26％）はテント小屋やそれに類似したなんらかの小屋のなかで暮らしている人である。これが「テント層」にあたる。残り（6,407人・74％）は「非テント層」ということになる。

　B調査は、野宿生活者に対する大阪市民の意識のあり方を把握するためになされた郵送法による調査である。

　C調査は、大阪市が日雇労働者の越年対策事業として毎年、年末から年始にかけて設けている臨時宿泊所に入所した人に対して行なわれた。具体的には、入所者名簿から無作為抽出した443人に面接して話を聞いている。これらの人たちはA調査で確認された「非テント層」——そのなかでも、とくにいまだ日雇労働市場としての釜ヶ崎との関係を維持している人たち、さらにいえばいまは野宿していても、それは日雇の仕事がないからそうしているのであって、仕事が出てくれば就労して、野宿から抜け出すことができると思っている人たちであり、その限りでいまだ現役の日雇労働者といえる（先の妻木論文では「仕事待ち野宿」という語で言及されていた）——を代表するものである。

　D調査の対象は、公園でテント小屋およびそれに類似するなんらかの小屋を作って野宿している人たち（「テント層」）である。672人から話を聞いている。ただし、そのすべてが「テント層」ではなくて、そこには特定の公園に定着していても、テント小屋などを作っているわけではない人たちも含まれている。その限りで、この調査対象者には「非テント層」も含まれているが、そうはいっても、彼らは日雇労働市場としての釜ヶ崎とのつながりをもはやほとんどもたなくなっている点で、C調査が対象とした「仕事待ち野宿」者とは異なる。さて、D調査で話が

聞けた672人のうち、532人(79.2％)が「テント層」であり、残り(140人・20.8％)は「非テント層」であった。

　E調査は、B調査との比較を意図して、大阪市内の観光地を訪れた人たちが野宿生活者をどのように見ているかを把握するためになされたものである。

　これら一連の調査から何が明らかになったのだろうか。いうまでもなく、明らかになったことは多い。ここでは、そのなかで、評者がとくに重要であると考える、次の2点のみを取り上げることにする。①野宿生活者といっても一様ではなく、そのなかに労働と生活、意識のあり方の点で相対的に異なる、「テント層」と「非テント層」という2つの階層を区別することができる。②「テント層」の生活は「一定の型」をもっている。

　①について。野宿生活者に関するこれまでの議論にあっては、野宿はしていても、いまだ日雇労働市場としての寄せ場との結びつきを維持している人々が対象であった。そこでは野宿生活者とは、もっぱら「非テント層」のなかの「仕事待ち野宿」者を意味した。1970年代初頭になされた江口英一氏たちの山谷調査をはじめとして、1990年代中頃までになされた野宿生活者研究にあってはすべてそうであった。なぜそうであったかといえば、単純に、「非テント層」のなかの「仕事待ち野宿」者以外の野宿者、とりわけ特定の公園にテント小屋などを作って定着している人たち(「テント層」)の姿は1990年代後半になるまでほとんど見かけなかったからである。そうしたなかで、この『報告書』がいちはやく「テント層」の実態を詳細に分析した意義はきわめて大きい。

　②について。『報告書』によれば、野宿者がテント小屋などを作って、特定の公園に定着するようになるのは、野宿を始めておよそ8ヶ月から1年8ヶ月経過した時点が多い。多くの野宿者は、その時点で野宿生活からの退出を断念し、長期の野宿生活を生き抜くためにテント小屋を作るというのである。それと相前後して、彼らのほとんどが廃品回収を始める。回収品目としては、アルミ缶が中心である。彼らのほとんどは回収手段として自転車をもっている。彼らが廃品回収を中心とした仕事に従事する時間帯は多様であるが、最も多いのは早朝である。また、ほとんどが月間20日以上働いている。

　見られるように、「テント層」はきわめて勤勉である。しかし彼らの収入はといえば、まったくそれに見合っていない。平均は3万1,598円でしかない。それゆ

え、食事も貧弱なものにならざるをえない。「自炊」と応えた人が最も多く、「食堂・弁当」も多いとはいえ、「廃棄食品」や「仲間から（分けてもらう）」も目立つ。収入が極端に少ない以上、日用品もまた粗末なものにならざるをえない。彼らの多くはそれらを「粗大ごみ」から調達している。「買う」と応えた人はわずかである。

　こうして「テント層」の過酷な生活の一端が示された。しかしながら、それは「非テント層」の生活に比べればまだ恵まれている。「非テント層」にあっては、廃品回収を中心にした仕事をしている人の割合が低いことから、収入も一段と少なくなる。平均2万6,866円である。食事もいっそう貧弱になる。「自炊」と「食堂・弁当」が少なくなる一方で、「廃棄食品」が最も多くなり、「炊き出し」や「残飯」も目立つようになる。また日用品は「粗大ごみから（調達する）」や「買う」が少なくなって、「市民やボランティアから（もらう）」が多くなる。

　『報告書』は、「テント層」と「非テント層」の労働および生活の、およそ上に見たような比較に基づいて、前者は「一定の『生活の型』」をもっているという。すなわち「テント・小屋掛けとはテント野宿生活者が目覚め、アルミ缶や食料の回収に出かける、そして食事をし、野宿生活者仲間と談笑し、眠りにつく、そういったあらゆる生活の拠点でありうる。(中略)テント野宿という野宿形態は《野宿生活を生きる》『生活の型』の物質的現れであり、野宿生活を生き延びるための最も重要な資源の1つなのである」(111頁)。

　『報告書』のように、〈野宿生活者の生活が「一定の型」をもつ〉とした研究はこれまでなかった。というのは、先に言及したように「テント層」野宿生活者が見られるようになったのは1990年代後半になってからであるからである。それ以前にあっては、野宿生活者といえば「非テント層」の、とりわけ「仕事待ち野宿」者のことであった。「仕事待ち野宿」者は、すでに見たようにいまだ現役の日雇労働者であったから、彼らにとって野宿は一時的なものと思われた。彼らは、主観的にも客観的にも、いまだ野宿生活者ではなかった。したがって「非テント層」の「仕事待ち野宿」者の生活に、野宿生活者としての「一定の型」がないのは当然なのである。

　これに対して、「テント層」は、主観的にも客観的にも、野宿生活を長期にわたって送らざるをえなくなった人たちである。このような境涯にある彼らが生きていく時、そこに「一定の『生活の型』」が生まれるのは、これまた当然である。そ

の限りで『報告書』に異論をさしはさむ余地はない。

しかしながら、〈「テント層」は「一定の『生活の型』」をもっている〉という『報告書』の見方に対して、若干の危惧を覚えないわけではない。というのは、そうした見方に立ったとき、「テント層」の生活それ自体の過酷さ——月に20日以上働いても、3万円ほどの収入しかなく、衣・食・住という生活の基本さえまったく不充分である——が過小評価されることになり、その結果、同じく野宿生活者といっても「テント層」の生活は「非テント層」のそれよりマシである——前者は後者に比べて勤勉であるし、食事にしても堅実であり、日用品も必要を満たすほどはある——と受け取られるおそれがでてくると考えるからである。げんに『落層』の「座談会」のなかで、司会役の木津川氏は次のように述べていた。「テント層の彼らは最低限の生活をしているわけでしょう。公園を占拠して、私たち市民の快適な生活を打ち破ったという批判がありますが、非釜ヶ崎層のテント層は求人動向にあまり左右されないで、地についた生活をしている。ところが、非テント層の釜ヶ崎層は最盛期の三分の一になった求人動向の中で、大方は仕事にあぶれる生活を送っている。／都市病理学的にいえば、非テント層の将来が大問題になってきますね」(29頁)。木津川氏のこうした理解の仕方は、座談会のその後の展開のなかでも正されないままであった。

『報告書』にあっても、「テント層」の「生活の型」に関する議論はきわめて不充分である。確かに「テント野宿が非テント野宿に比べ《野宿生活を生き抜く》『生活の型』がより確立された、いくらかよりましな『快適な』野宿形態であると言っても、それは野宿生活者の中で相対的にそうであるに過ぎない」(104頁)という指摘はある。しかしながら、重要なことは、ここでいわれている「相対的にそうである」ということの意味をさらに深く掘り下げることであるはずなのに、それはいっこうになされないままなのである。『報告書』では最後まで「生活の型」についての詳細な議論は回避されているように思える（議論回避の代償として、〈　〉や「　」などの括弧が多用されているのでないかという思いさえ抱く）。

かつて山谷調査を行なった江口英一氏は、山谷の日雇労働者の生活は、「現実的には『肉体的能率』さえ同じ規模では維持できず、縮小再生産が進行し、あわせて社会的にも正常な生活が営まれていない」点で、「"生活崩壊"」と呼ぶしかないと述べていた(『現代の「低所得層」(中)』未来社、1980年、203頁)。今後、「テント層」

の「生活の型」についての議論を深めていくには、この認識——〈日雇労働者の生活は、肉体的能率の維持の不可能および社会的側面の貧弱さのゆえに、崩壊しているとみなさざるをえない（生活とみなすことはできない）〉——との理論的格闘を避けることはできないだろう。評者には、『落層』にしても『報告書』にしても、それを抜きにしたままで〈野宿者の真剣な生の姿〉を性急に描こうとしているように思われる。その結果として、これら2つの著作は、先の木津川氏に見られるような〈誤解〉を今後も生み出し続ける素地をもってしまっているのではないかと思えてしかたない。

　そうした〈誤解〉をなくすためにも、できる限り早い時期に『報告書』をリライトした上で、この間の一連の調査の、ほんとうの「エッセンス」たりうる書を刊行することが望まれる。

# 日本労働社会学会会則

(1988年10月10日　制定)
(1989年10月23日　改訂)
(1991年11月5日　改正)
(1997年10月26日　改正)
(1998年11月2日　改正)

[名　称]

第1条　本会は、日本労働社会学会と称する。

　2　本会の英語名は、The Japanese Association of Labor Sociology とする。

[目　的]

第2条　本会は、産業・労働問題の社会学的研究を行なうとともに、これらの分野の研究に携わる研究者による研究成果の発表と相互交流を行なうことを通じて、産業・労働問題に関する社会学的研究の発達・普及を図ることを目的とする。

[事　業]

第3条　本会は次の事業を行う。

(1)　毎年1回、大会を開催し、研究の発表および討議を行なう。

(2)　研究会および見学会の開催。

(3)　会員の研究成果の報告および刊行(年報、その他の刊行物の発行)。

(4)　内外の学会、研究会への参加。

(5)　その他、本会の目的を達成するために適当と認められる事業。

[会　員]

第4条　本会は、産業・労働問題の調査・研究を行なう研究者であって、本会の趣旨に賛同するものをもって組織する。

第5条　本会に入会しようとするものは、会員1名の紹介を付して幹事会に申し出て、その承認を受けなければならない。

第6条　会員は毎年(新入会員は入会の時)所定の会費を納めなければならない。

　2　会費の金額は総会に諮り、別途定める。

　3　継続して3年以上会費を滞納した会員は、原則として会員の資格を失うものとする。

第7条　会員は、本会が実施する事業に参加し、機関誌、その他の刊行物の実費配布を受けることができる。

第8条　本会を退会しようとする会員は書面をもって、その旨を幹事会に申し出なければならない。

　　［役　　員］

第9条　本会に、つぎの役員をおく。

　(1)　代表幹事　1名
　(2)　幹　　事　若干名
　(3)　監　　事　2名

　　　役員の任期は2年とする。ただし連続して2期4年を超えることはできない。

第10条　代表幹事は、幹事会において幹事の中から選任され、本会を代表し会務を処理する。

第11条　幹事は、会員の中から選任され、幹事会を構成して会務を処理する。

第12条　監事は、会員の中ら選任され、本会の会計を監査し、総会に報告する。

第13条　役員の選任手続きは別に定める。

　　［総　　会］

第14条　本会は、毎年1回、会員総会を開くものとする。

　2　幹事会が必要と認めるとき、又は会員の3分の1以上の請求があるときは臨時総会を開くことができる。

第15条　総会は本会の最高意思決定機関として、役員の選出、事業および会務についての意見の提出、予算および決算の審議にあたる。

　2　総会における議長は、その都度、会員の中から選任する。

　3　総会の議決は、第20条に定める場合を除き、出席会員の過半数による。

第16条　幹事会は、総会の議事、会場および日時を定めて、予めこれを会員に通知する。

　2　幹事会は、総会において会務について報告する。

　　［会　　計］

第17条　本会の運営費用は、会員からの会費、寄付金およびその他の収入による。

第18条　本会の会計期間は、毎年10月1日より翌年9月30日までとする。

［地方部会ならびに分科会］

第19条　本会の活動の一環として、地方部会ならびに分科会を設けることができる。

［会則の変更］

第20条　この会則の変更には、幹事の2分の1以上、または会員の3分の1以上の提案により、総会の出席会員の3分の2以上の賛成を得なければならない。

［付　　則］

第21条　本会の事務執行に必要な細則は幹事会がこれを定める。

　　2　本会の事務局は、当分の間、代表幹事の所属する機関に置く。

第22条　この会則は1988年10月10日から施行する。

## 編集委員会規定

(1988年10月10日　制定)
(1992年11月3日　改訂)

1. 日本労働社会学会は、機関誌『日本労働社会学会年報』を発行するために、編集委員会を置く。
2. 編集委員会は、編集委員長1名および編集委員若干名で構成する。
3. 編集委員長は、幹事会において互選する。編集委員は、幹事会の推薦にもとづき、代表幹事が委嘱する。
4. 編集委員長および編集委員の任期は、幹事の任期と同じく2年とし、重任を妨げない。
5. 編集委員長は、編集委員会を主宰し、機関誌編集を統括する。編集委員は、機関誌編集を担当する。
6. 編集委員会は、会員の投稿原稿の審査のため、専門委員若干名を置く。
7. 専門委員は、編集委員会の推薦にもとづき、代表幹事が委嘱する。
8. 専門委員の任期は、2年とし、重任を妨げない。なお、代表幹事は、編集委員会の推薦にもとづき、特定の原稿のみを審査する専門委員を臨時に委嘱することができる。
9. 専門委員は、編集委員会の依頼により、投稿原稿を審査し、その結果を編集委員会に文書で報告する。
10. 編集委員会は、専門委員の審査報告にもとづいて、投稿原稿の採否、修正指示等の措置を決定する。

付則1. この規定は、1992年11月3日より施行する。
　　2. この規定の改廃は、編集委員会および幹事会の議を経て、日本労働社会学会総会の承認を得るものとする。
　　3. この規定の施行細則(編集規定)および投稿規定は、編集委員会が別に定め、幹事会の承認を得るものとする。

## 編集規定

(1988年10月10日　制定)
(1992年10月17日　改訂)
(幹事会承認)

1. 『日本労働社会学会年報』(以下本誌)は、日本労働社会学会の機関誌であって、年1回発行する。
2. 本誌は、原則として、本会会員の労働社会学関係の研究成果の発表に充てる。
3. 本誌は、論文、研究ノート、書評、海外動向等で構成し、会員の文献集録欄を随時設ける。
4. 本誌の掲載原稿は、会員の投稿原稿と編集委員会の依頼原稿とから成る。


## 年報投稿規定

(1988年10月10日　制定)
(1992年10月17日　改訂)
(2002年9月28日　改訂)
(幹事会承認)

1. 本誌に発表する論文等は、他に未発表のものに限る。他誌への重複投稿は認めない。既発表の有無、重複投稿の判断等は、編集委員会に帰属する。
2. 投稿された論文等の採否は編集委員会で審査の上、決定する。なお、掲載を決定した論文等について、より一層の内容の充実を図るため、補正、修正を求めることがある。
3. 原稿枚数は、原則として400字詰原稿用紙60枚以内とする。
4. 書評、その他の原稿枚数は、原則として400字詰原稿用紙20枚以内とする。
5. 投稿する会員は、編集委員会事務局に、審査用原稿コピーを2部送付する。
6. 原稿は所定の執筆要項に従うこととする。

## 日本労働社会学会役員名簿

幹　　事（任期　2002.11.21～2004.11.20）

| | | | |
|---|---|---|---|
| 辻　　勝次 | （立命館大学） | 代表幹事 | |
| 柴田　弘捷 | （専修大学） | 副代表幹事、『年報』編集担当 | |
| 大槻　奈巳 | （国立女性教育会館） | 研究活動担当、発送担当 | |
| 小川　慎一 | （横浜国立大学）＊ | 同　　上 | |
| 高橋　伸一 | （佛教大学）＊ | 同　　上 | |
| 兵頭　淳史 | （専修大学）＊ | 同　　上 | |
| 松戸　武彦 | （南山大学） | 同　　上 | |
| 市原　　博 | （城西国際大学） | 『年報』編集担当 | |
| 白井　邦彦 | （青山学院大学）＊ | 同　　上 | |
| 藤田　栄史 | （名古屋市立大学） | 同　　上 | |
| 大梶　俊夫 | （創価大学）＊ | 『労働社会学研究』担当 | |
| 清山　　玲 | （茨城大学） | 同　　上 | |
| 田中　夏子 | （都留文科大学）＊ | 同　　上 | |
| 山下　　充 | （早稲田大学） | 同　　上 | |
| 村尾祐美子 | （日本学術振興会） | 会計担当 | |
| 加藤喜久子 | （北海道情報大学）＊ | 北海道地区担当 | |
| 滝下　幸栄 | （京都府立医科大学）＊ | 大会準備担当 | |
| 鈴木　　玲 | （法政大学） | 事務局長 | |
| 藤井　史朗 | （静岡大学） | 事務局担当 | |

＊（選任幹事）

監　　事

　　大黒　　聰（東京自治問題研究所）
　　京谷　栄二（長野大学）

年報編集委員会

　　藤田　栄史（委員長）
　　市原　　博
　　柴田　弘捷
　　白井　邦彦

事　務　局

　　鈴木　　玲（事務局長）
　　藤井　史朗

## 編集後記

◆本年報第14号の特集は、例年のように前年度年次大会におけるシンポジウムの記録です。1990年代末以降、急激に拡大している非正規労働、「周辺労働」に焦点をあてており、一昨年度のシンポジウム「新しい階級社会と労働者像」と内容的に対になるシンポジウムの設定となっています。また、投稿論文のうち3本も特集と重なる領域を扱ったものになりました。書評でもホームレス研究の著書を収録しました。非正規労働、「周辺労働」の研究の進展を感じさせる年報となったでしょうか。

◆残念なことは、シンポジウム報告者お一人の原稿を掲載できなかったことです。法科大学院設置の激務の中にあり、お盆の時期にまで会議等の公務に追われる状態で、掲載を諦めざるを得ませんでした。大学の独立行政法人化や18歳人口減少に伴う学生確保策等々、高等教育機関は改組・改変に迫られています。その影響をじかに受け、多くの学会会員が雑事に追われ、落ち着いた研究教育環境を確保しにくい状態にあるように思われます。高等教育機関における研究教育労働のあり方を問い直し、研究教育労働が研究教育の質的向上に結びつく道筋を厳しい状況の中でも学会会員とともに模索していきたいと思います。

◆前号まで3回連続シリーズで特集「フィールド調査"職人芸"の伝承」を掲載してきました。この企画をどのように継承するか、今期編集委員会の判断に委ねられていました。しかし、ご覧のように、新しい企画の名案もでないままに今号は編集されています。編集委員会の検討課題として持ち越しますが、来年度から社会調査士制度が立ち上がる見通しになっており、前号までの連続企画の成果をどのように生かすか、ご意見をお寄せ願います。

◆今号では新しい試みとして extended review を設けてみました。今年の年次大会シンポジウム「若年層の就業状況と労働社会学」と合致した内容の extended review となりましたので、年次大会の議論を深める上で役立つことを期待しています。extended review は、企画した時から大会シンポジウムのテーマと一致させようと考えたわけではありません。労働社会学の研究上ホット・イシューとなっているテーマについて、extended review を企画したり、あるいは研究ノート（的な論文）執筆を依頼して、議論を深める材料を提供することも年報の役割ではないかと考えています。

◆査読のあり方、年報編集のスケジュールなど、年報編集の運営上の課題がこれまでに指摘されてきています。ネイティブ・スピーカーによる英文要旨のチェックを最も安上がりな簡便な方法で行うなど一部改善を加えましたが、多くの課題は宿題として持ち越しています。今号はほとんどが新しい編集委員に交代した時期に編集したということで、お許し下さい。

◆原稿の入稿が通常の号より遅れてしまい、校正のスケジュール等が今号はとりわけタイトでした。執筆者の皆さんに校正を急がせたために、思わぬ誤植がないか心配しています。執筆者の皆さんのご協力に感謝するとともに、年次大会に今号の刊行を間に合わせる上で版元の東信堂・二宮義隆氏に大変お世話になったことに対して御礼申し上げます。

（藤田　栄史）

ISSN　0919-7990

### 日本労働社会学会年報　第14号
―階層構造の変動と「周辺労働」の動向―

2003年11月1日　発行

□編　集　日本労働社会学会編集委員会
□発行者　日本労働社会学会
□発売元　株式会社 東信堂

日本労働社会学会　事務局
〒194-0298　町田市相原町4342
法政大学大原社会問題研究所　鈴木玲研究室
TEL　(042)783-2317(研究室直通)
FAX　(042)783-2311(事務室)
学会ホームページ　http://www.jals.jp

株式会社 東信堂
〒113-0023　文京区向丘1-20-6
TEL　03-3818-5521
FAX　03-3818-5514
E-mail　tk203444@fsinet.or.jp

ISBN4-88713-524-6　C3036

「日本労働社会学会年報」

## 日本労働社会学会年報4
日本労働社会学会編

〔執筆者〕大梶俊夫・吉田誠・浅生卯一・鎌田とし子・鎌田哲宏・R.マオア・神谷拓平・萬成博ほか

A5／198頁／2913円　　4-88713-180-1　C3036〔1993〕

## 日本労働社会学会年報5
日本労働社会学会編

〔執筆者〕伊賀光屋・三井逸友・藤井史朗・R.マオア・辻勝次ほか

A5／190頁／2913円　　4-88713-211-5　C3036〔1994〕

## 「企業社会」の中の女性労働者
――日本労働社会学会年報6――
日本労働社会学会編

〔執筆者〕能沢誠・木本喜美子・橋本健二・湯本誠・野村正實・山下充・蔡林海ほか

A5／210頁／2913円　　4-88713-227-1　C3036〔1995〕

## 「企業社会」と教育
――日本労働社会学会年報7――
日本労働社会学会編

〔執筆者〕岩内亮一・猿田正機・竹内洋・苅谷剛彦・乾彰夫・山田信行・中囿桐代・京谷栄二ほか

A5／194頁／2913円　　4-88713-257-3　C3036〔1996〕

## 転換期の「企業社会」
――日本労働社会学会年報8――
日本労働社会学会編

〔執筆者〕藤田栄史・長井偉訓・京谷栄二・北島滋・山田信行・仲野(菊地)組子・樋口博美・鎌田とし子・鎌田哲宏ほか

A5／248頁／3300円　　4-88713-282-4　C3036〔1997〕

## 労働組合に未来はあるか
――日本労働社会学会年報9――
日本労働社会学会編

〔執筆者〕高橋祐吉・設楽清嗣・伊藤みどり・嵯峨一郎・河西宏祐・浅野慎一・合場敬子・駒川智子・池田綾子・土田俊幸・八木正ほか

A5／296頁／3300円　　4-88713-316-2　C3036〔1998〕

## 国境を越える労働社会
――日本労働社会学会年報10――
日本労働社会学会編

〔執筆者〕秋元樹・山田信行・T.グローニング・A.イシ・塩沢美代子・田中直樹・河西宏祐・鎌田とし子・佐藤守弘・柴田弘捷・遠藤公嗣・橋本健二・京谷栄二・鎌田哲宏・鈴木玲ほか

A5／306頁／3300円　　4-88713-345-6　C3036〔1999〕

# 在庫のお知らせ

## フィールド調査"職人芸"の伝承
### ―日本労働社会学会年報11―
### 日本労働社会学会編

〔執筆者〕秋元樹・鎌田とし子・柴田弘捷・北島滋・田中直樹・河西宏祐・矢野晋吾・青木章之介・大槻奈巳・村尾祐美子・藤井治枝・渥美玲子ほか

A5／282頁／3300円　　4-88713-378-2　C3036〔2000〕

## ゆらぎのなかの日本型経営・労使関係
### ―日本労働社会学会年報12―
### 日本労働社会学会編

〔執筆者〕藤田栄史・林大樹・仲野(菊地)組子・木下武男・辻勝次・八木正・嵯峨一郎・木田融男・野原光・中村広伸・小谷幸・筒井美紀・大久保武ほか

A5／276頁／3300円　　4-88713-416-9　C3036〔2001〕

## 新しい階級社会と労働者像
### ―日本労働社会学会年報13―
### 日本労働社会学会編集委員会編

〔執筆者〕渡辺雅男・白井邦彦・林千冬・木村保茂・大山信義・藤井史朗・飯田祐史・高木朋代・浅川和幸ほか

A5／220頁／3000円　　4-88713-467-3　C3036〔2002〕

※　ご購入ご希望の方は、学会事務局または発売元・東信堂へご照会下さい。
※　本体(税別)価格にて表示しております。

― 東信堂 ―

**［シリーズ 世界の社会学・日本の社会学 全50巻］**

| | | |
|---|---|---|
| タルコット・パーソンズ――最後の近代主義者 | 中野秀一郎 | 一八〇〇円 |
| ゲオルク・ジンメル――現代分化社会における個人と社会 | 居安 正 | 一八〇〇円 |
| ジョージ・H・ミード――社会的自我論の展開 | 船津 衛 | 一八〇〇円 |
| アラン・トゥーレーヌ――現代社会のゆくえと新しい社会運動 | 杉山光信 | 一八〇〇円 |
| アルフレッド・シュッツ――主観的時間と社会的空間 | 森 元孝 | 一八〇〇円 |
| エミール・デュルケム――社会の道徳的再建と社会学 | 中島道男 | 一八〇〇円 |
| レイモン・アロン――危機の時代の透徹した警世思想家 | 岩城 完之 | 一八〇〇円 |
| フェルディナンド・テンニエス――ゲマインシャフトとゲゼルシャフト | 吉田 浩 | 一八〇〇円 |
| 費 孝通――民族自省の社会学 | 佐々木衛 | 一八〇〇円 |
| 奥井復太郎――都市社会学と生活論の創始者 | 藤田弘夫 | 一八〇〇円 |
| 新 明正道――綜合社会学の探究 | 山本鎭雄 | 一八〇〇円 |
| 米田庄太郎――新総合社会学の先駆者 | 中久郎 編 | 一八〇〇円 |
| 高田保馬――理論と政策の統一 | 北島 滋 | 一八〇〇円 |
| 戸田貞三――家族研究・実証社会学の軌跡 | 川合隆男 | 一八〇〇円 |

**現代社会学における歴史と批判〈上巻〉**
山田信行 編　二八〇〇円

**現代社会学における歴史と批判〈下巻〉**
――グローバル化の社会学
丹辺宣彦 編　二八〇〇円

**［中野 卓著作集・生活史シリーズ 全12巻］**
――近代資本制と主体性

1 **生活史の研究**　中野 卓　二五〇〇円
7 **先行者たちの生活史**　中野 卓　三二〇〇円

**［研究誌・学会誌］**

| | | |
|---|---|---|
| 日本労働社会学会年報 4〜14 | 日本労働社会学会 編 | 三九〇〇円〜 |
| 労働社会学研究 1〜4 | 日本労働社会学会 編 | 三一〇〇円〜 |
| 社会政策学研究 1〜3 | 社会政策学会研究編集委員会 編 | 三〇八〇円〜 |
| コミュニティ政策 1 | コミュニティ政策学会・研究フォーラム 編 | 一五〇〇円 |

〒113-0023　東京都文京区向丘1-20-6
☎03(3818)5521　FAX 03(3818)5514　振替 00110-6-37828
E-mail: tk203444@fsinet.or.jp

※税別価格で表示してあります。